THE PRACTICAL OPERATION
MANUAL OF CHINA
FINANCIAL
LEASING

中国融资租赁实务操作手册

吴军前 / 著

中国经济出版社
CHINA ECONOMIC PUBLISHING HOUSE
北 京

图书在版编目（CIP）数据

中国融资租赁实务操作手册／吴军前著．
北京：中国经济出版社，2017.3（2024.10重印）
ISBN 978－7－5136－4622－2

Ⅰ.①中… Ⅱ.①吴… Ⅲ.①融资租赁—中国—手册 Ⅳ.①F832.49－62

中国版本图书馆 CIP 数据核字（2017）第 037186 号

责任编辑 杨元丽
责任印制 巢新强
封面设计 华子图文

出版发行 中国经济出版社
印 刷 者 宝蕾元仁浩（天津）印刷有限公司
经 销 者 各地新华书店
开　　本 710mm×1000mm 1/16
印　　张 22
字　　数 326千字
版　　次 2017年3月第1版
印　　次 2024年10月第6次
定　　价 49.00元
广告经营许可证 京西工商广字第8179号

中国经济出版社 **网址** www.economyph.com **社址** 北京市东城区安定门外大街58号 **邮编** 100011
本版图书如存在印装质量问题，请与本社销售中心联系调换（联系电话：010－57512564）

序言

租赁是一种古老的信用形式，而融资租赁则是二战之后在美国率先发展起来的一种现代金融手段。目前，融资租赁已经成为与银行、保险、证券、信托、基金等行业并驾齐驱的重要金融产业。近年来，融资租赁行业在中国也获得了长足的进展。

尤其是在上海自贸区等自贸区设立之后，融资租赁的发展更是犹如雨后春笋。在某种程度上，融资租赁成了规避中国政府资本账户管制、实现资本跨境自由流动的工具。如何辨别融资租赁公司业务的真伪，并不容易。

然而，融资租赁行业的理论发展远远落后于其实践发展。目前，在中国国内能够全面透彻地梳理融资租赁实践的相关著作并不多见。特别是那种能够帮助并不熟悉这个行业的人士在较短时间内较为充分地理解融资租赁实践操作的著作，更是付之阙如。

应该说，吴军前先生的这部著作，较好地填补了上述空白。

军前是我在中国社会科学院研究生院的硕士生。他先是在国家审计部门从事了较长时间的审计工作（这使得他具备了扎实系统的财务知识），之后又在省级国有融资租赁公司担任要职（这使得他对融资租赁行业有了深刻认识与切身了解），因此他应该是写作本书的适宜人选。

事实上，本书是军前硕士论文的拓展版。在与他讨论硕士论文的写作题目时，我就鼓励他结合自己的实践经验，系统梳理中国现有融资租赁的主要模式，并比较其优缺点。应该说，军前非常出色地完成了自己的硕士论文。在硕士论文答辩会上，参加答辩的老师均对他的论文给予高度评价，并一致鼓励他把硕士论文进一步扩展成一本著作。

本书分为五章。第一章介绍融资租赁的起源及发展；第二章梳理融资租赁这种金融工具在融资方面的主要优势；第三章概述融资租赁业务的主要实施流程；第四章梳理并概括迄今为止中国11种主要融资租赁业务模式的特征、操作步骤与优缺点；第五章分析融资租赁公司自身的融资问题。不难看出，本书的重点在第三章与第四章，尤其是第四章。

军前曾告诉我，写作这本书的初衷，是希望能使一个对融资租赁业务并不熟悉的读者，通过对本书的研读，成长为一位基本熟悉当前中国融资租赁业务实践的人。为了实现这个目的，这本书不仅写得深入浅出，而且使用了大量的翔实案例。可谓是由一位资深业内人士手把手地向读者传授融资租赁的相关知识与具体实务操作。从这一意义上而言，本书名为《中国融资租赁实务操作手册》是当之无愧的。

当然，作为一本介绍融资租赁实务的著作，本书存在错讹之处也是在所难免的。希望大家能够对军前这本著作提出批评意见，也希望军前能够继续跟踪并梳理未来新涌现出来的新的融资租赁模式，在吸收各类意见的基础上，将来能够推出这本手册的第二版、第三版……

军前是一位有情怀的金融从业人士。所谓有情怀，一则是指有超越自身工作之外的视野与抱负，二则是指有好为人师的责任感。为了写好这本书，军前利用了大半年的业余时间，每日无休地工作到深夜。

我很欣喜地看到本书的出版。我更诚挚地希望，军前在未来做好本职工作的同时，能够继续自己对中国金融体系的观察与思考，并不断地把这些思考凝结成文字。

“君子穷则独善其身，达则兼济天下。”谨以这句格言，与军前共勉。

张　明

中国社科院世经政所研究员、国际投资研究室主任

2016 年 9 月 30 日

前言

我国的融资租赁是伴随着国家的改革开放政策而从国外引入的舶来品，其引入之初的主要目的是为了引进外资和国外先进设备。成立于1981年的中国东方租赁有限公司，是我国首家真正意义上的融资租赁公司。此后，我国融资租赁业虽屡经波折，但总体发展较快，尤其是在2007年以后，得益于我国良好的经济发展形势、相关政策法规的不断建立健全以及从中央到地方各级政府部门的高度重视，该行业在我国已连续多年得到快速发展。在快速发展的同时，我国融资租赁行业的业务模式也在不断地创新和丰富，以便更好地适应市场需求、服务实体经济。就现行的实务操作领域而言，我国融资租赁的主要业务模式已有十余种之多。

目前，我国经济已逐渐步入“新常态”发展阶段，设备更新换代和产业结构升级的需求极为迫切，加之国家对融资租赁行业寄予厚望，相关激励和扶持政策在政府不同层面频频出台，我国的融资租赁行业正面临一个前所未有的黄金发展期。

然而，由于融资租赁行业在我国起步相对较晚，其真正健康发展的时间也不过十多年而已，因此，在面对巨大发展机遇之际，该行业却呈现出了两大“匮乏”：一是专业人才相对匮乏，尤其是行业高端人才，更是少之又少；二是实务指导相对匮乏，目前的相关研究多是集中在制度理论方面，而能帮助融资租赁一线从业人员快速入门并提高的相关实务操作能力方面的著作相对较少。

鉴于此，也就引出了笔者撰写本书的目的：

一是简要介绍融资租赁行业的整体发展情况以及融资租赁在诸多融资方式中的优势，让读者对世界融资租赁行业，尤其是我国融资租赁行业的发展状况以及融资租赁业务的基本特点有一个总体的认识和了解。

二是通过介绍融资租赁业务的基本实施流程，并重点介绍实施流程中的核心环节——对承租人的尽职调查，使读者能够熟悉本行业所通用的基本业务操作规范，尤其是能够真正掌握尽职调查工作的重点、风险控制措施的落实以及租后资产管理工作。

三是从实务操作的角度，详细讲解目前我国融资租赁的11种主要业务模式，并辅以颇具代表性的案例，阐述每种业务模式的概念、具体操作步骤、适用项目类型，并在此基础上进一步分析该业务模式的主要优缺点及一些注意事项等，使融资租赁从业人员能够快速、全面地掌握主要业务模式，并能在开展实务的过程中轻松做到合理选择、科学运用。

四是通过介绍融资租赁公司自身的融资渠道，帮助读者朋友全面了解融资租赁公司资金循环的整个链条，进而真正做到“干一行，懂一行”。

五是通过撰写本书，为其他相关人员对融资租赁行业的理论研究提供一些或可借鉴的素材，以充实相关研究成果。

作为在一家国有融资租赁企业供职的高管人员，笔者曾深度参与公司业务团队组建、项目流程设计、业务市场开拓、自身融资渠道开发、风险控制措施设计及落实等多项核心工作。可以说，本书凝聚了笔者对融资租赁行业所倾注的全部心血和热情。通过阅读本书，读者朋友若能有所受益，甚或较好地实现前述著书目的，笔者心愿则足以了矣。

特别说明的是，笔者在撰写本书的过程中，得到了中国社会科学院世界经济与政治研究所国际投资研究室主任张明研究员的悉心指导和无私帮助，并得到其他多位专家学者以及融资租赁行业资深人士的热情鼓励和大力支持。在此，一并表示衷心的感谢！

最后，由于我国融资租赁行业发展迅速，租赁业务模式也在不断地演化和丰富，加之笔者水平有限，因此，书中表述难免会有不妥或偏颇之处。若有，皆系笔者自身原因所致，还望读者朋友给予批评、指正。

吴军前

2016 年 9 月

本书献给我的女儿吴紫西

The Practical Operation Manual of China Financial Leasing

目录

The Practical Operation Manual of
China Financial Leasing

第一章
融资租赁的起源及其发展状况

尽管撰写本书的主要目的是向读者朋友讲解融资租赁具体实务操作方面的相关知识，但考虑到不同读者自身基础的差异，为了让所有读者都能轻松进入后面的核心章节，特设本章。

本章主要是向大家介绍融资租赁行业产生的基本历史背景及其发展状况，并借此作为对后续核心章节的预热和铺垫。

第一节　融资租赁的概念及现代融资租赁业的起源

一、融资租赁的概念

融资租赁是集融资与融物、贸易与技术更新于一体的新型金融产业。

按照传统的规范定义，融资租赁是指根据承租人对租赁标的物的具体要求以及其对设备提供方的选择，由出租人出资从设备提供方购买租赁标的物，并将租赁标的物出租给承租人使用。承租人则以双方约定的方式向出租人分期支付租金。

租赁期内，租赁标的物的所有权归出租人，承租人仅拥有其使用权。租赁期满且承租人根据融资租赁合同的约定履行完全部义务（如支付全部租金）后，双方再按照事先约定好的方式来确定租赁标的物的最终归属。在现实业务中，通常的做法是，出租人向承租人象征性地收取少量资金（即所谓的“设备残值款”“设备余值款”或“名义留购价”）后，便将租赁标的物的所有权让渡给承租人。

近年来，随着该行业在全球范围内的不断发展，融资租赁业务模式事实上较以往已经有了很大的创新和演化，出现了许多新兴的租赁业务模式，各业务模式均有其独特之处，很难再用某一种固定的定义来完美地表述所有的业务模式。但是，万变不离其宗，不管是哪一种融资租赁模式，其最根本的实质内涵并没有发生大的改变。

二、现代融资租赁业的起源

租赁是一种古老的信用形式。

公元前2000年，生活在巴比伦地区的苏美尔人就已经出现了租借实物的行为。公元前1400年，地中海西岸的腓尼基人首先开始了商船的租赁。中国奴隶社会后期产生的以土地和房屋为对象的租赁活动，在封建社会又得到了进一步发展，土地、房屋、车船、农具及其他工具、集市场地等都可以租让。

直至20世纪40年代后期，以土地作为出租对象的租赁活动仍然盛行，成为地主阶级束缚和剥削农民的主要手段。

当代租赁是社会化大生产和商品经济高速发展的产物。特别是自进入20世纪以来，随着科学技术的不断发展，投资数额急剧增加，一些国家的租赁业也随之繁荣。

第二次世界大战后，许多国家百废待举，百业待兴，传统的银行信用形式已不能完全满足企业的投资需求。于是，租赁信用得以发展，特别是在美国、日本和欧洲一些国家发展尤为迅速。用户不需要预先积累足够的资金购买设备，只需通过交付租金的方式，就可获得自己所需设备的使用权，解决了实际设备投资的问题。这种方式在许多国家的设备投资中，占有越来越重要的地位。

现代融资租赁业起源于美国。第二次世界大战以后，由于国土远离主战场而受战争波及较小的美国，工业化生产出现了明显的产能过剩。为了向客户推销所生产的商品，许多生产厂家便想方设法为客户提供相应的融资服务，如以赊销、分期付款等方式促销自己的商品（通常为设备，即有形动产）。此外，为了避免将商品的所有权和使用权同时转移给购买方所带来的资金回收风险，便有一些商家开始尝试比照传统租赁的做法，将所销售商品的所有权保留，购买方则只享有该商品的使用权，但购买方需向商家分期支付“租金”，待商家将各期租金全部会清后，再将商品的所有权转移给购买方（通常再收一笔象征性的资金）。这种业务方式被称作“融资租赁”（英文名称为“Finance Lease”或“Financial Leasing”），意为该业务兼有“融资”（Finance）和“租赁”（Lease）双重功能。而1952年成立的美国租赁公司（后更名为“美国国际租赁公司”），则开创了现代融资租赁业的先河。

第二节　融资租赁行业发展状况

作为一个相对较新的金融门类，尽管发展的历史不算太长，但由于其在为客户融资方面所具备的诸多内在优越性（此项内容将在本书第二章详细介绍），以及与第二次世界大战后世界经济发展形势和市场深度需求的高度契合，因此，现代融资租赁行业自产生之后，便在全球多个主要国家获得了迅速传播和发展，并且呈现出日趋高涨的发展势头。

一、世界融资租赁行业发展简况

在美国成立了全球首家融资租赁公司之后，日本和欧美其他发达国家和地区也陆续成立了各具本国（地区）特色的专业融资租赁公司。经过 60 多年的不断传播与发展，融资租赁业务现已在世界 80 多个国家和地区得以开展，并且整体发展速度很快，融资租赁这一新型金融业务模式也已经成为仅次于银行信贷的第二大融资渠道。

在西方发达国家的成熟市场上，目前约有 1/3 的投资是以融资租赁的方式完成的，融资租赁已经成为与银行、保险、信托、基金、证券等行业并驾齐驱的重要金融产业。作为现代融资租赁业起源地的美国，其融资租赁公司在世界市场上的业务份额、租赁规模以及该国融资租赁的市场渗透率等多年来始终保持全球领先地位。

二、我国融资租赁行业发展状况

（一）应时而生，曲折前行

我国的融资租赁行业是改革开放的产物，发展融资租赁业务的初衷主要是引进外资和国外先进的机械设备等。作为设备融资的一种重要手段和渠道，融资租赁兼具促进装备制造业发展、拉动设备进出口、帮助中小企业融资等诸多功能。

改革开放之初，由于多种原因，我国在很多领域尤其是工业生产领域，机械设备配置陈旧，生产技术明显落后于发达国家，因而工业生产效率低下，潜在的工业产能无法得到有效释放。而通过融资租赁方式引入国外先进设备，则迅速促进了工业装备的更新换代（尽管当时所涉及的领域还比较有限），大大提高了相关领域的工业生产效率，起到了不可小觑的历史性作用。

尽管我国的融资租赁行业是在当时强烈的市场需求下应时而生，但其之后在我国的发展并非一帆风顺，而是在曲折中不断前行，直至发展到今天成为一个被社会广为认可、日臻完善的金融产业。

总体来说，我国融资租赁行业自诞生以来至今，大致经历了五个跌宕起伏的发展阶段。

1. 试水起步阶段（1981—1985 年）

这一阶段处于我国改革开放政策实施不久之后。

1980 年，中国国际信托投资公司（前国家副主席荣毅仁先生于 1979 年 10 月 4 日创办，现更名为中国中信集团公司）为河北省涿县塑料厂引进了编织机生产线；同年，在中国国际信托投资公司的推动下，中国民航与美国汉诺威尔制造租赁公司和美国劳埃得银行合作，利用跨国节税杠杆租赁方式从美国引进了一架波音 747 飞机。

但前述国内公司当时只是以融资租赁方式引进了个例设备，仅仅算是对融资租赁业务的尝试，还称不上是专业的融资租赁企业。直至 1981 年 4 月，中国东方租赁有限公司成立，这才是我国真正意义上的首家融资租赁公司。在此之后，一系列专业化的融资租赁公司陆续成立并获得了相关经营牌照或资质。

但在这一时期，融资租赁在我国还是一种新生事物，有关的管理机构和从业人员还处于对相关业务的学习和探索阶段，而社会上的业外人士对融资租赁功能的认识更是非常有限，该行业的发展还远远称不上正规，只能算作是试水起步阶段，加之当时融资租赁企业的注册资本金普遍较少，这在一定程度上为该行业日后在我国的发展埋下了风险隐患。

2. 快速扩张阶段（1986—1993 年）

度过了前一阶段的“试水”期后，我国融资租赁行业渐渐步入一个快速扩张的阶段。但需要特别指出的是，融资租赁行业在这一阶段的“快速扩张”，主要体现在业务量方面，而在质的方面，并未有根本性的改变。事实上，该行业在这一阶段的发展还有一个非常明显的特点：粗犷。

在这一时期，我国融资租赁业务的交易额持续快速增长，年均增速甚至超过了 60%，年交易额超过了 30 亿美元。同时，融资租赁公司的数量也在快速增加，但其注册资本金以及资本充足率（指融资租赁公司的资本总额与加权风险资产总额的比率）普遍较低的问题却一直被忽视。受以往传统计划经济体制思想的影响，这一时期，融资租赁公司业务的开展一度需要事先取得项目批文。后来，审批权得以下放，但是重复引进设备的情况却迅速多了起来，这也成为该行业后续发展过程中的主要风险隐患。同时，在引入外资的过程中，辅以政府信用作为担保使业务拓展的风险几乎为零，这是该阶段融资租赁业务发展迅猛的政策环境因素。然而，当时与融资租赁行业相关的法律法规、税收政策、行业监管和财会准则仍然很不健全。当时的这种客观情况，也是之后经济体制转轨过程中由政企分开导致已实施融资租赁项目租金产生众多纠纷的主要原因。

3. 风险爆发阶段（1994—1997 年）

这一时期，我国的融资租赁业务规模先是延续了此前的急速增长态势。但业务规模的急剧扩张导致了相关融资租赁公司的资本充足率普遍偏低，且许多融资租赁公司的资金结构很不合理，短期拆借资金所占比重过大，难以与所实施的租赁项目周期进行科学的匹配，资金管理面临困境，租赁公司面临严重的经营危机。同时，租金逾期问题严重，而最高人民法院对于融资租赁项目政府部门担保无效的判例，更是使相关融资租赁公司损失惨重。相当一部分融资租赁企业无法筹集到资金拓展新的业务，而是将主要精力耗费在对逾期租金的追讨上，主营业务几乎陷入停滞状态。

此外，由于相关法律的滞后，缺乏对融资租赁业务模式中各方权利与义务的明确界定，这也造成融资租赁企业的合法权益无法得到切实保障，在对租金的催讨中处于不利地位，难以完全收回客户拖欠的租金。

上述诸项因素的共同作用，导致这一时期我国融资租赁业务风险集中爆发，进而使融资租赁交易额开始出现大幅回落。

4. 调整恢复阶段（1998—2005 年）

业务风险的集中爆发，给行业主管部门和所有融资租赁企业敲响了警钟。于是，我国融资租赁行业随之进入了漫长而痛苦的调整及恢复阶段。

针对融资租赁行业发展所面临的前述问题，有关部门及业内权威人士开始探讨解决之道，并陆续推出了一系列较为有效的针对性措施。而 1999 年秦皇岛研讨会的召开，更是统一了各界对融资租赁业务的认识，标志着我国融资租赁行业朝着规范、健康发展的方向迈进了一大步。

也是在这一时期，融资租赁业务发展的“四大支柱”，即法律法规、监管政策、会计准则和税收政策也逐步得到了建立和完善。国内许多融资租赁公司进行了增资扩股或资产重组，通过对注册资本金的增补，有效提升了公司的资本充足率，提高了风险抵御能力，同时也使融资租赁业务具备了较好的规模扩张能力。

可以说，这一时期是我国融资租赁行业真正实现质的飞跃的时期。诸多得力措施的推行，为该行业日后的长期健康发展打下了坚实的认知基础和制度基础，在我国融资租赁行业发展史上具有非常重要的意义。

5. 全面发展阶段（2006 年至今）

在经历了 7 年左右的痛苦调整和艰难恢复后，我国融资租赁行业“浴火重生”，真正迎来了全面发展的良好契机。

2006 年，为兑现我国在加入世界贸易组织（WTO）时的承诺，银监会与商务部重新放开外商融资租赁公司的审批工作，并积极推进内资融资租赁企业试点工作。2007 年，银监会颁布了新的行业管理办法（该办法后于 2013 年进行了修订），实现了对银行和制造商设立金融租赁公司的宽松管理。2009 年，我国融资租赁行业虽然受到全球性金融危机的影响，但由于前期调整较为充分，因而依旧保持了良好的增长态势。同年，工银金融租赁公司、建信金融租赁公司、民生金融租赁公司、交银金融租赁公司、招银金融租赁公司在经历了近一年的业务实践后正式运营，而多家内资融资租赁试点企业及外商融资租赁企业也持续保持较快增长。

（二）发展迅猛，贡献日增

1. 发展速度快，发展势头好

我国融资租赁行业自其产生以来，虽然屡经波折，但是总体发展速度较快，尤其是自2007年以来，已连续多年呈现出几何式增长态势。除了制度和政策层面上的积极因素外，这还得益于近十年来我国国民经济的快速增长和诸多领域设备更新换代以及产业结构升级速度的不断加快。

根据统计数据，2007—2020年，我国融资租赁企业数量和租赁业务余额增长状况分别如图1－1、图1－2所示。

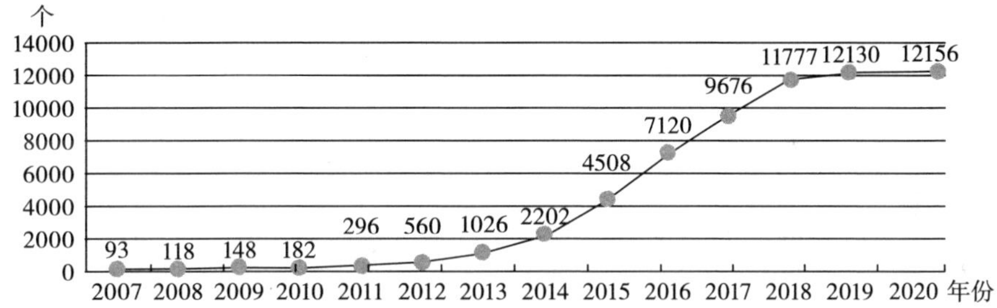

图1－1　我国融资租赁企业数量增长状况

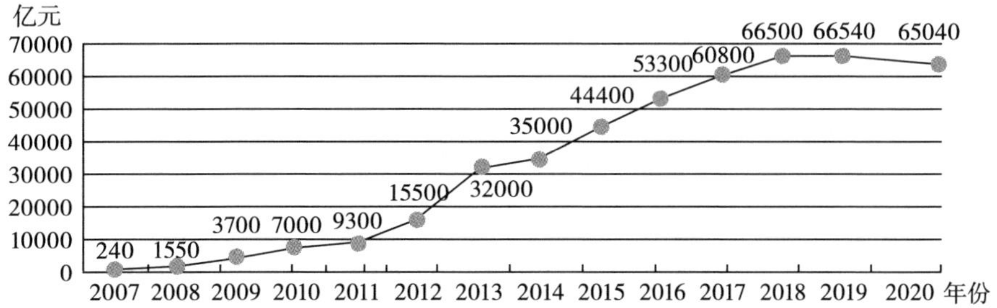

图1－2　我国融资租赁业务余额增长状况

换句话说，尽管最近数年我国国民经济的增长速度有所放缓，但融资租赁行业却保持了连年高速发展的势头（仅2020年因受新冠疫情影响而出现业务余额环比小幅下降)。正因如此，我国在2014年就已经成为世界融资租赁业务规模第二大国，仅次于美国。

2. 有效助推产业结构升级，对国民经济发展的贡献与日俱增

我国融资租赁行业从诞生之日起，其最根本的使命就是吸收外资和引进国外的先进技术及设备，亦即促进和推动国内产业结构升级。经过30多年的发展，现在融资租赁的对象早已不再局限于引进国外的先进技术和设备（事实上大部分租赁标的物已是国内产品)，该行业在推动许多领域尤其是工业生产领域的设备更新换代和产业结构升级方面做出了不容小觑的贡献。

目前，在我国一些发达的沿海地区，融资租赁行业甚至已经发展成为区域性的支柱产业。正如前文数据所示，随着我国融资租赁行业发展规模的不断壮大，其对国民经济发展所做出的贡献也与日俱增。

3. “市场渗透率”依然较低

按照通常的定义，融资租赁市场渗透率是指一个国家（或地区）在某一时期通过融资租赁实现的新增设备投资额占该国（或该地区）同一时期新增设备投资总额的比例。

在发达国家的成熟市场上，融资租赁渗透率一般介于20% ~30%之间。尽管我国融资租赁行业总体上尤其是近年来发展较为迅猛，但由于其真正健康发展的时间并不算长等原因，我国的融资租赁市场渗透率依然较低。直至2015年，我国融资租赁市场渗透率刚刚达到5%左右，远远低于西方发达国家的水平。

（三）雨后彩虹，前景光明

1. 政府力挺，高度符合国家产业政策

经过了一段段曲折的发展历程，目前，我国融资租赁行业可谓“风雨之后见彩虹”，已经步入了科学正规的发展轨道。由于融资租赁具有银行信贷等其他融资手段所不能替代的诸多优势，并能够和银行、信托等其他金融机构形成良性的业务互补，共同服务于实体经济的发展，因此，近年来，我国融资租赁行业的发展一直受到政府的高度重视并被大力扶持。

2014年12月，习近平主席在人民大会堂同爱尔兰总统希金斯会谈时表

示，中方鼓励中国企业参与爱尔兰飞机融资租赁业务和风电建设项目。李克强总理曾多次指示要大力发展融资租赁行业。国务院其他领导同志也屡次作出相关批示，支持融资租赁行业的发展。

《国务院关于加快发展生产性服务业促进产业结构调整升级的指导意见》（国发〔2014〕26 号）明确提出："建立完善融资租赁业运营服务和管理信息系统，丰富租赁方式，提升专业水平，形成融资渠道多样、集约发展、监管有效、法律体系健全的融资租赁服务体系。大力推广大型制造设备、施工设备、运输工具、生产线等融资租赁服务，鼓励融资租赁企业支持中小微企业发展。"

而国务院于 2015 年下半年连续出台的《国务院办公厅关于加快融资租赁业发展的指导意见》（国办发〔2015〕68 号）和《国务院办公厅关于促进金融租赁行业健康发展的指导意见》（国办发〔2015〕69 号），更是就加快租赁行业健康发展的诸多具体措施作出了明确的指导和详细的部署。

与此同时，与融资租赁相关的行业税收优惠政策和其他鼓励性措施也在不同层面、不同地区相继出台并取得成效。例如，天津市《关于促进我市租赁业发展的意见》（津政发〔2010〕39 号）等政策的出台，对于天津的融资租赁行业发展起到了强大的促进和保障作用；上海、北京、山东、武汉、西安等地区也先后制定了一系列鼓励性的地方性法规，有效地促进了当地融资租赁行业的发展，并给全国其他地区做出了良好的示范。

2. 市场空间巨大，发展前景广阔

正如前文所述，由于我国融资租赁的市场渗透率还处于较低的水平，所以对于强大的市场需求而言，融资租赁现有的业务规模仍可谓是"杯水车薪"。尽管从绝对数量上来说，融资租赁对我国实体经济的支持和服务力度日趋增强，但从其在融资市场中所占的相对份额来说，其所发挥的作用和功能依然比较有限。

同时，从下游应用领域来看，融资租赁的重点服务对象还主要集中在制造业、工程机械、交通运输设备以及医疗设备等领域。而我国现阶段正处于加快基础设施建设与固定资产投资建设时期，融资租赁作为经济建设的服务手段还远远不能满足市场的需要。

正因如此，融资租赁行业所面临的潜在市场空间是非常巨大的；加之诸多激励政策的陆续出台和行业成熟人才的不断增加，融资租赁企业将是大有可为的。

三、我国融资租赁公司的分类

如前文所述，尽管融资租赁行业在我国发展的历史相对较短，发展道路也曲折起伏，但经过一番“历练”之后，该行业现已步入正轨，取得了可圈可点的成绩，并且未来的发展空间将更大。这是我国融资租赁行业发展的基本历史脉络。

但与此同时，对于读者朋友来说，还有一点是应该了解的：尽管融资租赁业务本身不存在质的区别，但由于特殊的体制原因及行业监管需要，一直以来，我国独立运营的融资租赁公司的类别却不是单一的，而是三类并存、共同发展。

这三类融资租赁公司的具体情况分别如下。

（一）内资融资租赁试点企业

内资融资租赁试点企业的审批和监管部门是商务部和国家税务总局，并以商务部的审批和监管为主。

为了更好地发挥融资租赁业在扩大内需、促进经济发展中的作用，支持融资租赁业快速健康发展，2004 年 10 月 22 日，商务部和国家税务总局联合发布了《商务部和国家税务总局关于从事融资租赁业务有关问题的通知》（商建发〔2004〕560 号），开始在全国范围内征集符合条件的内资租赁企业，开展融资租赁业务的试点工作。按照该通知规定，各省、自治区、直辖市、计划单列市的商务主管部门可以根据本地区租赁行业发展的实际情况，向商务部推荐从事各种先进或适用的生产、通信、医疗、环保、科研等设备，工程机械及交通运输工具（包括飞机、轮船、汽车等）租赁业务的企业参与试点工作。

内资试点融资租赁公司在设立申报时应具备的基本条件包括：最低注册资本应达到 17000 万元人民币；具有健全的内部管理制度和风险控制制度；拥有相应的金融、贸易、法律、会计等方面的专业人员，高级管理人员应具有不少于三年的租赁业从业经验；近两年经营状况良好，没有违法违规记录；具有与所从事融资租赁产品相关联的行业背景；法律法规规定的其他条件。

2004 年 12 月 30 日，商务部和国家税务总局批准了第一批（9 家）内资融资租赁试点企业，这些企业可以面向全国开展融资租赁业务，并按照相关规定进行纳税。此后，前述两部门又陆续多次征集、审批内资融资租赁企业进行试点，并结合客观形势对参审企业的要求适时作出了一些积极的调整。截至 2020 年年底，全国共批准设立内资融资租赁试点企业 414 家（指正常运营的）。

为规范和指导内资融资租赁试点企业的健康发展，商务部制定了《融资租赁企业监督管理办法》，对内资融资租赁试点企业的基本配备、经营规则和监督管理等方面的工作作出了明确规定。

（二）外商投资融资租赁公司

外商投资融资租赁公司通常又被称作外资融资租赁公司，由省级商务主管部门审批，审批通过后报商务部备案。省级商务主管部门则在商务部的指导下对外商投资租赁公司进行监管。

外商投资融资租赁公司的设立也需要具备一些基本条件。这些基本条件包括：该融资租赁公司的海外母公司合法注册并持续经营 1 年以上，上一年度资产总额不小于 500 万美元，银行资信良好；该融资租赁公司的注册资本金不低于 1000 万美元；具有金融相关专业知识，且有在金融行业企业担任管理职务三年以上的高管人员。

从企业数量上来看，外商投资融资租赁公司已占据我国融资租赁公司的绝对多数。截至 2020 年年底，我国在册正常运营的外商投资融资租赁公司已达 11671 家。

为规范和指导外商投资融资租赁公司的健康发展，商务部制定了《外商投资租赁业管理办法》，对外商投资融资租赁公司的设立程序、经营规则、业务范围等多个方面的工作作出了详细规定。

（三）金融租赁公司

金融租赁公司，是指经银监会批准，以经营融资租赁业务为主的非银行金融机构。金融租赁公司的审批和监管部门是银监会。

作为一种非银行金融机构，金融租赁公司的设立要求相对更加严格。

申请设立金融租赁公司，应当具备的基本条件包括：有符合《中华人民共和国公司法》和银监会规定的公司章程；有符合规定条件的发起人；注册资本为一次性实缴货币资本，最低限额为 1 亿元人民币或等值的可自由兑换货币；有符合任职资格条件的董事、高级管理人员，并且从业人员中具有金融或融资租赁工作经历 3 年以上的人员应当不低于总人数的 50%；建立了有效的公司治理、内部控制和风险管理体系；建立了与业务经营和监管要求相适应的信息科技架构，具有支撑业务经营的必要、安全且合规的信息系统，具备保障业务持续运营的技术与措施；有与业务经营相适应的营业场所、安全防范措施和其他设施；银监会规定的其他审慎性条件。

由于金融租赁公司的设立条件及审批部门不同于前述第（一）、（二）项中的融资租赁公司，或者说，其设立及审批要求更加严格，因此，从数量上来看，我国的金融租赁公司是三类融资租赁公司中家数最少的。截至 2020 年年底，我国在册正常运营的金融租赁公司有 71 家。

同样，为规范和指导金融租赁公司的健康发展，作为审批和监管部门的银监会也制定了《金融租赁公司管理办法》，对金融租赁公司的设立、变更、终止、经营规则、业务范围及监督管理等诸多方面作出了详细规定。

综上所述，截至 2020 年年底，我国在册正常运营的三类融资租赁企业共有 12156 家。

同时，鉴于各类融资租赁企业的审批部门有所不同，业内通常将商务部门批准设立并进行监管的内资融资租赁试点公司及外商投资融资租赁公司称为“商务系租赁公司”；与之相对应，将银监会批准设立并进行监管的金融租赁公司称为“金融系租赁公司”。这种情况在其他国家并不多见，应该算是我国融资租赁行业的一个特色。

此外，按照《金融租赁公司管理办法》的规定：金融租赁公司名称中应当标明“金融租赁”字样。未经银监会批准，任何单位不得在其名称中使用“金融租赁”字样。因此，前述商务系的两类融资租赁公司的名称中只能有“融资租赁”或“租赁”字样，而不能使用“金融租赁”字样。

事实上，如果追根溯源，正如前文所述，现代融资租赁业诞生于美国，其标准的英文原名为“Finance Lease”（或“Financial Leasing”）。由于“Finance”一词在翻译成汉语时，兼有“融资”和“金融”等多重含义，因此，将“Finance Lease”译成“融资租赁”或者译成“金融租赁”皆属正常。从这个意义上来说，“融资租赁”和“金融租赁”只是译名上的不同，而从本质上来说二者是毫无差别的。只是在我国现有的管理体制下，不同部门审批和监管的融资租赁公司，在其中文名称上又多了一些具体的要求，并附加了一些名称之外的特殊意味。

我国的三类租赁公司分属不同系别的现状，是由我国特殊的管理体制所致。但无论是“商务系租赁公司”还是“金融系租赁公司”，其所从事的主业都是融资租赁业务，所开展融资租赁业务的基本内涵和操作要求也都是一致的。如果将商务部印发的《融资租赁企业监督管理办法》及《外商投资租赁业管理办法》和银监会印发的《金融租赁公司管理办法》中的核心内容进行对比，我们会发现三者高度“神似”。

因此，我们可以这样理解：我国现有的三类租赁公司只是审批和监管部门不同而已，在所开展的融资租赁业务上并没有实质性的区别；它们是平等并存、齐驱共进的关系，共同构成了我国的融资租赁队伍，都是我国大金融产业的重要组成部分。

根据商务部《关于融资租赁公司、商业保理公司和典当行管理职责调整有关事宜的通知》，商务部已将制定融资租赁公司、商业保理公司、典当行业务经营和监管规则职责划给银保监会，自2018年4月20日起，有关职责由银保监会（由原银监会和原保监会于2018年3月合并而来）履行。如此以来，融资租赁公司与金融租赁公司一样，目前也已归属于银保监会进行统一监管。

鉴于此，本书在接下来的章节中介绍融资租赁实务时，将统一把各类租赁公司称作“融资租赁公司”或“租赁公司”，这只是为了文字表述上的方便，并无任何系别层面上的含义。书中所介绍的租赁实务操作方面的相关知识，对于前述三类租赁公司都是同等适用的，没有丝毫本质上的差别。这一点，请读者朋友们先行知晓。

四、支持我国融资租赁行业发展的“四大支柱”

作为融资租赁行业的从业人员或者关注融资租赁行业发展的其他人士，还应该知道关乎我国融资租赁行业发展的“四大支柱”。

如前文所讲，所谓融资租赁行业的“四大支柱”，是指与融资租赁行业密切相关的法律法规、行业监管政策、会计准则以及税收政策。这“四大支柱”共同为我国的融资租赁行业搭起了发展平台，并共同指导着我国融资租赁行业的持续健康发展。

（一）法律法规

我国对于融资租赁行业的立法相对滞后。过去，我国融资租赁行业曾经走过不少弯路，甚至一度遭遇严重的挫败，其中很重要的一个原因就是与融资租赁行业相关的法律制度不够健全。

1986 年，我国颁布了《融资租赁管理暂行条例》。但该条例只是规范了融资租赁业务相关当事方所应遵守的各项规定，而对于更深层面的问题却未提及，这使融资租赁行业在之后很长一段时间内实际上处于无法可依的局面。融资租赁行业随后进入了快速但非常粗放的发展状态，并在几年之后出现了风险集中爆发的状况，各类纠纷层出不穷。

为了有效地解决上述问题，最高人民法院在 1996 年发布了《关于审理融资租赁合同纠纷案件若干问题的规定》，第一次以司法解释的形式明确了融资租赁合同的性质、当事各方的权利义务以及违约责任等重要问题。

1999 年，《中华人民共和国合同法》经全国人民代表大会审议通过，成为一部正式的全国性法律。该法整合了前述《关于审理融资租赁合同纠纷案件若干问题的规定》中的有关内容，并专门在其第十四章规定了融资租赁合同的相关要义，进一步明确了融资租赁的法律含义、基本交易规则以及各当事方的权利义务关系，为融资租赁行业提供了基本的法律框架，成为处理融资租赁合同关系的最主要的法律规范。

2013 年，最高人民法院又颁布了《最高人民法院关于审理融资租赁合同纠纷案件适用法律问题的解释》，对融资租赁合同的认定及效力、合同的履行和租赁物的公示、合同的解除以及违约责任等进行了明确。该解释自 2014 年 3 月 1 日起施行，最高人民法院在 1996 年发布的前述《关于审理融资租赁合同纠纷案件若干问题的规定》同时废止。

（二）监管政策

融资租赁业务属于金融范畴。众所周知，所有的金融业务都有一个共同特点：高风险。因此，为了防范系统性风险，保障融资租赁行业的健康、持续发展，相关部门对于该行业的有效监管是十分必要的。

但正如在前文“我国融资租赁公司的分类”中所介绍的那样，由于我国特殊的管理体制原因，我国的融资租赁公司分为三大类，并分属“商务系”和“金融系”。因此，对于不同类别的融资租赁公司，相关的监管部门也各自出台了相应的监管办法。商务部对其所监管的内资试点融资租赁公司和外商投资融资租赁公司分别出台了《融资租赁企业监督管理办法》和《外商投资租赁业管理办法》；而银监会则对其所监管的金融租赁公司制定了《金融租赁公司管理办法》。

尽管上述三类融资租赁公司在所开展的融资租赁主业上并无本质差别，但由于监管部门不同，因此在监管细节上还是有所不同的。比如，金融租赁公司要定期向监管部门提交基本财务资料及规定的监管报表，监管部门通过分析这些信息来判断该公司的经营状况；同时，银监会还有权按照一定程序对金融租赁公司进行现场检查，通过现场查阅金融租赁公司的各种资料来监督该公司的运营状况。而对于商务部管理的融资租赁公司，不仅在准入门槛上相对宽松一些，且对其资产的质量与资金来源等方面的要求也相对宽松；即使同属商务部监管范围的内资试点融资租赁公司和外商投资融资租赁公司，各自的监管标准也有所不同。需要提醒的是，根据《商务部关于废止和修改部分规章的决定》（商务部令 2018 年第 1 号），《外商投资租赁业管理办法》于 2018 年 2 月 22 日废止；由此，原归商务部管理的两类融资租赁公司统一适用《融资租赁企业监督管理办法》。而在商务部将对前述两类租赁公司的监管职责划归银保监会后，该会在充分征集业界意见的基础上，于 2020 年 5 月 26 日出台了《融资租赁公司监督管理暂行办法》，并以此取代商务部《融资租赁企业监督管理办法》。

（三）会计准则

目前，我国融资租赁行业在进行会计处理时，所依据的基本会计准则是由财政部制定并自2007年1月1日起施行的《企业会计准则》（后于2014年对部分内容进行了修订，但修订部分不涉及租赁行业）。在制定该会计准则的过程中，财政部认真听取、吸收了租赁行业相关人士的意见，并参考《国际通用会计准则第十七号》的主要内容和《美国租赁会计准则》的一些条款，最终制定出了既符合中国国情，又与国际融资租赁行业惯例接轨的《企业会计准则第21号——租赁》。

《企业会计准则第21号——租赁》是《企业会计准则》的一个重要组成部分，既是专门针对租赁行业制定的会计准则，也是对租赁相关业务进行账务处理的基本规范。其主要内容包括对融资租赁与经营租赁的界定、出租人和承租人各自的会计处理方法以及信息披露方面的一些要求。

（四）税收政策

目前，融资租赁企业需要缴纳的主要税种有增值税、企业所得税、房产税、印花税、契税等。融资租赁企业的企业所得税、房产税、印花税以及契税的计缴方法与其他行业无异，一直按照社会通用惯例进行，这里无须赘述。

而融资租赁企业增值税的计缴方法却屡经变更。

按照财政部、国家税务总局2016年3月23日发布的《关于全面推开营业税改征增值税试点的通知》（财税〔2016〕36号），自2016年5月1日起，包括融资租赁在内的诸多行业开始按照新的税率计缴增值税。该通知规定：有形动产融资租赁业务（直接融资租赁及类同业务模式），按照其全部价款和价外费用扣除利息及车辆购置税后金额的17%计缴增值税（不动产融资租赁业务计缴税率为11%）；而融资性售后回租业务，视同“贷款服务”，按照其全部价款和价外费用（不含本金）扣除利息及车辆购置税后金额的6%计缴增值税。

根据上述通知，在这里有两点需要特别说明。一是在直接融资租赁以及类同的业务模式中，设备供应商按照设备价款向融资租赁公司（出租人）一次性开具增值税专用发票（税率为 17%），此类发票可以作为融资租赁公司增值税进项的抵扣凭证。同时，融资租赁公司于每期收到承租人的租金时，向承租人开具当期租金（包括本金和利息）的增值税专用发票（税率为 17%），承租人可以将发票金额用作其当期的增值税进项进行相应抵扣。等租赁期满且承租人支付完全部租金后，其已分多次从融资租赁公司那里获得了增值税专用发票，这些发票的金额合计数，其实就是该项租赁业务的全部本金与利息之和，这些都可以作为承租人计缴增值税时的进项抵扣依据。与此同时，租赁期初出租人在向承租人收取租赁服务费时，也会给承租人开具服务费增值税专用发票（税率为 17%），这也可以作为承租人的增值税进项进行相应抵扣。这是融资租赁业务与银行贷款等其他融资手段相比，所具备的重要优势之一。因为，在银行贷款业务中，银行向贷款人开具的利息发票以及服务费发票，是不能作为后者增值税进项抵扣依据的。二是在融资性售后回租业务中，情况则不同于前类。《关于全面推开营业税改征增值税试点的通知》已明确将融资性售后回租业务归类为“贷款服务”，增值税税率为 6%，较之以往的 17% 增值税税率，这无疑降低了出租人即融资租赁公司的纳税负担。融资租赁公司于每期收到承租人支付的租金时，需向承租人开具当期租金中所包含利息部分的增值税发票（既可以是增值税专用发票，也可以是增值税普通发票），而租金中所包含的本金部分可以开具增值税普通发票（这种发票的税率为零，即只开发票，不需缴纳增值税）。但在实务操作中，对租金中的本金开具零税率发票在一些地区可能会遇到一些实际困难，因而租赁公司只能选择向承租人开具收据来替代零税率发票（由于按照规定售后回租业务中的租赁本金部分本身就不需要缴纳税金，所以只要有合理合规的融资租赁合同作依据，这样操作通常并不会产生税收方面的风险）。同时，由于融资性售后回租业务被划定为“贷款服务”，按照相关规定，出租人向承租人所开具的利息发票以及服务费发票均不能作为承租人的增值税进项进行抵扣，所以出租人所开具的发票是专用发票还是普通发票，对于承租人来说也就无关紧要了。因此，单纯地从减少增值税这一点上来说，融资性售后回租业务在增值税抵扣方面并不具备比银行贷款更多的优势。

但根据财政部、国家税务总局《关于调整增值税税率的通知》（财税

〔2018〕32号），自2018年5月1日起，“纳税人发生增值税应税销售行为或者进口货物，原适用17%和11%税率的，税率分别调整为16%、10%。”而根据财政部、国家税务总局、海关总署《关于深化增值税改革有关政策的公告》（财政部 税务总局 海关总署公告2019年第39号），自2019年4月1日起，“增值税一般纳税人发生增值税应税销售行为或者进口货物，原适用16%税率的，税率调整为13%；原适用10%税率的，税率调整为9%。”因此，我们可以做出这样的概括性表述：当前，有形动产直租类业务，租金（包括本金和利息）以及服务费的增值税税率均为13%（不动产的此类业务增值税率为9%），且均可作为承租人的增值税进项进行相应抵扣；售后回租类业务，租金（仅指利息部分，不包括本金）的增值税适用税率为6%，租赁服务费增值税适用税率也为6%，且均不能作为承租人的增值税进项进行抵扣。

本章所涉及的我国目前正在适用的与融资租赁行业密切相关的主要法律法规及政策文件等，详见本书最后的“附录”部分，建议读者朋友尤其是融资租赁从业人员认真阅读。

第二章
融资租赁的融资优势

前一章介绍了融资租赁产生的一些基础背景和发展概况，相信读者朋友现在对融资租赁行业已经有了一个概念性的认识和了解。

从本章起，将逐渐进入本书的主题，开始探讨融资租赁实务操作层面上的相关问题。本章主要介绍，对于需要融资的客户而言，融资租赁这种融资模式相对于其他融资模式所具有的明显优势。这对于融资租赁业务人员来说，是非常重要的必备知识。因为，当你向客户推介融资租赁这一融资工具时，对方首先想要知道的就是融资租赁相对于其他融资方式（如银行贷款、信托资金等）有哪些好处或优势，进而才会决定是否选择以融资租赁的方式进行融资。

随着现代金融业的快速发展以及世界经济一体化进程的不断深化，具有融资功能的金融产品越来越多，相关的金融细分门类也越来越多。如此一来，对于有融资需求的企业（或机构）来说，融资渠道越来越广，可供其选择的融资方式也越来越多样。“存在的就是合理的”，客观地说，每一种融资方式都或多或少地具有其独特的优势所在，但同样地，也没有哪一种融资方式是绝对完美的。

假如你是一名融资租赁业务经理，而你的目标客户又同时面临多种融资渠道可供选择，那么，你该如何向对方推介并最终成功说服对方选择融资租赁作为其融资途径呢？

事实上，相对于其他融资方式，融资租赁的融资优势是比较多元化的。当然，这里所说的优势主要是对于承租人而言的。具体来说，这些优势主要体现在以下几个方面。

一、资金面方面

（一）承租人可以避免一次性的巨额资金支出

按照融资租赁行业现行的通用做法，承租企业（或称“承租人”“承租方”，在本书中泛指所有类型的承租客户，而不仅限于工商企业，但实务中确以工商企业居多。下同）只需在租赁正式开始之前向出租人（融资租赁公司）支付一小部分款项（是相对于融资金额而言，包括服务费、保证金、首付款等），即可获得租赁设备的整体使用权。也就是说，承租企业不用一次性进行巨额资金支出，即可由融资租赁公司为其购买所需设备。如果不是采用融资租赁的方式，这些客户在购买相关设备时在短期内集中支付一笔巨额资金几乎是无法避免的事情。

（二）承租人可以避免采用传统融资方式到期还款时的资金压力

按照融资租赁业务目前的通用做法，在租赁开始后，项目租金都是分为多个期次进行支付的，并且还租的时间间隔以及每期租金的额度往往也相对均衡。正是由于租金是分期支付的，承租企业的还款压力也因此被有效分散，这可以使承租人免于承受诸如银行贷款等传统融资方式资金到期时需要一次性偿还巨额资金的压力。

同时，融资租赁项目租金偿还的高度规律性（时间间隔及还款额度），也有利于承租人做好日常的资金规划和支付安排，这在很大程度上减少了承租人在资金使用方面的起伏波动和不规律性。

（三）有效放大资金效益

资金是企业生存和发展的命脉，它为企业提供了日常运行所必需的“血液”。对于几乎所有的企业来说，其对资金的需求都是一个持续而永恒的话题。处于起步期的企业，想快速发展；处于发展期的企业，想尽快成熟；处于成熟期的企业，则想进行市场垄断或者升级转型……这一切美好的愿景，都离不开资金的持续支持。

如前所述，通过融资租赁的方式采购所需设备，承租企业可以因此节省下来一大笔短期资金开支。对于节省下来的资金，承租企业可以将其投入到其他迫切需要的方面，比如引进高端人才、扩充人员队伍、升级设备软件、购进急需的原材料、扩大生产规模、提高产品市场营销力度等。这样一来，承租企业可以实现资金效益的更大化，切实放大资金的效用，促进自身更快的发展，最终也往往能够因此而获得更为丰厚的综合收益回报。

（四）资金使用期限较长

按照多年来形成的惯有思维模式，企业融资时往往首先会想到银行贷款。但对于大多数普通企业来说，如果通过银行贷款进行融资，其资金使用期限往往不会太长，大多数是1年左右，3年以上的就非常少见。而若是通过融资租赁方式进行融资，资金使用的期限则可以大大延长。从现行的实操业务来看，大多数的融资租赁项目，期限一般都在2年以上，3~5年者为多数，8~10年甚至期限更长者也不鲜见。

（五）相对完全的融资优势

众所周知，银行信贷等都属于不完全融资的业务模式。为了降低资金风险，银行往往会要求客户提供抵押，并且还会对抵押物实行较低的折扣率。相比银行信贷，融资租赁则具有相对完全的融资优势。对于很多优质的融资租赁项目，融资租赁公司可以做到对承租人近乎100%的完全融资，向承租人提供的是接近于设备完全价格的等价资金，可以更大程度地满足承租人对资金的迫切需求。

因此，对于需要融资的企业来说，采用融资租赁方式进行融资，相对于其他融资方式，可以明显延长其所融资金的使用期限。资金使用期限的长短，不仅关系到融资企业的还款压力，而且还有更为积极的意义：节约融资附加成本。因为，如果一个企业所融到的资金期限较短，那么这家企业就会陷入频繁的“融资—还款—融资—还款……”的循环之中，而这往往需要耗费大量的人力、财力、物力，融资成本自然难以降低。而通过融资租赁方式成功融资后，由于融资期限通常较长，因此，承租企业只需要有规律地分期偿还部分租金，而不必再为频繁的融资事宜耗费过多的时间和精力。

二、灵活性方面

（一）设备选择自主性强

正如融资租赁定义中所描述的那样，在融资租赁业务中，租赁设备及设备供货商的选择权归承租人。承租人可以根据自身实际需求，自主地选择融资租赁的标的设备，包括设备的型号、规格、价格区间、技术标准以及质保条款等；同时，承租人也可以自由地选择租赁设备的供货商。而出租人，即融资租赁公司，则主要负责向供货商支付购买租赁标的设备所需要的资金。除极个别的情况外，出租人通常不会对设备及供货商的选择做出过多干涉。所以，尽管融资租赁公司拥有租赁设备的所有权，但其在选择标的设备及供货商的过程中，则处于从属地位，选择的主动权基本上在承租人手中。

（二）融资租赁业务形式灵活

相对于其他很多融资方式，融资租赁还有一个非常突出的特点：业务形式灵活。

目前，我国的融资租赁业务模式已达十种以上（各主要业务模式将在本书第四章进行详细讲解）。根据融资项目的具体特点，各相关方可以选择出最为合适的融资租赁业务模式。即使在融资租赁业务模式确定下来以后，也可以根据承租人的背景、项目具体条件以及各相关方的要求和目标，灵活地制订出能够满足不同目的和需求的融资租赁方案。事实上，在金融领域的诸多创新实例中，融资租赁行业的业务创新是比较高效和显著的。

（三）还租方式灵活

融资租赁业务的另一项特色和优势，体现在还租方式非常灵活上。

融资租赁项目的租金偿还通常是分期进行的，偿还每期租金的时间间隔和额度也相对比较均衡和“平滑”。但是，针对不同的项目以及各相关方的要求，出租人还可以根据承租人的行业景气度、经营状况、行业的季节性特征以及国家相关行业政策等，非常灵活地制订出令各方都能满意的租金偿还方案。比如，还租周期可以按月、按季、按半年甚至按年等进行等间隔还租，也可以按照事先的约定进行不等间隔还租；每期的还租金额可以按等额本息，也可以按等额本金，或者按照阶梯式还款，相应地，各期租金金额可能完全相同，也可能先多后少或者先少后多，在少数情况下甚至可以时高时低。

只要相关各方在充分沟通后能够达成一致意见，通常可以设计出比较理想的、让各方都能接受的还租模式。这一优势，也是融资租赁能够在金融市场领域占据重要一席之地的制胜法宝之一。

（四）租期结束时，租赁标的物的处理方式灵活

通常来说，当一个融资租赁项目结束时，承租人可以选择留购、续租、退回等方式，来灵活处理租赁标的设备的最终归属。这在签订融资租赁合同时一般都已作出了相应的约定。

在融资租赁实务中，除了较少类别的特殊标的物外，对于租赁设备的最终处置方法通常是：承租人向出租人支付少量象征性的价款（名义留购价），出租人便将租赁设备的所有权让渡给承租人，承租人不仅可以继续使用该设备，并且还真正拥有了该设备的所有权。

三、税收方面

融资租赁在税收方面的优势，体现在相对于其他融资方式而言，融资租赁能够为承租企业合理节税。这主要体现在以下两个方面：

一是节约企业所得税。目前，包括我国在内的大多数主流国家的现行税

制都有诸如这样的规定：企业以融资租赁方式取得的有形动产或设备，按照融资租赁合同及相关购买合同所确定的价款，加上相关运输费用、运输途中的保险费用、到场后的安装调试费用以及正式投入使用前所发生的利息费用和汇兑损失后的价值，计提固定资产折旧。因此，承租人虽然没有为购置租赁标的物一次性花费大额资金，却可以在税前按照租赁标的物的全价计提折旧，相应地增加了成本项、减少了利润项，进而可以节省应缴纳的企业所得税，具有明显的节税效应。同时，由于租赁标的物的租赁年限往往明显低于其正常使用寿命，并且大多数情况下租赁期结束时所约定的设备残值款（名义留购价）几近于零，因此，承租人对其计提折旧时采用的其实就是“加速折旧法”，这就进一步增强了其节税效应。

二是节约增值税。按照相关规定，融资租赁（主要是指直租类的业务）租金中的本金和利息部分，均需由出租人向承租人开具增值税专用发票，并可全部作为承租人当期增值税的进项进行相应抵扣，这就直接减轻了承租人的增值税纳税负担。其中的利息部分作为增值税进项进行抵扣，是其他融资方式所不具备的优势。若承租人采用银行贷款购买相关设备，设备的购价（相当于融资租赁的本金）自然可以作为增值税进项进行抵扣，但承租人未来向银行支付的贷款利息（相当于融资租赁的租息）则不能作为增值税进项进行抵扣。租赁利息部分的增值税抵扣，实际上是降低了承租人的融资成本。比如，假设某个融资租赁项目的名义年利率为8%，因利息部分的增值税税率为13%，因此，将利息作为增值税进项抵扣以后，实际年利率只有8% ÷（1+13%），即7.08%。此外，出租人向承租人开具的租赁服务费增值税专用发票也可以作为后者的增值税进项进行相应抵扣（税率为6%）。

因此，尽管从表面上来看，融资租赁的资金成本有时可能会略高于银行贷款等其他某些融资模式，但如果将融资租赁在调节和抵减税金方面的优势考虑进去，承租人实际承担的综合资金成本却未必会高于其他融资模式。

四、技术和服务方面

（一）加速折旧避免设备陈旧风险

当今时代的一个显著特征是“节奏快”，这体现在社会发展的各个方面。

随着科学技术的快速发展和不断进步，任何在当时看起来比较新颖或者先进的设备，都可能在不久之后就会变得过时或者陈旧，甚至会面临被淘汰的风险。如果相关设备是由承租人自己直接购买，而不是通过融资租赁的方式获得，那么，按照会计准则的规定，承租人一般很难通过加速折旧的方式来规避设备陈旧所带来的收益风险。也就是说，折旧还远远没有提完，但设备可能已经过时，再继续使用就会很不划算，只能淘汰，这就使承租人无法足额享受基于设备全值的应有的税收抵减待遇。从深层次来说，这其实是设备陈旧风险所带来的税收抵减风险以及由此带来的期间收益风险。

但是，通过融资租赁方式获得的设备，情况就会大不相同。由于租赁期往往会明显短于租赁设备的正常使用寿命，所以一般在其“过时”之前，承租人就已经通过“加速折旧”的方式对其计提了全额折旧。如此一来，承租人就不用担心因技术更新、市场需求变化等因素造成设备的无形损耗和贬值以及由此所带来的税收抵减风险。

（二）综合服务优势

人们常说，专业的人做专业的事。融资租赁企业的从业人员，大多数都具有金融、会计、法律、财税等不同的专业背景，通过开展融资租赁业务，融资租赁公司不仅可以解决承租人在融资方面的问题，而且还可以向承租人提供诸如资产管理、税收调节、投资咨询、资本综合运作等方面的增值服务，有效弥补承租人在这些方面的短板和不足。也就是说，融资租赁所提供的已不再是简单的融资，更不是简单的租赁，而是集融资、贸易、服务等多种功能于一体的综合性的金融服务。

五、其他方面

（一）对承租人过往业绩的要求相对较低

一般来说，银行信贷等传统融资方式对于客户过去一段时间（如三年）的经营业绩都有比较严苛的要求，过往业绩不佳或者发展历程较短的客户很难通过这些渠道获得融资。而融资租赁公司拥有租赁物的所有权，其更为看重的是承租人未来的盈利能力和偿债能力，因此，虽然租赁公司也会关注承租人的过往业绩，但对这些业绩的融资准入要求却相对较低。对于很多发展历程较短的新企业而言，融资租赁更是成了其几乎唯一的成本合理的融资渠道。

（二）手续简便快捷

对于任何一家企业而言，融资都是其无法避免但又十分头痛的事情。许多企业内部都设置有独立的融资部门，并配备精兵强将，专门去做为本企业从外部融资的一系列相关工作。

之所以说融资对于企业而言是件十分头痛的事情，很大一部分的原因就在于传统融资渠道的办理程序太过复杂，办理周期也相对较长。以银行贷款为例。目前，我国的商业银行基本上都是多层级管理，如有总行、省级分行、市级分行以及众多的支行等。即便是在融资企业符合贷款条件的情况下，要想成功获批一笔千万元级别的贷款，也往往需要从支行开始逐级上报，直至省级分行才能最终审批；而对于亿元级别的贷款，甚至要上报到总行审批才行。因此，即便各个环节进展顺利，该笔贷款的办理周期也会比较长。

而融资租赁公司大多比较独立，层级单一或者相对较少。因此，相对于银行贷款等其他融资方式的手续繁冗、环节过多、时间较长，融资租赁的特点就是手续简单、环节较少、时间较短，具有更强的时效性。在融资租赁业务中，只要该笔业务可行，承租人只需根据自身的需求，选定符合条件的租赁标的设备以及供货厂家，资金方面的问题则可以交由租赁公司进行高效解决。

本章所介绍的融资租赁的各项优势，需要融资租赁业务人员熟练掌握、灵活运用。不同的客户所关心的问题也许只是其中的一部分，业务人员应该根据项目的具体情况，尽最大可能给对方一个满意而确切的回答，力求做到有效沟通。

第三章

融资租赁业务基本实施流程

融资租赁作为一种新型的综合性金融产品，在开展具体业务时，其基本的实施流程与其他金融机构有着许多相似或者相通之处。但作为一个独立的金融细分门类，融资租赁行业的业务流程自然也会有其非常明显的独特之处。不仅如此，即便同属于融资租赁行业，不同的融资租赁公司由于其各自的股东背景、发展历程、资本规模、员工特长、所处地域、盈利规划、自身融资渠道以及客户类型偏好等方面的差异，也会分别设计出符合自身需求的、风格各异的业务实施流程。

尽管从表面上来看，业务流程的风格不尽相同，但每家融资租赁公司所制定的业务流程却往往普遍类似。这是因为，为了做好这类高风险的金融业务，各家租赁公司在设计相关业务流程时的最根本目的都是一样的，那就是：筛选优质项目、有效控制风险、稳健获取收益、谋求长远发展。

为了便于理解和掌握，本章所要介绍的融资租赁业务实施流程，既不是最复杂的，也不是最简单的，但它涵盖了我国融资租赁行业业务实施过程中所有必要的基本环节，权且当作一个代表性的示例。具体如图 3 –1 所示。

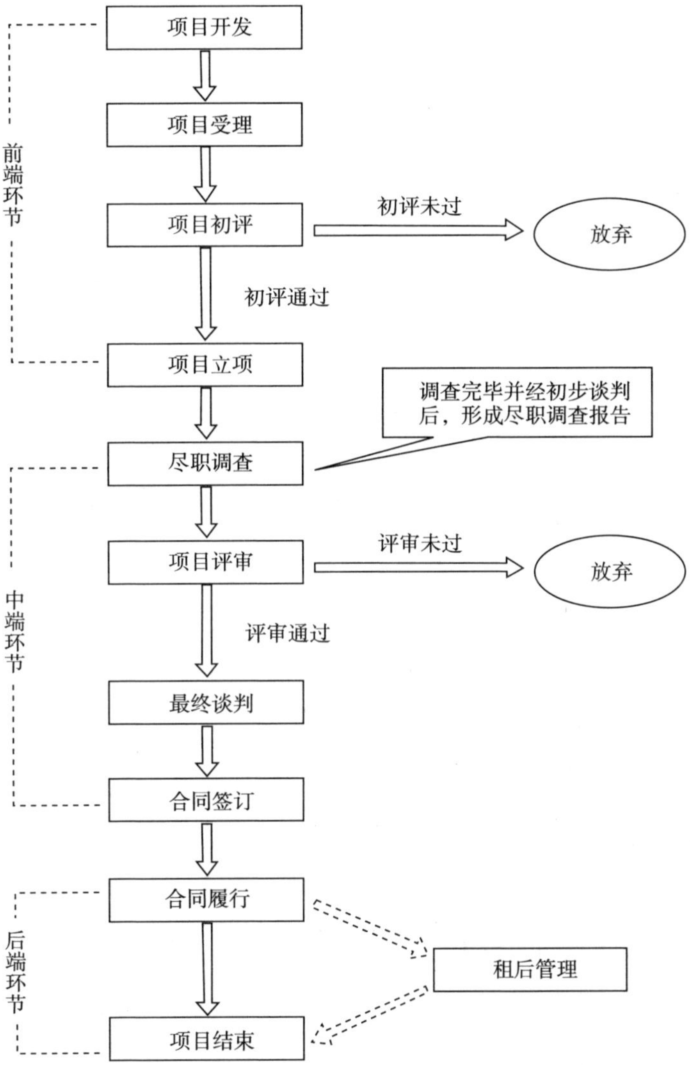

图 3 –1　融资租赁业务基本实施流程

图 3 –1 显示了一笔融资租赁业务从项目开发到项目结束整个流程中的所有环节。每一个环节都有一定的专业性，而部分环节（如尽职调查环节）对从业

人员综合经济知识和专业能力的要求往往会更高。接下来，笔者将基于图 3－1 对融资租赁业务基本实施流程中的每一个环节进行逐项讲解。

第一节 项目开发、受理、初评和立项

将项目的开发、受理、初评和立项环节统一放在本节介绍，主要是因为这四个环节可以被整体理解为融资租赁业务流程中的前端环节。对于一个融资租赁项目而言，只有在正式立项之后，才有必要对客户进行全面的尽职调查，然后才能进入后续的正式评审等实质性程序。

一、项目开发

项目开发是融资租赁业务的起始环节，这和其他金融类业务类似。项目开发的过程，也是考验业务人员市场敏锐度及其综合营销能力的实战过程。

前一章所介绍的融资租赁的诸多融资优势，相信读者朋友已经基本掌握。对于融资租赁业务人员来说，其中的很多内容将在项目开发环节派上用场。

对于大家所公认的优质项目，往往会有多家不同类别的金融机构竞争，而最终能否获得客户的青睐，相关业务人员的个人能力往往会起到至关重要的作用。对于质量相对较次的项目，则要求业务人员具备基本的鉴定和辨识能力，以合理地控制和规避后续可能出现的风险。而对于比较劣质的项目，业务人员则应该果断放弃，另辟蹊径。

在现实情况下，不需要对外融资的企业可谓是凤毛麟角，而对于绝大部分企业或机构而言，融资都是其运营发展过程中不可或缺和不可逾越的一步。那么，面对浩瀚如海的市场和为数众多的需要融资的客户，融资租赁业务人员应该如何去寻找、开发合适的项目呢？

结合融资租赁行业多年以来较为成熟并且行之有效的惯常做法以及自身

在本行业的从业经验，笔者认为，融资租赁业务人员主要应从以下几点入手。

（一）选取传统优质客户，主动上门营销

所谓“传统优质客户”，是指那些已经正常运营多年、经营状况一直比较良好，并且在未来数年内景气度会持续保持的客户。此类客户，要么在其所属行业的市场领域中处于垄断或相对垄断地位，要么具有强大的股东背景，要么拥有独到的技术或综合优势，要么属于人们生产生活中无法离开的行业。

首先，是电力、电信、石油、烟草、铁路、邮政等行业，这些行业在我国都处于垄断或者相对垄断的地位。这一类客户由于具有明显的市场垄断优势，因而它们的经营状况相对比较稳定。其中部分行业虽然不属于暴利行业的范畴，但是其优良的现金流仍然能够较好地满足其对各类债务的偿还需要。同时，这类客户往往体量庞大，即便遇到了宏观经济波动，它们也往往能够保持基本的稳定性，而不会轻易地随波逐流、飘忽不定。

其次，是大多数的中央企业（含其分支企业）、部分较强的地方国有企业，以及具有政府平台性质的企业。此类企业因为具有强大的国有股东或政府背景，其经营状况和信誉状况往往都很不错，是比较理想的目标客户。当然，这类企业（尤其是中央企业）中有很多也属于前面所说的具有行业垄断性质的企业。

再次，就是部分优质的上市公司以及其他一些比较有特色的企业。此类企业，要么拥有核心科技、具有非常明显的技术方面的优势，要么具备比较独到的资源、管理、商业渠道等方面的综合优势。这类企业可能没有市场垄断地位，但其强大的内生优势却使之能够成为市场中的佼佼者，甚至已经挤身于暴利企业之列。同时，由于受证券监管机构的严格监管或者对本企业声誉的高度珍视等原因，这类公司往往运营比较规范，信誉信用状况也相对良好，对于到期债务很少会故意拖欠不还。因此，融资租赁业务人员也应该积极开发这一类客户。

最后，是医院、学校以及自来水公司、公交公司、地铁公司等人们生产生活中所高度依赖的行业。正是由于这些行业与人们的生产生活息息相关，因此，它们的现金流往往是非常充足且比较稳定的。与前几类客户相比，很

多此类客户名气可能不太大，营业利润率也不是很高，属于“薄利多销”型的机构或企业，但是，由于社会对它们的必需性以及其营利状况的长期稳定性，所以包括融资租赁公司在内的多种金融机构都会将其视为重要的目标客户。

除了前面所谈到的这一系列行业外，融资租赁业务人员还应重点关注并积极接触目前各级政府所大力倡导的 PPP 项目。PPP 项目是指政府与私人组织或机构之间，为了提供某种公共物品和服务，以特许权协议为基础，彼此之间形成一种伙伴式的合作关系，并通过签署合同来明确双方的权利和义务，以确保合作的顺利完成，最终使合作各方达到比预期单独行动更为有利的结果。PPP 项目所涵盖的行业领域较广，所提供的多是公共物品和服务，因此此类项目具有比较稳定的营利预期。加之其“政府背景”的特点，因而项目风险相对较低。但与此同时，PPP 项目的牵头投标方多为有资质的施工单位而非金融机构，所涉及的相关方一般较多，且项目周期普遍较长。因此，对于包括融资租赁公司在内的金融机构来说，要想成功介入 PPP 项目，必须要下一番功夫，多与各相关方沟通，在广泛听取和综合各方意见及诉求的基础上，认真制订设计出科学合理而又能够令各方满意的项目融资方案。

需要说明的是，前面所涉及的这几类行业，由于其各自都具有比较明显的独特优势，因而它们几乎都成了各类金融机构竞相争夺的优质客户，而且，各家金融机构都会纷纷给出形式各异的融资优惠或其他便利条件。因而，这些项目的开发难度也相应较大。这就需要融资租赁业务人员具备良好的耐心和辨别细节的能力，以便能够在细微之处发现竞争对手所提供融资模式的不足，进而做到有的放矢，并适时推介自己公司的融资租赁方案。

（二）关注国家相关政策及行业动态，发掘有潜力的市场

目前，我国经济已经逐渐进入“新常态”的发展阶段。这一阶段有两个比较显著的特点：一是经济结构将不断优化升级，二是经济发展的动力将从要素驱动、投资驱动转向服务业发展及创新驱动。因此，在接下来相当长的一段时期，我国将会有更多新兴的产业出现并获得快速发展，国家也一定会推出相应的鼓励或者引导政策。对于融资租赁公司来说，应该主动地关注国

家相关的产业政策以及行业动态，顺势而为，积极发掘有潜力的客户市场，以务实高效的态度抢占先机，率先在有发展潜力的新兴客户群体中打下牢固的合作基础。下面举两个例子进行说明。

第一个例子是节能环保产业。

此前，我国经济经历了多年的粗放式发展，虽然国民生产总值连年高速增长，但全社会却为之付出了沉重的环境代价。一个典型的例证就是，“雾霾”一词近几年来正频繁出现在我国的各大媒体，并已成为人们日常生活中不可回避的话题，想要看到蓝天白云似乎已经成了一种奢望；而十多年前，“雾霾”这个词是很少被提及的，甚至那个时候很多人压根儿就不认识“霾”这个汉字。环境遭到严重破坏的结果，是一系列生态灾难的发生和多种严重疾病的蔓延。正是由于深刻地认识到这一点，国家明确提出了“可持续发展”的理念。其中的一项重要举措，就是大力发展节能环保产业，减少新的污染物的排放，逐渐恢复生态平衡，切实改善环境质量。

节能环保产业是指为节约能源资源、发展循环经济、保护环境提供技术基础和装备保障的产业，主要包括节能产业、资源循环利用产业和环保装备产业，涉及节能环保技术与装备、节能产品和服务等。该产业包括以下六大领域：节能技术和装备、高效节能产品、节能服务产业、先进环保技术和装备、环保产品以及环保服务。

节能环保产业是在全社会的强烈需求下，由政府倡导并强力推进而发展起来的。目前，此类产业整体还属于朝阳产业，未来的发展空间十分巨大。加之国家相关政策的不断出台和督促，在可以预见的相当长的一段时期，该产业势必将会获得持续、快速的发展。因此，融资租赁公司也应该从这一类产业中发掘潜在市场，寻找合适的目标客户。

第二个例子是大健康产业。

随着国民经济的发展和人们生活水平的不断提高，民众对健康的关注度也越来越高。而且，人们对于健康的需求，已经不再仅限于“治病”的层面，而是已经提升到了“防病”和“保健”的层面。除了民众自发式的健康需求外，国家层面上也已经把人民群众的健康作为全面建设小康社会的一个重要方面，并给予高度重视。例如，2013 年 8 月 28 日，李克强总理主持召开国务院常务会议，专门研究部署促进健康服务业的发展，并提出把健康产业作为国家支柱型战略产业。由此，作为一种新兴产业，大健康产业迎来了前所未有的大好发展机遇。

大健康产业已经远远超出了传统意义上的医院的范畴，它还包括医疗产品、保健用品、营养食品、医疗器械、保健器具、休闲健身、健康管理、健康咨询等多个与人类健康紧密相关的生产和服务领域。由于广大人民群众对健康需求的普遍性以及健康理念的不断升级，加之相关领域的科学技术水平发展速度很快，因而大健康产业未来的发展空间是不可估量的。所以，融资租赁业务人员还应积极接触并了解这一类产业，从中发现优质项目并加以深耕细作。

这里还需要强调的是，尽管上述两类产业未来的发展空间巨大，前景十分看好，但毕竟“同行不同利”，并非这两类产业中的每一家企业都能发展的很好。因此，融资租赁公司在实务中具体接触相关的企业或机构时，还应重点关注其后续研发及服务创新能力，了解其发展后劲是否充足，进而推断其在可以预见的未来几年内会不会有被淘汰的风险，并在最终实施融资项目时做出合理的判断和取舍。

（三）充分利用个人资源，广泛接触相关项目

俗语说，一个好汉三个帮。不管一个人的自身能力有多强，也只能做非常有限的事情，毕竟，任何人的一天都不可能有 25 个小时。因此，为了开发更多更好的项目，融资租赁业务人员除了自己要积极主动地去接触和联系客户外，还应该充分利用可靠的个人资源，合法地获取更多的客户信息，广泛接触相关项目。这些个人资源包括亲戚、朋友、同学或者以往的同事等。如果能有在其他金融机构工作的朋友介绍，效果往往会更好，因为对方在介绍有关项目时往往已经对项目有了比较专业的了解，并认为具有较高的可行性。当然，对项目的最终取舍，还得靠融资租赁业务人员及其所在的租赁公司自己来衡量和把握。

此外，融资租赁业务人员还应该积极接触其他融资租赁公司的同行。因为，对于部分项目，比较适合采用联合租赁（指两家或多家租赁公司对同一

个项目提供租赁融资并共同承担风险，本书将在第四章第十一节进行详述）的方式进行融资，这样一来，各家融资租赁公司就找到了可能的合作契机。即便暂时不能找到合适的具体项目进行合作，但同行之间经常交流、互通有无、共同进步也是十分必要的。

总之，所接触的项目越多，从中能够筛选出优质项目的概率也就相应越高，最终能够做成的项目才会越多。融资租赁项目的开发，不仅是一项脑力活，在很大程度上还是一项体力活，越勤快越有效。

（四）做好客户关系的后续维护

对于比较优质的客户，无论短期内是否能够成功合作，都应该做好客户关系的后续维护工作。对于已经开展了项目合作的客户，融资租赁公司应该经常关注其后续经营情况，一是确保项目租金的到期回收，二是在条件合适的情况下再和对方开展新的项目合作。对于尚未进行项目合作的优质客户，也应该时常拜访，并在可能的情况下帮客户梳理和发掘其潜在的融资需求，以期为今后可能的合作打下基础。关于这一点，融资租赁业务人员有必要多向部分商业银行的同仁学习，学习他们锲而不舍的精神和充满人情味的沟通技巧。

事实上，维护客户关系并没有想象中的那么困难。有时候，一个电话，几句问候，就能带来意想不到的效果。但这种问候，要充满热情和真诚，需要表达的是一种态度。当然，这些都取代不了能够让客户满意的融资方案，因为，融资方案才是客户最为关心的问题，也是双方能够合作的关键所在。

以上是想向读者朋友介绍的融资租赁业务市场开拓和项目开发方面的一些经验和技巧。需要说明的是，这些技巧不是唯一的，更不是万能的。项目的开发是一项比较复杂的工作，加之每个人的性格和禀赋各异，这就要求业务人员在向他人借鉴经验的同时，还要勤于琢磨，并最终形成适合自己的营销方法。在这方面，只有经验，没有权威，任何既合法合规又行之有效的方法，都是值得鼓励和提倡的。

最后，还要提醒融资租赁业务人员，在选择客户时，其经营状态的稳定性比暴利性更重要，可见的状况比预见的状况更可靠。切记。

二、项目受理

对于所开发的融资租赁项目，在经过对客户的一些基本情况（如所属行业、企业规模、发展历程、持续营利能力、市场份额、行业政策、股东背景、诚信情况等）进行了解后，如果业务人员认为其具有后续的可操作性，并且已就项目大体上的融资额度、利率区间、租赁期限等方面与客户达成了初步的合作共识，就可以将该项目提交给融资租赁公司。融资租赁公司按照其规定的内部程序，受理该项目。

不同的融资租赁公司，在项目受理环节，可能会采用不同的做法。比如，有的租赁公司只要业务部门主管批准即可受理，有的租赁公司则需要分管业务的公司副总经理批准，而有的租赁公司可能还需要公司总经理批准才能完成受理工作。不管采用哪种做法，其根本目的并无差别，只是想从公司的层面上做好项目的初步过滤和筛选工作，以避免在不太可行的项目上浪费人力和物力。

但总体来说，每家融资租赁公司都不会把项目受理作为项目流程中的核心环节，因为在这一阶段，业务人员毕竟还未展开对项目的全面深入了解，只是初步意向而已。因而，对这个环节的把控通常不会太过于严苛。

三、项目初评

项目受理之后，接下来就是初评环节。所谓初评，即对项目的初步评审，也就是说它不是最终评审（或称正式评审），也代替不了最终评审。项目的初评工作既可以由融资租赁公司的评审委员会（或其中的部分成员）来完成，也可以由风控、法务、财务部门有关人员以及公司相关主管等来完成，这取决于融资租赁公司自身的运营机制设置情况。

此外，不同的租赁公司在对评审委员会的设置上，往往也不完全相同。有的租赁公司的评审委员会成员，全部都是本公司内部人员，包括风险控制、法务、财务等部门具有必备专业知识及相关经验的人员以及公司高管人员等；有的租赁公司的评审委员会成员，除了本公司内部人员外，还有从外部聘请的专家，让外部专家从更加客观的角度对项目进行评审并提出相应的建议或意见。但很少有哪家租赁公司，评审委员会成员全部为外部人员。不论评审委员会的成员如何构成，其所要履行的基本职责都是完全相同的，即从各自专业的角度，初步评判项目的可行性，并提出相应的租赁方案设计以及项目风险控制等方面的建议。

在对项目进行专业的初步评审后，如果大多数评审人员认为该项目存在诸如重大经营隐患、行业发展的可持续性较差等很有可能带来概率较大的租金偿还风险的“硬伤”的话，那么该项目就无法通过初评。对于未能通过初评的项目，只能选择放弃或暂时放弃。

而初步评审之后，如果评审人员认为该项目具有后续操作的价值，通过采取一定的风险控制措施可以较好地控制项目风险，则该项目即通过了初评，接下来就可以按照公司的相关程序进行正式立项，并开始着手准备“尽职调查”等后续工作环节。

在初评通过以后，评审人员通常会给出一些具体的建议，以提醒或要求业务人员在后续的项目调查中需要重点了解哪些事项、重点收集哪些资料。而这些事项和资料，往往也会成为之后在对该项目进行最终正式评审时评审委员会重点关注的内容。

四、项目立项

项目通过初步评审后，即可按照融资租赁公司所规定的内部程序，进行正式立项。这标志着租赁公司对该项目已经有了阶段性的认可。项目的立项是基于初步评审的结果而办理的，这一环节本身并没有太多的实质性内容，它只是作为业务流程中一项必备的工作程序而存在。

正如项目受理环节一样，不同的融资租赁公司，其对项目正式立项的审批权限也会有所不同，这是由其内部的岗位权限划分等因素所决定的。

本节所讲解的前述四个工作环节，共同构成了融资租赁业务流程中的前端内容。这些环节，在很大程度上是在为项目后续的实质性操作环节进行必要的把关、筛选和铺垫，同时也是为了过滤掉那些不具有后续实施价值的项目，以避免在这些项目上浪费不必要的时间和精力。

需要说明的是，不同的租赁公司，在前述这些环节的设置上，可能繁简程度各不相同。比如，有的租赁公司可能没有设置“项目受理”以及“初步评审”这两个环节，而将这两个环节的内容统一包含在了“项目立项”这个环节。如果是这样设置业务流程的话，“项目立项”环节就不仅仅是一个简单的工作程序了，它实质上包含了本节所讲的“项目受理”“初步评审”和“项目立项”三个环节的内容。不论流程设计的繁简程度如何，其所包括的基本工作内容和所体现出来的根本目的往往并无太大差别，归根结底，都是为了对项目进行一次初步的专业筛选和过滤，以避免在不合适的项目上浪费人力、财力、物力。

对于可行的项目，在完成立项程序后，将会进入专业性更强、更为重要、对相关人员（尤其是业务人员和风控人员）专业能力要求也更高的后续环节：对项目的全面尽职调查以及正式评审等。

第二节　项目尽职调查

在项目正式立项后，尽调人员（指融资租赁公司参与业务项目尽职调查工作的全部人员，通常是以业务人员为主，风控、法务、财务等其他部门人员可视情况参与）即可按照公司要求对该项目展开全面的尽职调查工作，业务流程也由此进入中端环节。

中端环节除了尽职调查外，还包括紧随其后的正式评审和合同签订两个环节。中端环节在整个业务流程中处于中心地位，起着承前启后的作用，是融资租赁公司对项目进行全面了解并决定项目最终取舍以及具体融资方案设计的重要工作步骤。本节主要是介绍对项目的尽职调查工作。

尽职调查环节，是整个融资租赁项目操作流程中最关键、最核心的环节，它不仅关系到该融资租赁项目能否顺利通过后面的正式评审，更关系到租赁公司是否能够借助尽职调查来比较全面地了解客户的相关情况，进而科学确定融资方案并提出合理的风险控制措施以有效控制项目实施后可能出现的风险。相应地，这个环节的工作量是所有环节中最大的，涉及的方面也是最多的，它是对尽调人员综合能力的考验，同时也最能体现出尽调人员的专业水平。

对于项目的尽职调查，总体上需要遵循“全面调查，突出重点”的原则。所谓“全面调查”，并不等同于面面俱到、“眉毛胡子一把抓”，而是指要结合项目的具体特点把那些基本而又必要的情况都要调查了解到位；所谓“突出重点”，是指在全面调查的基础上，对部分关键方面还要重点了解，真正摸清实情，为后续的正式评审以及融资租赁方案的确定提供合理的参照和依据。

通常来说，在开展融资租赁业务时，对承租企业的尽职调查，应该包括（但不限于）以下几个方面的内容：承租企业所处的行业状况及其在行业中的地位、股东构成及其背景、组织架构和经营团队状况、生产经营状况、财务状况、信用信誉状况、融资用途和还款来源、融资方案的拟定及项目收益估算、风险控制措施以及相关法律要件等。在实务操作中，这几个方面往往又分别涉及多项更具体的内容。在完成项目尽职调查工作之后，尽调人员需要撰写一份针对该项目的《尽职调查报告》，以便进行项目的正式评审；而前述几个方面的内容，正是《尽职调查报告》的主体。尽管在融资租赁实务中，对于部分比较基本的内容（如承租人所处的行业等），相关人员在“项目开发”环节就应当已经有了初步的了解，但为了全面讲解尽职调查工作的内容，本书将其统一放在本节中进行详细介绍。

一、承租企业所处的行业状况及其在该行业中的地位

人们经常会用诸如“暴利行业”“微利行业”“朝阳产业”“夕阳产业”等词汇，来形容不同行业的盈利状况和景气程度。从某种意义上来说，一个企业所处的行业状况在很大程度上也代表着该企业的状况。但是，“同行不同利”“行行出状元”，再好的行业中也有经营不好的企业，再差的行业中也有状况很好的企业，这是一个不争的事实。因此，对于一个融资租赁项目而言，业务人员在进行尽职调查的过程中，除了首先要掌握承租企业所处行业的总体情况外，还更应该了解该企业的具体情况。这主要涉及以下内容。

（一）承租企业所处行业的整体状况

了解承租企业所处行业的整体状况，首先需要清楚以下问题（由于承租企业对相关信息的掌握程度及提供能力不同，部分情况需要融资租赁尽调人员从网络等其他途径进行收集）：

1. 承租企业属于什么行业？

承租企业是属于运输行业、化工行业、采掘行业、钢铁制造行业、建设施工行业，还是属于食品加工行业、环保行业、农牧行业等。这是承租企业最基本的名片。所属的行业不同，其业务特点、发展路径和营利模式往往会大相径庭。对于不同的行业，融资租赁尽职调查工作的侧重点应做出相应调整，不能千篇一律。

2. 该行业处于哪个发展阶段？

该行业是处于新兴阶段、成熟阶段还是衰退阶段？这一点非常关键。处在“新兴阶段”的行业，其未来发展空间较大，发展速度往往较快，营利能力通常较强；但由于相对缺乏可供借鉴的行业发展经验，其后续发展风险也往往较高。处在“成熟阶段”的行业，由于已经积累了比较成熟的发展经验，所以其运营状况通常比较平稳，运营风险相对较低；但由于市场处于相对饱和状态，所以营利能力也往往不会太高。而处在“衰退阶段”的行业，要么是在质的方面明显过时，要么是在量的方面明显过剩，因此，其营利能力往往很差，甚至处于严重亏损状态，此类行业大多正处于逐渐萎缩甚至整体消亡的境地。

在开展融资租赁项目时，对于新兴行业要积极尝试，选取其中管理较为规范、发展势头较好的企业，在做好风险控制工作的前提下，创造较高的融资收益（新兴行业由于自身盈利能力较强，所以其能够接受的融资成本往往较高）；对于成熟行业要优中选优，选择资信状况良好、营利能力较为稳定的企业，实现较为平稳且安全的融资收益；而对于处于衰退期的行业，则应该尽量回避，既然市场对某个行业选择了“摒弃”，融资租赁公司自然也就没有必要再去冒这个风险，毕竟，“倾巢之下岂有完卵”。当然，这只是一个大致的原则，对于某些比较特殊的企业（如在政府部门的强力主导下正要转型改制的当地某支柱型企业，尽管眼下其经营状况不佳，但可能很快就会重获生机），也应该有所区别地进行对待，但必须把握好一个核心原则：风险可控。

3. 该行业整体盈利能力及其产能状况如何？

承租企业所属行业的整体盈利状况，是指该行业中所有企业的平均盈利水平，它在很大程度上也代表并预示着该承租企业在通常状态下的盈利能力。尽管承租企业的实际盈利能力可能会高于或者低于行业平均水平，但对于该行业整体盈利能力的了解仍然是十分必要的，因为它是一个相对平稳的参照标杆，它代表的是一种大概率状态。

众所周知，在市场经济中，商品的供求对比关系影响着该类商品的交易价格，进而影响该类商品生产厂家的盈利水平以及是否能够盈利。当某类商品供不应求时，即属于“卖方市场”，卖方（厂家）拥有较强的定价权，商品价格会处于相对高位，相关厂家通常会普遍盈利；而当某类商品供过于求时，则属于“买方市场”，买方拥有较强的定价权，商品价格会处于相对低位，相关厂家通常只能微弱盈利甚至普遍亏损。从行业产能的角度来说，如果某个行业的产品供不应求，则说明该行业现有产能相对不足，市场前景看好，行业盈利能力往往较强；而如果某个行业的产品供过于求，则说明该行处于产能过剩的状态，市场前景已经不妙，行业盈利能力往往较差，即便该行业中个别企业眼前的盈利能力尚可，但这也只能算作是一种暂时现象，很难长久地持续下去。

4. 该行业受宏观经济周期影响程度如何？

除了行业产能及整体盈利状况外，尽调人员还应了解该行业受国家乃至世界宏观经济周期影响的程度，以便进一步判断其盈利的稳定性和持续性。

宏观经济的周期性波动是客观存在的，它对不同行业的影响程度也不尽相同。比如，日用品（尤其是诸如食盐之类的生活必需品）行业受宏观经济周期的影响就相对较小，不论宏观经济形势如何，这些行业的经营状况通常都会比较平稳，盈利能力也比较稳定且能持续。而对于一些在产业链中处于被动地位的行业（如建材、能源等）或者奢侈品（如金银珠宝、名车名表等）行业而言，其受宏观经济周期的影响就比较明显。宏观经济形势向好时，这类行业一般会比较红火，盈利状况良好；而宏观经济形势不佳时，这类行业往往会趋于萧条，盈利状况也随之变差。

对于承租企业所属行业受宏观经济周期影响程度的调查与了解，不仅可以为融资租赁公司在此后的正式评审工作中对该项目的取舍提供判断依据，同时也是确定要实施的项目最终融资方案（融资额度、期限、还租间隔等）时的重要参考。

5. 该行业的经营资质是否需有关部门审批？是否受法律政策的限制或影响？

对于很多行业，要想合法生产、经营，必须首先取得有关主管部门所审批的经营资质。比如，食品生产行业必须获得卫生部门审批的卫生许可证；

药品生产行业必须获得食品与药品监督管理部门审批的药品生产许可证；爆破器材生产行业必须获得公安部门审批的安全许可证；锅炉、压力容器、电梯、加油机等特种设备生产行业必须获得质检部门审批的制造及安装许可证；运输行业必须获得交通部门审批的场地经营许可证等。当然，有些行业可能还会同时涉及多个部门审批颁发的多项许可证。承租企业如果属于这一类行业，就必须已经获得相关部门的经营资质审批许可，否则，该企业的生产经营就属于违规甚至非法，融资租赁公司必须果断回避。

此外，尽调人员还应该了解承租企业所在的行业是否受国家相关法律政策的限制或影响，以及受限制和影响的程度。比如，随着国家对环境保护工作的日益重视，近几年不断出台环保方面的法律法规及相关政策，加大了环保力度，这对污染物排放行业（如化工、采矿、造纸、印刷等）的限制和影响就非常明显。如果承租企业属于这一类行业，融资租赁公司就应该对该融资租赁项目进行全面权衡，充分估计其潜在风险，并最终作出合理的判断与取舍。

（二）承租企业在行业中的地位

俗话说“同行不同利”，处于同一行业中的不同企业，往往也能分出优、良、中、差。因此，除了要了解承租企业所在行业的整体状况外，尽调人员还应该进一步了解承租企业在该行业中的实际地位，看看它属于行业中第几梯队。主要包括三个方面：

1. 承租企业的盈利状况与行业整体盈利状况相比，是高还是低？

通过将承租企业的盈利状况与其所在行业的整体盈利状况进行比较，可以从侧面证明该企业的质地层次。如果承租企业的盈利状况明显高于行业整体盈利状况，说明该企业具有良好的内在增长因子，发展前景比较乐观，属于比较好的目标客户；如果承租企业的盈利状况明显低于行业整体盈利状况，说明该企业内在增长因子较差，发展前景不容乐观，应该谨慎对待；如果承租企业的盈利状况大体上与行业整体盈利状况持平，说明该企业比较大众化，是否与其合作，还需要结合其他方面的情况加以综合衡量。

2. 企业规模及市场占有率如何？是否为行业内的龙头企业？

能够表明一个企业在其所属行业中地位的指标，除了盈利能力外，还有该企业的规模及其市场占有率。对于那些与行业内其他企业相比，规模明显较大、产品的市场占有率明显较高的企业，人们通常称之为“行业龙头”。与阶段性的盈利能力相比，企业规模及其市场占有率往往更加稳定，也更能表明该企业在行业中的真实地位。事实上，行业龙头企业通常也会是该行业中盈利状况最好或者较好的企业，而且这种状况颇具持久性。

因此，尽调人员应该认真了解承租企业的具体规模和其真实的市场占有率。出于谨慎性考虑，如有可能，市场占有率的数据应从行业权威资料中获取（既可以由承租企业提供，也可以通过互联网或其他方式收集）。对于行业龙头企业或者准龙头企业，融资租赁公司应该给予更多的关注和热情。

3. 承租企业曾获得的荣誉和奖励

按照我国目前的普遍做法，为了鼓励先进、树立典范，几乎所有行业的主管部门或行业协会等机构都会定期或不定期地对该行业中表现突出的企业授予相关的荣誉称号或者给予不同形式的奖励。这些荣誉和奖励是对相关企业的认可与肯定，也有较强的权威性。

因此，在进行尽职调查时，尽调人员应关注承租企业有无获得过相关部门授予的荣誉或者给予的奖励。若有，则应了解所获得荣誉或奖励的内容以及何时获得，以便更加全面客观地评价承租企业在其所处行业中的地位。

二、承租企业的股东构成及其背景

在尽职调查过程中，要了解承租企业的股东构成以及股东的背景。一方面是为了清楚该企业的类型和性质，另一方面是为了明白该企业的“来头”。不同类型的企业，其内部治理结构和运营管理机制会有很大的不同；而不同的股东背景，在很大程度上也决定着该企业的发展实力以及对抗市场风险的能力。因此，在融资租赁业务中，承租企业的股东构成以及股东背景会直接影响到后续的项目评审、融资租赁方案的设计以及相应风险控制措施的落实。这是尽职调查工作中的一项重要内容。

尽调人员可以从“全国企业信用信息公示系统”对承租企业及其股东的相关工商信息进行查询，再结合承租企业提供的公司章程等资料，进行对比核实并加以全面掌握。

（一）股东构成及其出资情况

1. 股东构成和企业性质

按照不同的股东性质，我国的企业可以划分为国有企业、集体所有制企业、联营企业、三资企业（中外合资经营企业、中外合作经营企业、外商独资企业）、私营企业及其他企业。

对于某个具体的承租企业而言，其股东可能是一个，也可能有多个；股东可以是法人，也可以是自然人；股东可能全是国有的、民营的或者外资的，也可能既有国有的又有民营的和外资的。相应地，其股权比例可能是国有股东占多数（国有股东控股），也可能是民营或外资股东占多数（民营或外资股东控股）。通常来说，占有多数股权比例的股东性质决定了该承租企业的性质。

2. 股东出资情况

在掌握承租企业的股东构成和各股东所占股权比例的基础上，尽调人员还应进一步了解各股东的出资方式、出资到位情况以及出资是否被抽逃。

《中华人民共和国公司法》第二十七条规定：“股东可以用货币出资，也可以用实物、知识产权、土地使用权等可以用货币估价并可以依法转让的非货币财产作价出资；但是，法律、行政法规规定不得作为出资的财产除外。”

以货币或实物出资的，其可信度相对较高；而以知识产权（如专利技术）等无形资产出资的，很容易出现高估现象。

此外，由于目前我国对企业的注册资本实行认缴登记制，股东所缴资本可以低于注册资本。所以，在必要情况下，尽调人员还需要掌握承租企业各股东实际出缴的资本金额；同时，还应进一步关注所出缴的资本金是否又被抽逃。

无论是无形资产出资估值偏高，还是注册资本金不到位以及到位后又被抽逃，都会造成该企业的注册资本金虚高或不实。如果存在这种情况，在一定程度上应该在对该企业的真正实力进行评价时适当打个折扣。

（二）股东的背景

企业的每一位股东，都分别拥有各自不同的背景。股东的背景（尤其是控股股东的背景），其实在很大程度上也就相当于承租企业的背景。

控股股东自身的治理架构、企业文化和经营思路，通常会对承租企业的治理结构、管理机制和经营格局产生很大的影响，甚至会高度控制承租企业的生产经营活动。当然，除了影响或控制承租企业外，基于利益的一致性，控股股东也会为承租企业提供最大可能的支持和保障。

通常来说，如果控股股东属于实力较强的国有企业、上市公司、行业龙头等，那么承租企业的整体实力往往也会较强，融资租赁项目风险相应也会较低。但与此同时，由于其自身的质地较好，能够得到金融机构的普遍认可，因而此类企业的融资议价能力往往也会比较强，能够接受的资金成本相对较低。

同时，尽调人员还应关注承租企业及其股东的关联企业（指与承租企业或其股东之间存在直接或间接控制关系或重大影响关系的企业）的相关情况，尤其是这些关联企业中有无已经从外界进行过大规模融资的情况，以及有无社会信誉或业界名声非常糟糕的情况。之所以要关注关联企业的上述情况，是因为如果有一天关联企业出现了巨大经营困难或还债风险等情况，承租企业很可能会受到拖累，进而会影响自身的经营和偿债能力。

此外，尽调人员还应了解承租企业的实际控制人的基本情况。所谓实际控制人，是指虽然不是某企业的控股股东甚至不是该企业的股东，但通过投资关系、协议或者其他安排，能够实际支配该企业行为的人。当然，这只是一类现象，不代表全部。对于大多数企业而言，拥有真正控制权和支配权的往往就是控股股东。

三、承租企业的组织架构、企业文化和经营管理团队状况

一个运营状况良好的企业，往往会有一套科学、健全的组织架构，以及一个由各具专业特长的人员组成的能力出色、行动高效的经营管理团队。如

果把企业整体比作一个“舞台”的话，那么经营管理团队无疑就是这个舞台上的“主要演员”。企业能否成功，在很大程度上依赖于它的经营管理团队。

（一）组织架构

目前，大多数企业都会按照工商主管部门的相关规定，建立起一套合乎现代法人治理结构要求的组织架构。通常来说，组织架构的顶层是股东会，往下是董事会和监事会，再往下是经营管理层，又往下是业务、财务等一系列职能部门或分支机构。在某些规模更大、业务更为复杂的企业，根据管理需要，其股东大会下面可能还会加设各类专业委员会；而对于某些股东构成比较简单的民营企业来说，其组织架构可能会有所简化。

承租企业组织架构是复杂还是简单，并不是尽职调查所要关注的重点。尽职调查应该关注的重点是，该企业组织架构的设置是否贴合企业实际，相关机制运转起来是否顺畅、有效。只要有利于企业的合法、高效运营，该组织架构就可以被认为是合理的。

所谓的运转有效，是指处于组织架构中不同层级的人员，都有与其岗位相对应的权利、责任和义务，并且有相应的制约机制来规范相关人员在行使权利和履行责任义务时的行为。比如，股东会是企业的最高权力机构，达到一定级别的重大事项（一般会在公司章程中明确规定）必须由股东会讨论决定；董事会则介于股东会和经营管理层之间，它是股东会的业务执行机构，负责企业中业务经营活动的指挥与管理，对经营管理层进行监督、制约和考核，对股东会负责并报告工作；而经营管理层则是带领各部门及相关人员围绕既定的目标开展各项生产、经营以及管理活动。

（二）企业文化和激励机制

一个成功的企业，往往会有其独特的企业文化。

企业文化不一定非要多么高端大气，但一定是要被员工广为认同的；企业文化不一定要落于纸面，但在员工中一定是要深入人心的。最重要的是，好的企业文化能够催人上进，能够不断提升企业的整体工作效果。企业文化往往会在一些细节方面体现出来，甚至是只可意会不可言传的。比如，读者朋友应该都曾经去过多家银行办理业务，不同的银行可能会给人不同的感受，包括银行职员对待客户的态度、业务办理的效率等。这就是各家银行在企业文化方面所呈现出来的差别。因此，融资租赁尽调人员在到承租企业进行尽职调查时，应适当留意或者用心感受其企业文化，这会有助于对该企业的综合判断。

说到企业文化，就不能不说激励机制。宽泛地说，激励机制也是企业文化的一个重要组成部分。所谓激励机制，是通过一套理性化的制度来反映激励主体与激励客体相互作用的方式。一个发展得红红火火的企业，一定不会亏待为企业做出贡献的员工，而是会给予他们适当的奖励（如提高工资档次，加发奖金）；而对于没有做出应有贡献的员工，则会施以一定的惩罚（如扣发奖金）。这就是激励机制。

一套科学合理的激励机制，不仅能够最大程度地挖掘员工的潜力，也能够最大程度地提升企业的生产经营成果，是企业发展过程中的“兴奋剂”和“催化剂”。目前，许多企业对经营管理团队成员都是采用雇佣制或聘任制（如职业经理人），能者给以高薪，无能者予以辞退。许多现实事例表明，这是一种非常有效的做法。

由于关系到员工的经济收入，激励机制通常会有明确而详细的书面条款，融资租赁尽调人员可以让承租企业提供相关资料，作为撰写尽职调查报告时的参考。

（三）经营管理团队状况

经营管理团队是带领企业前进的旗手和排头兵，其能力（以及敬业精神）的高低直接影响着该企业生产经营的成败。因此，企业要想发展的成功、持久，一个出色的经营管理团队是至关重要的。评判一个经营管理团队能力的最直观最可靠的标准，就是其既有的经营业绩。

融资租赁尽调人员可以通过调查承租企业最近几年（通常是三年，对于成立不足三年的企业则调查其自成立以来的情况）的经营状况，来判断该企业经营管理团队的整体能力。具体地说，尽调人员可以让承租企业提供相关年度的工作报告，以此来了解其中每一年度年初的经营目标计划以及年终的经营业绩总结，了解其年度经营目标的完成情况，进而判断该企业经营管理团队的工作能力。

如果承租企业的经营管理团队每年都能较好完成甚至超额完成年度经营目标，说明该企业后续发展的内生动力很足，应该对其保持足够的信心。而如果承租企业的经营管理团队每年都无法完成年初所设定的经营目标甚至实际业绩与设定目标差距很大，则该经营管理团队的能力及该企业的后续发展前景是令人堪忧的，融资租赁公司应该保持适当警惕。

四、承租企业生产经营状况

生产经营状况是指企业的产品在商品市场上进行生产、销售、服务的发展现状，是企业真实生存与发展状态的客观反映。对承租企业生产经营状况的调查，需要了解产品（含服务，下同）的类型、产品在市场上的竞争力、日常生产情况以及销售情况等相关方面。

（一）产品的类型、竞争力及销售状况

产品是企业从市场上获取经济收益的直接物质筹码，是企业研发、加工、检测、调试等诸多环节劳动成果的综合体现。产品的类型和质量，决定了其在市场上竞争力的大小，进而决定销售状况，并最终关系着生产厂家的兴衰存亡。融资租赁尽调人员经过尽职调查后，要能够回答以下问题：

1. 承租企业生产哪些产品？主产品是什么？

由于所处行业的特点及自身规模不同，有的企业可能只生产一种产品，而有的企业可能会同时生产多种产品。对于同时生产多种产品的企业，其生产的产品有的能分清主次，有的则难分主次、同等重要。比如，某水泥生产企业，它的产品可能就只有一种，那就是水泥；再如，某煤炭化工企业，其产品除了主产品焦炭外，还有副产品煤焦油、粗苯、硫铵、锰硅合金、矸石等，尽管产品类型多样，但该企业的盈利主要还是要靠其主产品——焦炭；又如，某汽车生产企业，其产品共有两种：普通小轿车和面包车，而且这两种车型并驾齐驱，每年的销售额和所创造的利润彼此相当，不分主次，或者说都是主产品。

如果承租企业只生产单一产品，在尽职调查时自然需要关注该产品的生

产销售情况；而如果承租企业同时生产两种以上产品，尽调人员在进行尽职调查时，就应该分清主次，应将关注点主要集中在主产品上，对于副产品或次要产品的情况适当了解即可，一般不必花费过多的精力。当然，如果出于对项目高度认真负责的态度，且在精力和时间允许的情况下，在尽职调查时对承租企业的副产品或次要产品的情况也一并进行详细了解的做法，绝对是值得鼓励的。了解的越全面，所作出的相关判断就会越准确。

2. 产品有哪些优点或特色？其主要竞争优势体现在哪里？

随着经济的发展，商品市场早已呈现出琳琅满目、品类繁多的状态。对于任何一种商品的市场领域，往往都会充斥着不同厂家生产出来的各具特色但又大多同质的产品，竞争越来越激烈，市场垄断的现象越来越少。

一个企业要想在激烈的竞争中脱颖而出，在市场上占有一席之地甚至成为较大赢家，其产品就必须具备明显的优点或独到的特色——要么质优，要么价廉，当然，最好是既质优又价廉。这里所说的质优，是相对于同等价位的同类产品而言，该产品在质量、性能、功效、能耗等方面具有明显的优势；所说的价廉，是相对于相同级别的同类产品而言，该产品的销售价格明显较低。

质优价廉的产品是广大消费者（或客户）最乐意购买的。毫无疑问，这样的产品在市场上最具竞争力。事实上，质优或者价廉，只是竞争力较强的产品的一种表征，究其原因，是因为生产该产品的厂家在研发、生产以及销售环节拥有别的厂家所不具备的竞争优势。这些优势包括差别优势、技术优势、成本优势和关系优势等。

差别优势，又叫差异化优势，是指企业通过向客户提供有别于其他竞争对手的独特产品或服务而形成的优势。一个企业，只有当它能够为客户提供一些独特的、对客户来说其价值不仅仅是价格低廉的东西时，这个企业才具备区别于其竞争对手的差别优势。

技术优势，是指企业拥有的比同行业其他竞争对手更强的技术实力以及研究与开发新产品的能力。这种能力主要体现在生产的技术水平和产品的技术含量上，如其产品的使用寿命更长，性能更好，功能更多，或者更加节能等。

成本优势，是指企业的产品依靠低成本获得高于同行业其他企业的盈利能力。在大多数行业中，成本优势都是决定竞争优势的关键因素。

关系优势，是指企业在维护客户及经销商关系方面所体现出来的明显优势，这是企业营销水平的重要体现。

尽调人员在进行尽职调查时，应该全面结合上述内容，认真分析承租企业产品的主要优势和市场竞争力。这通常也是尽职调查报告中必须体现出来的内容之一。

3. *产品的市场表现如何？*

产品的市场表现是该产品受客户欢迎程度的最直观体现。要想真正了解承租企业产品的市场表现，融资租赁尽调人员应该重点关注以下三个方面：

一是该产品的市场供求状况。要了解产品是供过于求还是供不应求，是经常脱销还是销量平平甚或严重滞销。供求状况决定了该产品的价格水平，并和销量一起决定了该产品的销售金额，进而决定着承租企业的收入和盈利水平。

二是该产品是否有替代品。替代品是指两种（或多种）基本相同或相近用途的产品，彼此之间存在相互竞争的销售关系，即一种产品销量的增加会减少另一种产品的潜在销售量，反之亦然。如果承租企业的产品在市场上有替代品，尽调人员还应该大致了解替代品的销售状况，并进一步估计其对承租企业产品市场销路的影响程度。

三是客户对该产品的依赖度和忠诚度。客户对某产品的依赖度，是指基于该产品的性能、功效等方面的优势，客户对该产品“青睐”或“必需”的程度，它所体现出来的是厂家的硬实力。客户对某产品的忠诚度，是指由于该产品质量、价格、服务等诸多因素的影响，使客户对该产品及相关服务产生感情，进而形成心理偏爱并长期重复购买该产品或服务的程度，它所体现的往往是相关厂家的软实力。毫无疑问，客户对某产品的依赖度和忠诚度越高，该产品的销售形势就会越好，相关厂家的盈利能力也会越强。

需要说明的是，相对于其他指标而言，客户对某产品的依赖度和忠诚度是比较难以衡量的内容，在尽职调查工作中，尽调人员可以让承租企业协助提供相对客观、可靠的有关信息，进而对该企业产品未来的销售状况做出合理的预判。

4. 销售团队的营销能力和销售渠道的构建情况

虽然老话说“酒香不怕巷子深”，但在当今这种竞品种类繁多、竞争异常激烈的商品市场上，再好的产品也离不开必要的营销，这是商业社会发展的必然结果。

为了拓宽产品销路、更好地提高经济收益，生产厂家往往都会配备专门的销售团队，并用心构建行之有效的销售渠道或网络。融资租赁尽调人员可以从承租企业的销售记录上收集该企业不同时期的销售数据，通过认真分析比较，进而判断该企业销售团队整体营销能力的高低以及销售渠道是否顺畅、高效。

5. 销售中是否有折让或折扣政策？赊销情况如何？

为了更好地促进自身产品的销售，抢占更大的市场份额，很多生产厂家都会不定期的实行销售折让或者折扣政策，以更好地吸引客户。这也是融资租赁尽职调查工作中应该关注的一项内容。

（1）折让

所谓折让，是指某企业的商品发运后，由于商品的品种、规格或质量等不符合合同事先约定的要求或因其他共认的原因应退而未退的商品，该企业对购买方在价格上给予相应的减让。

销售折让会使企业的销售收入相应减少。从理论上来讲，企业应当按月计算收入、结转成本、核算盈亏，发生的销售折让应当冲减销售产品当月的销售收入，但这在实际账务处理中往往难以操作。现实中通常的账务处理方法是：不管是本年销售的产品还是以前年度销售的产品，只要发生了销售折让，都在发生销售折让的当月冲减当月的销售收入。

（2）折扣

所谓折扣，是指商品买卖中的让利或减价行为，是卖方给予买方的价格优惠，买卖双方对于给予或者接受的折扣都要明示并如实入账。销售方给予购买方的折扣，通常又分为现金折扣和商业折扣两种类别。

现金折扣，是指在赊销业务中，销售商品的企业为了鼓励客户在一定期限内早日偿还货款而给予客户的折扣优惠。现金折扣一般以诸如“2/10，1/20，n/30”的形式来表示。其含义是：“2/10”表示如果客户在 10 天内偿付货款，则给予 2% 的折扣；“1/20”表示如果客户在 20 天内（且超过 10 天）偿付货款，则给予 1% 的折扣；“n/30”表示如果客户在 30 天内（且超过 20 天）付款，则没有折扣。

商业折扣，是指对商品价目单中所罗列的商品价格，厂家针对批发、零售、特约经销等重要程度不同的销售对象，有区别地给予相应的折扣优惠。商业折扣通常用百分数来表示，如 5%、10%、15% 等。商业折扣作为生产厂家进行商品促销的手段，其目的当然是扩大销路、增加销量。在一般情况下，商业折扣都是直接从商品价目单价格中进行扣减，扣减商业折扣后的价格才是商品的实际销售价格。购买方应付的货款和销售方应收的货款，都是根据直接扣减商业折扣后的价格来计算的。因此，商业折扣对销售厂家的会计记录和账务处理并不会产生额外的影响。

（3）赊销情况

在商品买卖中，人们经常会听说或谈到“赊销”这个概念。事实上，赊销是信用销售的俗称而已，它是以信用为基础的销售，销货方与购货方在签订相关购货协议后，销货方让购货方先取走货物，而购货方则按照协议，在规定日期付款或者以分期付款的形式付清货款。赊销使商品的让渡和商品价值的实现在时间上分离开来，它实质上是提供信用的一种形式。赊销商品使销货方成为债权人，使购货方成为债务人，这种债权债务关系是在商品买卖过程中产生的。

前面所讲的现金折扣，通常是伴随着商品的赊销而产生的。但赊销商品，却未必都会实行现金折扣，这要看买卖双方的意愿和约定。

对于生产企业来说，其产品赊销的比例越大，一方面会促进产品销售量的增加，但另一方面也会约束其资金的流动性，并会伴随应收账款能否按期回收的风险。因此，在进行尽职调查时，尽调人员不仅要关注承租企业产品销售的数量，还要关注其销售的质量。通常来说，产品赊销比例越大、赊销期限越长的企业，其资金流动性风险也将越高，在做此类融资租赁项目时应该更加谨慎。当然，对这一点的判断也不能过于机械，应该具体情况具体分析。比如，某承租企业产品销量很大，但以赊销为主，并且赊销期限较长，如果有确凿的既有资料表明，其下游的大客户群相对比较稳定，而且客户信用良好，还款非常规律准时，那么，这样的企业依然不失为比较良好的承租企业，只需在制订融资租赁方案时需要充分考虑这一情况，将租金偿还的时间间隔等细节问题考虑周全。

融资租赁尽调人员应根据所了解到的承租企业产品的销售政策和主要销售模式，结合其财务资料中所显示的现金流状况及应收账款回收状况等，对该企业的产品销售情况和货款回收质量综合地做出合理的判断。

（二）产品的生产状况

如果说产品的市场竞争力和销售情况是该产品的外在表现的话，那么，该产品的生产状况则是其内生根基。在尽职调查过程中，尽调人员可以从以下几个方面了解承租企业的生产状况：

1. 生产是否符合环保等相关部门的要求

对于大多数生产型企业来说，一般都需要首先达到环保部门所规定的环保要求，例如在正式开工生产之前，必须取得环保部门颁发的环保许可证及相关批文。除了环保部门外，不同行业各自的主管部门可能还会有别的一些不同要求和规定（如前文所谈及）。这些部门所颁发的相关证照及批文等，是对有关企业在所规定的方面已经达标的认可和界定，是该企业正式生产运营的法定前提。通常来说，正常运营一定年限的企业，一般都已经获得了相关证照，否则可能早已被有关部门查处关停。但出于谨慎性考虑，尽调人员在进行尽职调查时，还是要对其进行核实，并确保见到原件。如果承租企业没有获得所应具备的证照或批文，就可以认定该企业为非法或者违规经营，已经暂时没有和其商谈融资合作事宜的必要了。

2. 原材料价格的稳定性、供给情况以及储放情况

要想生产出合格的或者优质的产品，除了技术等方面的要求外，还离不开合适的原材料。

在质量能够保证的前提下，原材料的价格会直接影响到生产企业的成本进而影响其利润。对于绝大多数企业来说，一般都希望其所需原材料的市场价格是相对稳定的而不是频繁剧烈波动的。这不仅仅是因为心理上对于稳定感的偏好，更深层的原因是，原材料价格的稳定对于生产企业的成本核算、产品销售价格的确定以及年度利润的估算都是无比重要的。

当然，原材料本身也是一种商品，其价格能否持续保持相对稳定，在很大程度上要取决于其自身的市场供给情况。原材料的市场供给情况稳定，其价格就会相对稳定；反之，其价格就会上下波动。因此，为了测算承租企业的利润水平及其盈利持续性，尽调人员在尽职调查过程中还应该对其生产所需原材料的价格及供给情况进行大致的了解。

另外，为了直观了解承租企业实际生产成果和生产的可持续性，尽调人员还应该现场查看该企业所存放的原材料情况。库存充足的原材料是该企业进行后续生产的重要保障。同时，由于物质特性不同，有些种类的原材料可能会有比较特殊的储存要求，且对存储环境条件要求比较苛刻。如果承租企业的原材料属于此类，尽调人员还应该特别关注其存放地点和相关环境条件是否合乎相关要求。

3. *承租企业的研发水平和技术实力如何？是否拥有核心环节的知识产权？*

要想让自己的产品在市场上畅销，生产企业除了需要一个优秀的销售团队以及良好的销售渠道外，更为关键的是，它所生产出来的产品一定要有竞争力——“质优”或者“价廉”，或者二者兼具。想要实现这个目标，该生产企业就要在技术上能保证产品的质量，在工艺上能降低产品的成本，这显然离不开一个出色的研发、生产团队。在这个“知识经济”时代，科学技术是第一生产力。从本质上来说，企业的研发水平和生产技术水平更能代表该企业的实力和发展后劲。

融资租赁尽调人员需要到承租企业的实验室等场所，查看其研发情形以及与研发相关的成果性资料，并通过研发人员的介绍，了解该企业的科研成果及其在行业内处于什么样的水准。同时，尽调人员还应该到该企业的生产车间，观看其生产效率、工艺流程、设备的现代化和自动化程度等，亲身感受其生产氛围，并通过和相关人员的攀谈，尽量全面地了解其真实的技术实力、工艺水平以及其与同行相比的优势所在。

另外，尽调人员还需要关注承租企业所拥有的知识产权情况。

知识产权，又称“知识所属权”，是指权利人对其所创作的智力劳动成果所享有的财产权利。这是一种排他性的权利，但一般只在一定的时间期限内有效。拥有独立自主的知识产权（如专利权）是一个企业科学技术实力的有力佐证和真实写照。因此，在尽职调查过程中，尽调人员还应了解承租企业是否拥有与其生产经营密切相关的知识产权，尤其是核心环节的知识产权。如果该企业拥有核心技术方面的自主知识产权，那么，融资租赁公司在对该企业进行相关评级时就应该适当乐观。

五、承租企业财务状况

财务状况是指一定时期（一个月、一个季度、半年或者一年等）的企业经营活动体现在财务上的资金筹集与资金运用状况，它是企业一定期间内经济活动过程及其结果的综合反映。一个企业的财务状况，最能直观而又综合地反映其生产运营的经济性成果和盈利能力，也最能显示出该企业的根本质地。因此，对承租企业财务状况的调查，既是整个尽职调查工作中的核心部分，也是尽职调查报告中需要反映的主要内容。

财务状况调查工作涉及的面较广，尽调人员不仅要了解承租企业的基本财务数据，还要懂得根据相关基本财务数据推算出一系列比率性的指标，用以全面、综合地评价该企业真实的财务质量。这项工作对财务综合知识的要求相对较高，融资租赁尽调人员应该格外重视，并要投入足够的时间、精力和耐心。

为了较好地完成对承租企业财务状况的调查工作，尽调人员需要获得该企业最近几个年度（通常是最近三年，若企业成立不足三年，则自其成立以来，下同）的审计报告（之所以要看审计报告，是因为审计报告是经有资质的专业中介机构审定和出具的，相对于承租企业自己编制的财务报表，具有更高的公允度和可信度）以及近期的月度会计报表（主要是资产负债表、利润表、现金流量表）及会计报表附注，并通过和该企业财务等部门的相关人员沟通，进而掌握以下情况。

（一）基本财务数据

基本财务数据，是通过企业财务报表直接反映出来的能够表明该企业整体资产、负债、收入、利润以及现金流状况的的全局性指标，按照其不同的性质和类别，分别填列于企业的资产负债表、利润表和现金流量表之内。前述三张财务报表各有其不同的用途和侧重点，它们是一个有机的整体，相互之间存在一定的勾稽关系，能够相互支撑和印证。

基于融资租赁尽职调查的主要目的，尽调人员应了解并重点关注承租企业的以下基本财务数据。

1. 资产负债表中应关注的主要基础数据

最能代表一个企业“总盘子”的基本财务指标，就是该企业的资产、负债和所有者权益，这三块内容共同构成了企业的“资产负债表”。资产负债表是一种时点性报表，它反映的是企业在某一具体日期的资产负债状况。

在进行尽职调查时，融资租赁尽调人员可以通过资产负债表了解承租企业资产构成的总体格局，以便对企业规模有一个全局性的认识。

（1）资产

资产是指企业由过去经营交易或事项形成的、由企业拥有或控制的、预期会给企业带来经济收益的资源。它包括该企业所拥有的所有具有商业或者交换价值的东西，包括各种财产、债权和其他权利。

按照其流动性（变现能力和支付能力）的不同，企业的资产可以细分为流动资产、固定资产、长期资产、无形资产、递延资产、生物资产和其他资产等。在企业财务明细账上，每一项资产都会记载于相应的细分科目之下。

我们在本部分所讲的资产，是报表层面上的概念，从数值上来讲，它是承租企业资产负债表中各类资产的总和。一个企业资产总额的大小，在一定意义上也代表着该企业规模的大小，是企业实力的象征。

（2）负债

负债是指企业在过去的交易或者事项中形成的、预期会导致经济利益流出企业的现时义务。它是企业在一定时期之后必须偿还的经济债务，其偿还期及具体偿还金额在它们发生或成立之时就已由合同、法规所规定或制约，是企业必须履行的一种义务。

按其偿还速度或偿还时间的长短，负债又可以划分为流动负债和长期负债。流动负债是指将在 1 年或超过 1 年的一个营业周期内偿还的债务，主要包括短期借款、应付票据、应付账款、预收货款、应付工资、应交税金、应付利润、其他应付款、预提费用等。长期负债是指偿还期在 1 年以上或超过 1 年的一个营业周期以上的债务，包括长期借款、应付债券、长期应付款等。和资产类似，在企业财务明细账上，每一笔负债也都会被记载于不同的细分科目之下。

我们在本部分所讲的负债，也是报表层面上的概念，从数值上来说，它是承租企业各项负债的总和。一个企业负债总额的大小，代表着该企业对外所欠债务的规模。通常来说，负债金额越大，该企业的偿债风险就会越高。但这仅能作为一种参考性的说法，不能作为必然的结论。对于一个企业偿债能力高低及其到期偿债风险大小的判断，除了负债总体规模外，还需要参照该企业的资产规模、资产结构、负债结构、资产负债率、流动比率、速动比率等一系列指标。这些将在后文中进行详细介绍。

（3）所有者权益

所有者权益是指企业资产扣除负债后由所有者享有的剩余权益，因而也被称为“净资产”。它包括实收资本（或股本）、资本公积、盈余公积和未分配利润等。在股份制企业，所有者权益又称为股东权益。

所有者权益是企业投资人对企业净资产的所有权。所有者权益包含所有者以其出资额的比例分享企业利润；与此同时，所有者也必须以其出资额承担企业的经营风险。从企业管理权的层面上来说，所有者权益还意味着企业的所有者所拥有的法定的管理企业和委托他人管理企业的权利。从某种意义上来说，所有者权益的大小代表着所有者（股东）的实力；有时，在统计学的角度上，它也可以作为企业规模的代名词。

从数值上来看，资产总额 = 负债总额 + 所有者权益总额，这一等式在财务领域被称为"资产负债恒等式"。它既是复式记账的理论基础，也是资产负债表赖以设置的基本理论框架。资产、负债和所有者权益，共同构成了企业的资产负债表，资产占据了资产负债表的左侧，负债和所有者权益则共同构成资产负债表的右侧，表的左右两侧的金额总值永远相等。其更深的含义是，一个企业所拥有的资产，其来源无非有两种：要么是所有者自有的，即所有者权益；要么是通过从外部举债（借款或欠款）而形成的，即负债。

但是，如果只是单纯地看其报表中数值的大小，也只能了解该企业的资产规模、负债规模及所有者权益规模，即数量层面上的东西，而无法判断其质量及相关风险。如果要了解质量层面上的东西进而判断潜在的风险大小，就需要进一步计算并分析一些相关的比率性或对比性指标。

除了资产负债表，对于其他报表的分析也是同样的道理。换言之，在对承租企业财务状况进行调查时，尽调人员不仅要了解其绝对数值，还要了解其相对比率。只有将二者结合起来，才能全面、客观、鲜活地评价承租企业的财务状况。

相关的比率性指标将在后文分别进行讲解。

2. 利润表中应关注的主要基础数据

利润表也称损益表，是反映企业在一定会计期间经营成果的报表，它最能直观地反映企业的生存质量和持续发展能力。利润表是一种时段性的报表，它反映的是企业在某一个时间段（如一个月、一个季度或者一年）的收入利润状况。

在进行融资租赁尽职调查时，尽调人员应主要关注承租企业近年来（以三年为例）的收入状况及其变动情况，以及利润状况及其变动情况。

（1）收入状况及其变动情况如何？变动原因何在？

按照《企业会计准则》的定义，收入是指企业在日常活动中形成的、会导致所有者权益增加的、与所有者投入资本无关的经济利益的总流入。收入包括销售商品收入、提供劳务收入和让渡资产使用权收入（如利息收入、使用费收入等）。这里所说的收入是指企业的营业总收入。

融资租赁尽调人员可以通过查看承租企业的"利润表"来了解该企业相

关时期的收入状况。一方面是要了解该企业每年的收入金额，判断其从外界获取收入的能力；另一方面是要将该企业最近三个年度的收入规模进行比较，看看其变动情况：是逐年增长、逐年下降、基本持平还是上下波动。对于收入变动的原因，尽调人员可以收集更多的业务和财务等方面的相关资料进行进一步分析，同时，这往往也需要让承租企业的有关人员对相关情况进行解释和说明。由于影响企业收入的因素较多（如成本、价格、市场容量、竞争格局、产品质量、服务质量、营销力度等），尽调人员应该对相关情况充分了解，冷静分析，最终形成比较有说服力的结论。

通常来说，企业收入逐年增长是比较好的现象，说明该企业的创收能力在不断提高；而收入若是逐年下降，则情况就会相反。但这只是一般规律，事实上，收入多并不意味着利润就多，收入逐年增长并不代表利润也在逐年增长。企业的收入状况在很大程度上只是该企业经营状况的表象，它主要反映该企业在创收方面的景气状况或者规模大小。要想真正合理地判断承租企业的盈利能力以及与之密切相关的偿债风险，还需要甚至说更需要了解和分析该企业的利润相关指标。

除了营业收入，承租企业可能还会有营业外收入。营业外收入，是指该企业所确认的与企业生产经营活动没有直接关系的各种收入，包括非流动资产处置利得、非货币性资产交换利得、债务重组利得、政府补助、盘盈利得、捐赠利得等。营业外收入也会在企业的利润表中进行反映，它也是企业总收入的一个组成部分。营业外收入往往金额相对较小并且缺乏规律性，对企业经营的影响通常不会太大，因此，尽调人员只需对其进行简单了解并以此作为尽职调查报告的补充参照内容即可。

如果承租企业与其关联企业存在商品购销关系，尽调人员还应进一步了解双方之间采购合同和销售合同所约定的价格是否符合市场行情，以及购销数量和结算情况是否真实，以确定其是否存在通过虚构交易来调节收入和利润的情况。

此外，在对承租企业收入状况进行调查时，还应关注该企业相关期间的电费开支情况，分析其用电量的变化是否与收入变化情况相匹配，进而协助验证收入的真实性。对于所有的生产型企业来说，要想创造收入就必须生产产品，而要想生产产品就必须耗用电能，因此，相关期间的收入和耗电量之间存在正相关的逻辑关系。当然，在对这一点进行分析时，还需要综合考虑生产与收入错期（当期生产的产品可能要到下期才能销售出去）的因素以及其他一些季节性因素（如夏季因为要使用空调等而导致用电量上升）。

此外，对于某些行业，其生产中用水量的变化也可作为一种参考依据。道理同用电量。

（2）利润状况及其变动情况如何？变动原因何在？

利润是指企业在一定会计期间的经营成果，包括收入减去费用后的净额、直接计入当期利润的利得和损失等。作为衡量企业优劣的重要标志，利润往往是评价企业管理层业绩的一项重要指标，也是投资者、金融机构等财务报告使用者进行投资或借款决策时的重要参考。

按其计算的不同口径和层次，利润可以分为营业利润、利润总额和净利润。

①营业利润

营业利润是指企业在营业收入中扣除折扣、成本消耗以及营业税金等之后的剩余，它其实也就是人们通常所说的“盈利”。其计算公式为：

营业利润 = 营业收入 − 营业成本 − 营业税金及附加 − 期间费用 − 资产减值损失 + 公允价值变动收益 − 公允价值变动损失 + 投资净收益

②利润总额

利润总额是指企业在生产经营过程中各种收入扣除各种耗费后的盈余，反映企业在报告期内实现的盈亏总额。从范围上来说，利润总额是比营业利润更加宽泛的概念，它是营业利润和营业外利润（营业外收入减去营业外支出）的加总。它们的会计勾稽关系为：

利润总额 = 营业利润 + 营业外收入 − 营业外支出

由于“营业外收入 − 营业外支出”可能为正值、负值或者为0，所以相应地，利润总额在数值上可能会大于、小于或者等于营业利润。

③净利润

净利润是指企业在利润总额中按规定交纳了所得税费用之后的利润留成，所以通常也被称为“税后利润”。企业所得税费用的计算方法是：应纳税所得乘以适用的所得税率。除了个别情况下存在会计利润调整项目外，企业的应纳税所得额就是其利润总额。因此，在通常情况下，净利润和利润总额之间的会计勾稽关系为：

净利润 = 利润总额 – 所得税费用

= 利润总额 – 利润总额 × 所得税税率

= 利润总额 × （1 – 所得税税率）

企业的所得税率都是法定的，在利润总额已定的情况下，所得税率越高，净利润就会越少。按照纳税企业的性质和类别不同，我国在征收企业所得税时的税率分为两档：一档是 25% 的基本所得税率，适用于大多数企业，其中，居民企业中符合条件的小型微利企业减按 20% 税率计征所得税，国家重点扶持的高新技术企业减按 15% 税率计征所得税；另一档是 20% 的低税率（实际减按 10% 税率计征），适用于某些非居民企业。当企业的经营条件相当时，所得税税率较低的企业，其经营效益相应就会更好一些。

净利润是一项非常重要的经济指标，它意味着企业的盈利中最终会有多少真正被留下来供其分配或使用。对于企业的投资者来说，净利润是获得投资回报大小的基本因素；对于企业管理者而言，净利润是进行经营管理决策的基础。同时，净利润也是评价企业盈利能力、管理绩效以及偿债能力的一个基本参考，是反映和分析企业多方面情况的核心指标。

3. 现金流量表中应关注的主要基础数据

现金流量表是反映一定时期内企业经营活动、投资活动和筹资活动对其现金（包括库存现金、银行存款、其他货币资金）及现金等价物所产生影响的财务报表，它所列示的是企业在一定期间内现金的流出和流入情形。现金流量表是企业资金流动状况的全面体现，是企业经营状况健康与否的直观证据。

由于筹资活动和投资活动发生的频次相对较少，所以在尽职调查过程中，应该重点关注承租企业经营活动所产生的现金净流量，即经营活动中现金流入减去现金流出之后的净额。经营活动现金净流量代表着企业基于其经营活动所产生的实际流入该企业的现金净额，它是收付实现制层面上的企业经济成效的即时表现。通常来说，该数值越大，表明该企业的资金流动性越充足，其后续生产经营的保障程度越高，同时意味着，其对于相关债务的偿还能力也越强。

为了印证现金流量表中有关数据是否可靠，尽调人员可以结合承租企业相关银行账户的资金流水，作一些必要的复核和大致的比较。

在掌握了承租企业经营活动现金净流量之后，尽调人员还应将其与企业当期的净利润进行对比性分析。一般来说，二者是不会完全相等的，会有一定的偏差。这是因为，现金净流量是按照收付实现制的原则计算的，而净利润则是以权责发生制的原则计算的。尽管如此，将二者进行对比分析仍有很大的必要性：如果前者明显大于后者，则说明该企业在经营活动中的预收款项或者应付款项可能比较多，由此带来的后期“偿还”责任也相应较多；如果前者明显小于后者，则说明该企业在经营活动中的预付款项或者应收款项可能比较多，或者其赊销情况比较多，后期将会有相应的债权性“收入”。

事实上，这种对比性分析的最根本的意义在于：通过现金流量表中的数据来核实或者印证资产负债表中的负债情况以及利润表中的利润情况。这是融资租赁业务人员应该具备的一项基本分析技能和分析思路。当然，在对比和分析过程中，跟承租企业有关人员（尤其是财务人员）的沟通和交流也是必不可少的，这样可以更加准确全面地了解相关情况，搞清真实的原因，提高尽职调查工作的效率，并确保调查的质量。

（二）财务比率指标

如前文所述，在尽职调查过程中，要想对承租企业的财务状况进行比较客观、全面的评价，仅仅掌握财务报表中的一些基础财务数据是远远不够的，还需要以财务报表中的相关数据为基础，进一步计算出该企业的一些重要的比率性指标。

现实中，根据不同的分析用途和评价需要，可以计算出的企业财务比率性指标可达数十项之多。而基于融资租赁尽职调查的主要目的，尽调人员可以主要关注并认真分析以下指标：

1. 偿债能力指标

偿债能力是指企业偿还到期债务（包含本金及利息）的能力。能否及时偿还到期债务，是反映一个企业财务状况好坏的重要标志。通过对承租企业偿债能力的分析，可以了解该企业在后续经营中可能发生的债务偿还风险，有助于对该企业未来运营的稳定性进行预测。

企业偿债能力包括长期偿债能力和短期偿债能力两个方面，相应地，反映企业偿债能力的指标也分为长期偿债能力指标和短期偿债能力指标。

在对承租企业偿债能力进行分析时，融资租赁尽调人员主要应关注资产负债率、产权比率、流动比率和速动比率这四个财务指标，了解其水平高低（与同行业平均水平相比较），掌握其变化趋势，进而作出相应的评价。

（1）资产负债率

资产负债率是衡量企业长期偿债能力的重要财务指标之一。

资产负债率，是指负债总额除以资产总额的百分比，所体现的是在某个时点上负债总额与资产总额的比例关系。

资产负债率反映出企业总资产中有多大比例是通过借债或欠债来筹集的，因此也被称为“举债经营比率”。该比率是评价一家企业相对负债水平的综合指标，同时也是衡量该企业利用债权人资金进行经营活动能力的指标，反映债权人到期回收债权的安全程度。

资产负债率的计算公式为：

资产负债率 = 负债总额/资产总额 ×100%

对于一个正常经营的企业而言，其资产负债率的范围应是（0 ~ 100%）。也就是说，如果该企业没有对外债务，其资产负债率即为0；如果该企业有对外债务，根据债务相对于资产的规模，其资产负债率就会大于0，并且会小于100%。

例如，某企业经审计的资产负债表显示：2014 年 12 月 31 日，资产总额为 55000 万元，负债总额为 24000 万元，所有者权益总额为 31000 万元。那么，该企业 2014 年末时的资产负债率即为：24000/55000 ×100% =43. 64%。

但在现实中，确实也存在一些特例，即资产负债率≥100%。如果一个企业的资产负债率 =100%，说明该企业净资产为 0，资产与负债刚好相等，企业完全靠举债经营；如果一个企业的资产负债率 >100%，说明该企业净资产为负数，资产小于负债，企业已经到了通常所说的“资不抵债”的地步，其生产经营甚至生存风险已经非常之高。当然，这种情况是比较少见的。

对于不同的行业，由于其运营模式、产品特性以及经营周期等方面存在诸多差别，所以各行业的资产负债率也会有其各自常规的或者正常的区间范围。从统计数据来看，部分行业最近几年的资产负债率波动范围如下：医疗器械服务行业为21% ~29%，仪器仪表行业为23% ~32%，生物制品行业为25% ~33%，新材料行业为38% ~44%，纺织制造行业为42% ~48%，农产品加工行业为44% ~50%，基础化学行业为49% ~55%，物流行业为50% ~54%，煤炭开采行业为50% ~59%，汽车整车行业为60% ~63%，电力行业为58% ~64%，钢铁行业为61% ~65%，港口航运行业为50% ~75%等。

上述统计数据表明，不同类型的行业，其资产负债率水平可能相差很大。一个行业的资产负债率水平，代表着该行业资产负债率的平均状态或常规状态，这为融资租赁相关尽职调查工作提供了很好的参照。尽调人员需要将承租企业的资产负债率与行业平均水平进行比较。如果两者大体相当，说明承租企业的负债水平处于正常范围；如果承租企业的资产负债率明显高于或者低于行业平均水平，则应该进一步了解其原因，综合判断该企业的经营风险和偿债能力。

通常来说，如果承租企业的资产负债率过高，一方面表明其外部融资能力可能较强，另一方面也表明其未来的偿债压力很大。这里之所以说其外部融资能力“可能较强”，是指如果其负债中银行等金融机构的贷款或借款占据较大比例（通常表明金融机构等对其偿债能力的认可度较高），则可以初步认定该企业的外部融资能力较强；而如果其负债中预收或应付货款等占据较大比例，则可能反而说明其外部融资能力不行，甚至对上下游客户占款现象严重，信用状况值得怀疑。这就需要进一步了解该企业的负债结构，看看负债的主要内容是什么。

而如果承租企业的资产负债率明显低于行业整体水平，则说明其负债规模相对较小，这意味着其未来的偿债压力也相应较小，但同时也可能表明其融资能力较弱，其财务杠杆作用未能较好地发挥出来。对于这种情况，尽调人员就需要进一步和承租企业进行沟通，了解其资产负债率较低的原因。事实上，原因无非有两种可能：一是该企业之前不需要大规模融资，二是该企业之前想要融资但是无法融到资。若为前者，则说明该企业可能正处于发展壮大期，融资租赁公司应对其给以乐观评价；若为后者，则应保持谨慎，需要结合其他指标对项目风险进行综合判断。

除了对承租企业各相关年度的资产负债率进行了解和调查外，尽调人员还应该关注不同年度资产负债率的变化趋势，借以协助分析其举债能力和偿债风险。

综上所述，单纯地从偿债能力的角度来说，企业的资产负债率越低，其偿债压力就越小，偿债风险也就越低；反之，偿债风险越高。根据传统经验，一般认为，对于大部分企业来说，其资产负债率的适宜水平是40%～60%。

然而，资产负债率过高或者过低，都不能简单地断定是好事还是坏事，需要尽调人员进行细致分析、周全判断。但需要强调的一点是，不论承租企业属于哪个行业，如果其资产负债率高的离谱，如达到了80%以上甚至超过了100%，说明该企业偿债风险已经极高，该融资租赁项目就应当格外谨慎，需要考虑予以暂停或者果断终止。

（2）产权比率

衡量企业长期偿债能力的另一项重要指标是产权比率，它是企业财务结构稳健与否的重要标志。

产权比率，是指企业的负债总额与所有者权益总额的比率。该指标表明相关企业由债权人提供的和由投资者（股东）自己提供的资金来源的相对关系，能够反映该企业基本财务结构是否合理。

其计算公式为：

产权比率＝负债总额/所有者权益总额×100%

仍用前例。某企业经审计的资产负债表显示：2014年12月31日，资产总额为55000万元，负债总额为24000万元，所有者权益总额为31000万元。那么，该企业2014年年末时的产权比率即为：24000/31000×100%＝77.42%。

事实上，产权比率和资产负债率之间有其内在的数理勾稽关系。具体为：

1/资产负债率＝资产总额/负债总额

＝（负债总额＋所有者权益总额）/负债总额

=1+所有者权益总额/负债总额

=1+1/产权比率

也就是说，资产负债率的倒数等于产权比率的倒数加1（或者100%）。只要知道其中一个比率，即可推导出另外一个。但这只是在材料较为有限的情况下（比如，暂时没有看到资产负债表，只知道其中一个比率）所为。如果已经掌握了资产负债表，直接计算两个比率本身就很容易，没有必要再进行复杂的数学推导。

仅从偿债能力方面而言，一个企业的产权比率越高，通常表明该企业自有资本占总资产的比重越小，长期偿债能力越差；产权比率越低，则表明该企业自有资本占总资产的比重越大，长期偿债能力越强。

但是，和分析资产负债率时的道理一样，融资租赁尽调人员在对承租企业偿债能力进行综合分析时，不能仅看该企业产权比率数值的大小，还需将其同该企业所处行业产权比率的平均水平进行横向比较，看是否过高或者过低；同时，还要进行纵向比较，关注承租企业产权比率近几年的变化趋势，并分析其变动原因。根据所掌握的情况，再通过同承租企业相关人员的沟通和交流，最后全面、客观地对承租企业的长期偿债能力进行评价。需要指出的是，这一分析方法和思路，也必须贯穿于对承租企业其他财务指标的分析和评价过程之中，关于这一点，后文将不再过多强调和赘述。

（3）流动比率

流动比率是衡量企业短期偿债能力的最重要的也是最常用的财务指标。

流动比率，是指企业在某个时点上流动资产对流动负债的比率，用来衡量该企业在短期债务到期之前，其流动资产可以变为现金用于偿还负债的能力。

流动资产是指企业可以在1年（含1年）或者超过1年的一个营业周期内变现或者运用的资产，是企业运营资产中必不可少的重要组成部分。流动资产包括现金、银行存款、其他货币资金、交易性金融资产、应收票据、应收账款、预付账款、应收利息、应收股利、其他应收款、存货、一年内到期的非流动资产和其他流动资产。

流动负债是指将在1年（含1年）或者超过1年的一个营业周期内需要

偿还的债务。企业的流动负债包括短期借款、应付票据、应付账款、预收账款、应付工资、应付福利费、应付股利、应交税金、其他暂收应付款项、预提费用和一年内到期的长期借款等。

流动比率的计算公式为：

流动比率＝流动资产/流动负债

例如，某企业经审计的资产负债表显示：2014 年 12 月 31 日，流动资产合计为 22000 万元，流动负债合计为 10800 万元。那么，该企业 2014 年年末时的流动比率即为：22000/10800＝2.04。

一个企业的流动比率越高，表明该企业流动资产的变现能力越强，其短期偿债能力也就越强；反之，其短期偿债能力就越弱。但是，这仅仅是从企业短期偿债能力的单一角度考虑的，而如果从更加全面的角度来看，流动比率并非越高越好。因为，如果企业的流动比率太高，表明该企业流动资产占用较多，会影响经营资金的周转效率以及获利能力。

通常情况下，一个运转良好的企业，其流动比率应该维持在 1.5～2.0，也就是说，流动资产要达到流动负债规模的 1.5 倍至 2 倍。这是因为，如果流动比率能够达到这一水平，那么，即使该企业有近半的流动资产在短期内不能变现（折中假设），也能基本保证其全部流动负债的到期偿还。

在进行尽职调查时，除了要掌握承租企业流动比率的大小外，尽调人员还应关注近几年该指标的变化趋势，并了解清楚变动原因。

（4）速动比率

衡量企业短期偿债能力的另一个重要财务指标是速动比率。

速动比率，是指企业速动资产对流动负债的比率，它是衡量企业流动资产中可以立即变现用于偿还流动负债的能力。速动比率也是一个时点性的财务指标，它强调的是在某一特定日期企业相关资产“立即”或者“迅速”变现的能力。

速动资产是指企业可以迅速转换成为现金或者已属于现金形式的资产，包括货币资金、交易性金融资产、应收票据、应收账款以及其他应收款等。从范畴以及数值上来说，速动资产为流动资产中扣除变现能力相对较差且不稳定的存货、预付账款、一年内到期的非流动资产和其他流动资产等之后的余额。

速动比率的计算公式为：

速动比率 = 速动资产/流动负债

例如，根据某企业经审计的资产负债表，2014 年 12 月 31 日，计算出来的速动资产合计为 12400 万元，流动负债合计为 10800 万元。那么，该企业 2014 年末时的流动比率即为：12400/10800 = 1.15。

一个企业的速动比率越高，表明该企业的迅速变现能力以及偿债能力越强；反之，其迅速偿债能力就越弱。但是，这也是仅仅从企业迅速偿债能力的单一角度考虑的，而如果从更加全面的角度来看，速动比率也并非越高越好。因为，如果企业的速动比率太高，表明该企业在速动资产上占用资金过多，会相应增加企业投资的机会成本并导致其综合获利能力下降。

通常认为，企业的速动比率维持在 1.0 左右是比较合适的，它表明该企业拥有规模大体相当的易于变现的速动资产可用来抵偿短期内到期的流动负债，企业的短期偿债风险可以被有效控制。

在进行尽职调查时，尽调人员除了要掌握承租企业速动比率外，还应进一步关注该指标近几年的变化趋势，并查清变动原因。

2. 盈利能力指标

盈利能力是指企业获取利润的能力，或者说企业的资金或资本增值能力，通常表现为一定时期内企业收益数额的多少及其相对水平的高低。因此，盈利能力指标都是时段性（如一个月、一个季度、半年或者一年）的财务指标，它反映的是企业在某一时期内的经营成效。这与前面所讲的时点性指标是不同的，时点性指标所体现的是企业在某一特定日期上的相关状态。

在对承租企业盈利能力进行调查时，尽调人员应该关注的主要指标有营业利润率、成本费用利润率、总资产报酬率、净资产收益率以及盈余现金保障倍数等。

（1）营业利润率

营业利润率，是指企业在某一时期内营业利润与营业收入的比率。它是衡量企业经营效率的指标，所表明的是营业收入中所包含利润的比重（宽泛地说，收入等于成本费用与利润之和），即该企业每一百元的营业收入中有多少元是营业利润。

其计算公式为：

营业利润率 = 营业利润/营业收入 ×100%

例如，某企业经审计的 2013 年度的利润表显示：当年营业收入为 24286 万元，营业利润为 2002 万元。那么，该企业 2013 年度的营业利润率为：2002/24286 ×100% =8.24%。

从本质上来说，营业利润率所反映的其实就是在考虑了营业成本的情况下，企业管理者通过生产经营活动获取利润的能力。营业利润率越高，表明企业盈利能力越强，市场竞争力越强，发展潜力越大；反之，则相反。

（2）成本费用利润率

成本费用利润率，是指企业一定时期内利润总额与成本费用总额的比率。它所表明的是企业每支出一百元的成本费用可获得多少元的利润，体现了经营耗费所带来的经营成果。

其计算公式为：

成本费用利润率 = 利润总额/成本费用总额 ×100%

其中：

成本费用总额 = 营业成本 + 营业税金及附加 + 销售费用 + 管理费用 + 财务费用

例如，某企业经审计的 2014 年度的利润表显示：当年利润总额为 2112 万元，营业成本为 17000 万元、营业税金及附加为 2000 万元、销售费用为 1400 万元、管理费用为 1000 万元、财务费用为 600 万元。那么，该企业 2014 年度的成本费用总额为：17000 + 2000 + 1400 + 1000 + 600 = 22000 万元。因此，该企业当年的成本费用利润率为：2112/22000 ×100% =9.60%。

成本费用利润率越高，表明企业付出一定代价（成本费用）所取得的利润越多，或者说，为取得一定利润所付出的代价越小。

对各项成本费用的合理运用和科学控制是企业管理中的一项重要内容，它能体现出企业的资金运营理念和成本管控水平，而成本费用利润率正是这一水平的最直观反映。

（3）总资产报酬率

总资产报酬率，是指企业一定时期内获得的报酬总额（息税前利润总额）与平均资产总额的比率。它表示企业包括净资产和负债在内的全部资产的总体获利能力，反映了企业资产的综合利用效果，是评价企业资产运营效益的重要指标。

其计算公式为：

总资产报酬率 = 息税前利润总额/平均资产总额 ×100%

其中：

息税前利润总额 = 利润总额 + 利息支出

平均资产总额 = （期初资产总额 + 期末资产总额）/2

例如，某企业经审计的 2014 年度的利润表显示：当年利润总额为 2112 万元，利息支出为 856 万元；当年的资产负债表显示：年初资产总额为 19600 万元，年末资产总额为 20400 万元。那么，该企业 2014 年度的息税前利润总额为：2112 + 856 = 2968 万元；平均资产总额为：（19600 + 20400）/2 = 20000 万元。因此，该企业当年的总资产报酬率为：2968/20000 ×100% = 14. 84%。

一般情况下，企业的总资产报酬率越高，表明该企业的投入产出水平越高，资产利用效益越好，企业整体盈利能力越强。

（4）净资产收益率

净资产收益率，是指企业一定时期净利润与平均净资产（所有者权益）的比率，所以也被称为“净资产利润率”或者“权益利润率”。它是企业税后利润除以该时期平均净资产所得到的百分比率，反映所有者权益（股东权益）的收益水平，用以衡量该企业对其权益性资产的运用效率。该指标值越高，说明投资带来的收益性回报越高。

净资产收益率的计算公式为：

净资产收益率 = 净利润/平均净资产 ×100%

其中：

平均净资产 = （所有者权益期初数 + 所有者权益期末数）/2

例如，某企业经审计的 2015 年度的利润表显示：当年净利润为 1568 万元；当年的资产负债表显示：年初所有者权益为 10900 万元，年末所有者权益为 11400 万元。那么，该企业 2015 年度的平均净资产为：（10900 +

11400）/2 =11150万元。因此，该企业当年的总资产报酬率为：1568/11150 ×100% =14.06%。

通常来说，企业的净资产收益率越高，表明该企业利用自有资本获取收益的能力越强，企业运营的经济效益越好，对企业投资人、债权人利益的保障程度也相应越高。

（5）盈余现金保障倍数

盈余现金保障倍数，又称“利润现金保障倍数”，是指企业一定时期里经营现金净流量同净利润的比值，它表示企业当期净利润中现金收益的保障程度，从现金流的层面上来真实地反映出该企业盈余的质量。

盈余现金保障倍数从现金流入和流出的动态角度，对企业收益的质量进行评价，是对企业实际收益能力的修正性反映。

其计算公式为：

盈余现金保障倍数 = 经营现金净流量/净利润

例如，某企业经审计的2014年度的现金流量表显示：当年经营活动产生的现金流量净额为1632万元；利润表显示：当年的净利润为1568万元。那么，该企业2014年度的盈余现金保障倍数即为：1632/1568 =1.04。

对于大多数经营状况正常且利润水平合理的企业来说，其盈余现金保障倍数通常应当大于1。这是因为，财务上将企业的活动分为经营活动、筹资活动和投资活动三大类别，而筹资活动和投资活动发生的频次通常会远低于经营活动，因此，企业的利润主要来源于其经营活动。而净利润又是在利润总额的基础上扣除了相关税金，所以从数值上来看，净利润会涵盖于经营活动所产生的现金净流量之中。假如企业的盈余现金保障倍数明显小于1且为正值（这是为了排除作为公式中分母的净利润为负数时的情况），则表明该企业在经营活动中的预付或者应收款项较多，很有可能是在销售产品或服务时，赊销情况比较严重。

如果单独从风险性的角度来看，盈余现金保障倍数越大，表明企业经营活动产生的资金净流入对现金的贡献越大，利润的可靠性较高，具有较好的派现能力。但是，由于该指标分母（净利润）常常易于变动，致使该指标的数值变动也较大，所以，在进行尽职调查时，对于该指标的分析应该结合承租企业的实际商业模式和效益状况进行综合权衡。

3. 营运能力指标

营运能力是指企业的经营运行能力，即企业运用各项资产赚取利润的能力。对企业营运能力的分析，有助于判断企业财务的安全性、资本的保全程度以及资产的收益能力，进而为投资决策提供参考和依据。

在对承租企业营运能力进行调查时，融资租赁尽调人员应该关注的主要指标有流动资产周转率、存货周转率、应收账款周转率、总资产周转率和营业周期。这些比率性指标揭示了企业资金运营周转的速度，反映了企业对其经济资源管理和运用效率的高低。企业资产周转得越快，流动性越高，企业获取利润的速度就会越快，而企业的偿债能力相应也会越强。

（1）流动资产周转率

流动资产周转率，指企业一定时期内营业收入与平均流动资产总额的比率，它反映的是该企业对其全部流动资产的利用效率。流动资产周转率是评价企业营运能力的一个重要指标，流动资产周转的越快，就可以节约越多的运营资金，可以更好地提高资金的利用效率并避免大规模融资所带来的资金息费的增加。

流动资产周转率的计算公式为：

流动资产周转率（次）＝营业收入/平均流动资产总额

其中：

平均流动资产总额＝（流动资产期初总额＋流动资产期末总额）/2

例如，某企业经审计的2015年度的利润表显示：当年营业收入为24688万元；当年的资产负债表显示：年初流动资产总额为4784万元，年末流动资产总额为5228万元。那么，该企业2015年度的平均流动资产总额为：（4784＋5228）/2＝5006万元。因此，该企业当年的流动资产周转率为：24688/5006＝4.93次。

一般情况下，企业的流动资产周转率越高，表明该企业流动资产周转的速度越快。在较快的周转速度下，流动资产就会相对节约，这就相应地增强了企业的盈利能力，并降低了融资规模及相关的融资成本；而如果流动资产周转速度较慢，则意味着需要补充更多的流动资金用于周转，以满足企业运营的需要，这样就会形成资金浪费，增加资金成本，进而降低企业的盈利能力。

此外，对于承租企业流动资产周转率高低的评价，需要适当参照该企业所在行业流动资产周转率的平均水平。

（2）存货周转率

存货周转率，是指企业在一定时期里营业成本与平均存货余额的比率，用于反映该企业存货的周转速度，即存货的流动性及其资金占用量是否处于合理状态，以促使企业在保证生产经营连续性的同时，提高资金的使用效率，进而增强其短期偿债能力。

存货周转率的计算公式为：

存货周转率（次）=营业成本/存货平均余额

其中：

存货平均余额=（存货期初余额+存货期末余额）/2

例如，某企业经审计的2015年度的利润表显示：当年营业成本为22089万元；当年的资产负债表显示：年初存货余额为3153万元，年末存货余额为2819万元。那么，该企业2015年度的存货平均余额即为：（3153+2819）/2=2986万元。因此，该企业当年的存货周转率为：22089/2986=7.40次。

存货周转率是在对企业营运能力分析时经常用到的重要指标之一，是对流动资产周转率的补充说明。通过存货周转率的计算与分析，可以测定企业在一定时期内存货的周转速度，进而反映该企业购、产、销平衡效率的高低。存货周转率越高，表明该企业存货资产变现能力越强，存货及占用在存货上的资金周转速度也就越快。

和流动资产周转率一样，在对承租企业存货周转率进行评价时，也需要参照该企业所在行业存货周转率的平均水平。

（3）应收账款周转率

应收账款周转率，又称“收账比率”，是指企业在一定时期内应收账款转化为现金的平均次数。它是衡量企业应收账款流动程度的指标，是企业在一定时期内赊销净额与应收账款平均余额的比率。

应收账款周转率的理论计算公式为：

应收账款周转率（次）＝赊销收入净额/应收账款平均余额

但是，鉴于融资租赁尽职调查时了解本指标的主要目的是为项目决策提供参考，而不需要极力追求数值的精确度，加之对赊销收入的统计又过于繁琐和麻烦，因此，为了能够从承租企业利润表中直接获取数据，尽调人员可以用营业收入代替赊销收入净额（这相当于将现金销售部分视同赊销后立即回款）。这样，应收账款周转率的计算公式就可以变通表示为：

应收账款周转率（次）＝营业收入/应收账款平均余额

其中：

应收账款平均余额＝（应收账款期初余额＋应收账款期末余额）/2

例如，某企业经审计的2015年度的利润表显示：当年营业收入为26530万元；当年的资产负债表显示：应收账款年初余额为2672万元，应收账款年末余额为2788万元。那么，该企业2015年度的应收账款平均余额即为：（2672＋2788）/2＝2730万元。因此，该企业当年的应收账款周转率为：26530/2730＝9.72次。

企业的应收账款周转率越高，表明该企业收账速度越快，平均收账周期越短，坏账损失越少，资产流动速度越快，相应地，其偿债能力也就越强。如果企业实际收回账款的天数超过了正常天数，则说明债务人拖欠时间长，资信程度低，相应增加了坏账损失发生的风险；同时也说明，该企业应收账款催收不力，使资产形成了呆账甚至坏账，造成了流动资产不流动，这对其日常的生产经营是非常不利的。

（4）总资产周转率

总资产周转率，是指企业在一定时期内营业收入与平均资产总额的比率，它是综合评价企业全部资产的经营质量和利用效率的重要指标。总资产周转率越大，说明该企业总资产周转速度越快，其销售能力也就越强。

总资产周转率的计算公式为：

总资产周转率（次）＝营业收入/平均资产总额

其中：

平均资产总额＝（期初资产总额＋期末资产总额）/2

沿用上例。某企业经审计的2015年度的利润表显示：当年营业收入为26530

万元；当年的资产负债表显示：年初资产总额为10252万元，年末资产总额为11038万元。那么，该企业2015年度的平均资产总额为：（10252+11038）/2=10645万元。因此，该企业当年的总资产周转率为：26530/10645=2.49次。

总资产周转率综合反映了企业对其整体资产的营运能力。通常来说，一定时期内资产的周转次数越多，表明其周转速度越快，营运能力相应也就越强。

在尽职调查过程中，还应进一步从各个相关要素进行分析，以便搞清总资产周转率上升或下降的原因。比如，企业可以通过薄利多销的办法，加速资产的周转，提高资产周转率，带来营业收入总额和利润绝对数额的增加，但与此同时，这却可能会导致营业利润率的下降。这也进一步说明，对承租企业各财务指标的分析是一项系统性的工作，不能片面地只关注其中某一个或少数几个指标，而应全面了解、综合评判。

（5）营业周期

营业周期，是指企业从外购承担付款义务，到收回因销售商品或提供劳务而产生的应收账款的这段时间。营业周期的长短是决定企业流动资产所需额度的重要因素，较短的营业周期表明该企业能够对其应收账款和存货进行有效的管理。

营业周期的计算公式为：

营业周期=存货周转天数+应收账款周转天数

其中：

存货周转天数=360/存货周转率

应收账款周转天数=360/应收账款周转率

仍沿用前面案例。经计算，某企业2015年的存货周转率为7.40次，应收账款周转率为9.72次。那么，该企业当年的存货周转天数为：360/7.40=48.65天；当年的应收账款周转天数为：360/9.72=37.04天。因此，该企业当年的营业周期即为：48.65+37.04=85.69天。

一般情况下，企业的营业周期越短，说明该企业资金周转速度越快；营业周期越长，说明其资金周转速度越慢。事实上，这也进一步反映了营业周期与流动比率之间的深层内在关系：决定流动比率高低的主要因素是存货周转天数和应收账款周转天数，即营业周期。这是因为，在其他要素（收入、负债、货币资金等）已定的情况下，存货及应收账款的周转天数越长，则其周转率就越低，亦即存货和应收账款的数额越大，这就会使流动资产的规模越大，进而会使流动比率越高。简言之，营业周期越长，流动比率越高。

（三）资产类往来科目状况

往来科目又称来往科目，所记录的是企业在与其他单位或个人之间由于交易而形成的各种应收未收的债权或者应付未付的债务。往来类科目主要包括应收账款、应收票据、预付账款、其他应收款、应付账款、应付票据、预收账款、其他应付款。

按照科目性质不同，应收账款、应收票据、预付账款和其他应收款可以归并为资产类往来科目，记入企业资产负债表的资产栏；应付账款、应付票据、预收账款和其他应付款可以归并为负债类往来科目，记入企业资产负债表的负债栏。

由于往来科目所反映的是企业已经能够清晰界定的短期债权债务，在正常情况下，通常都会对企业未来的资金收支产生明确的影响，因此，在融资租赁尽职调查工作中，这是一项不可或缺的重要内容。事实上，在前文对企业资产负债状况及有关比率性指标的讲解中，所使用的数据已经涉及往来类科目，但那只是从报表层面上对往来类科目进行总括性的分析，并未对每个往来类科目进行细化分析。接下来，我们将从明细账的层面对相关往来科目进行有针对性的细化分析，进而更加周全地了解承租企业有关债权债务状况。

先来讲解一下对承租企业资产类往来科目的调查与分析。

1. 应收账款

应收账款，是指企业在正常的经营过程中因销售商品、产品或提供劳务等业务，应向购买方收取而尚未收取的款项，是企业的一项既定债权。

对承租企业的应收账款进行调查和分析时，应重点关注以下内容。

（1）应收账款的真实性及违约风险

企业的资产负债表对该企业应收账款会有明确列示，但这只是报表层面上的汇总数据，并不能反映出该企业总共有多少笔应收账款以及每一笔应收账款的金额大小、具体账龄长短以及债务方是谁。因此，对应收账款的调查和分析，光看资产负债表是远远不够的，融资租赁尽调人员还需要查看承租企业的应收账款明细账。应收账款明细账上对每一笔应收账款发生的时间、交易的内容和金额以及客户（债务方）的名称信息都有详细的记录。

通过查看承租企业应收账款明细账，可以对其应收账款的详细结构有一个全面的了解。在此基础上，尽调人员应重点关注以下三个方面的问题：

一是应收账款的真实性。如果承租企业的应收账款笔数较多，为了提高工作实效，尽调人员可以选取其中数笔（如5笔或者10笔，视情况而定）交易金额最大的应收账款进行延伸调查，通过查看承租企业的相关原始凭证（如销货合同、货物出库单、装运单据、发票存根等）以及向购货方（债务方）电话询问等方式，对其真实性进行佐证和确认。

二是应收账款的客户（债务方）集中度以及违约风险。尽调人员可以通过查看应收账款明细账，统计出承租企业应收账款债务方的数量以及每个债务方的欠款金额。如果应收账款（按金额计算）主要集中在一个或少数几个债务方身上，尽调人员就应该进一步关注这个（些）客户的诚信状况及其还款意愿，预测其违约的风险，进而判断相关应收款项能否如期收回。

三是应收账款变动情况与营业收入变动情况是否大致匹配。如果二者明显不相匹配，应该进一步了解造成这一状况的真实原因。

（2）应收账款账龄分析及坏账处理情况

尽管从债权界定的角度来看，企业的应收账款通常都是明确而且清晰的，但这并不意味着每一笔应收账款都能够到期收回。事实上，应收账款逾期收回甚至永远无法收回的实例时有发生。按照《企业会计准则》的相关规定，对于没有把握收回的应收款项，企业应当计提坏账准备；对于确定无法收回或者收回的可能性极小的应收款项，企业应当将其确认为坏账损失，并相应转销该笔应收款项，计入当期损益。

因此，从谨慎性的角度来考虑，融资租赁尽调人员在进行尽职调查时，还应该对承租企业应收账款进行必要的账龄分析，并了解应收账款坏账准备的计提和转销情况。

首先，是应收账款的账龄分析。通常来说，大多数企业都会定期编制

“应收账款账龄分析表”，以便对不同账龄的应收账款进行分组管理。如果承租企业没有现成的“应收账款账龄分析表”，尽调人员可以根据其应收账款明细账，自行编制或者要求该企业相关人员协助编制一份，以便按照账龄对每一笔应收账款产生坏账的可能性进行分析。这也就是经常所说的“应收账款账龄分析法”。一般情况下，应收账款的账龄越长，其发生坏账损失的可能性也就越大。

其次，在应收账款账龄分析的基础上，复核承租企业的坏账处理情况。企业应当根据账龄分析结果，对应收账款计提坏账准备。具体方法是，将不同账龄的应收账款进行分组，并根据以往时期坏账实际发生的有关历史资料或规律，确定各账龄组的估计坏账损失百分比，再将各账龄组的应收账款余额乘以与之对应的估计坏账损失百分比，计算出各组相应的估计坏账损失金额。各组估计坏账损失金额之和，即为该企业当期的坏账损失预计金额，需要以此为基础计提坏账准备。而对于确认已经无法收回或者收回的可能性极小的应收账款，已计提坏账准备的，应当冲销坏账准备金，并相应转销该笔应收账款，未计提坏账准备金的，应当直接作为坏账损失，计入当期损益。尽调人员应该对承租企业应收账款（尤其是金额较大的）的坏账处理情况进行复核，观察其处理方法是否符合《企业会计制度》，以确定其坏账处理是否合理，是否存在应收账款应销未销（应收账款虚高或不实）的情况。如果应收账款虚高或不实，就会进一步导致该企业流动比率和速动比率的虚高或不实。

2. 应收票据

应收票据，是指企业持有的还没有到期、尚未兑现的票据，是企业的一种债权凭证。应收票据是企业未来收取货款或劳务费的权利，这种权利和将来应收取的款项金额以书面文件形式约定下来，因此它受到法律的保护，具有法律上的约束力。

在我国，应收票据（以及后文将要谈到的应付票据）通常是指商业汇票，包括“银行承兑汇票”和“商业承兑汇票”两种，付款期一般都是在 1 个月至 6 个月，因而商业汇票是持票企业的一项流动资产。而其他的银行票据（如支票、本票、汇票等），都是作为货币资金来核算的，不作为应收（或应付）票据进行核算。

由于应收票据往往是在企业赊销业务中产生的，因此，对承租企业应收票据进行调查时，也应该一并关注该企业的赊销业务。具体来说，融资租赁尽调人员应该做好以下工作：

一是到承租企业财务部门现场查看库存票据，进行加计后，再与报表数、账面数进行复核对照，以确定资产负债表中数据是否准确。

二是抽取部分应收票据（通常是金额较大者），查看与之相关的销售合同、出库单等原始单据，必要时还可以向出票人进行询证（金额、期限、开具时间），以确定其真实性和可收回程度。

作为企业流动资产的一个组成部分，如果应收票据不实，也会导致承租企业流动比率和速动比率的虚高或不实。这和应收账款的虚高或不实会导致企业流动比率和速动比率虚高或不实是一个道理。

3. 预付账款

预付账款，是指企业按照购货合同的规定，预先以货币资金或货币等价物支付给供货方的款项。对于购货方来说，预付账款是一项流动资产，一项债权。但这项债权不是要供货方将来用货币抵偿，而是以某种商品、提供劳务或服务来抵偿。

事实上，正是由于预付账款在大多数情况下不需要供货方将来用货币偿还（除非出现解除合同继而退回货款的情况），所以是否应该将其列为购货方的“速动资产”一直在会计界存在争议。但从谨慎性的角度来考虑，通常是只将其列为“流动资产”，但不列为“速动资产”，本书在前文介绍速动比率时也采纳了这一观点。特此说明。

对于承租企业预付账款的调查，主要应关注以下两个方面：

一是确定预付账款的真实性。尽调人员可以查看承租企业与之相关的购销合同（若预付账款笔数较多，可以抽查部分金额较大者），必要时还可以向供货方进行询证，以确定交易的真实性以及交易内容。同时，还应关注交易价格是否大致合乎市场价格以及有无明显故意抬高价格进而虚列交易金额的情况。

二是对于长期挂账的预付账款，应查明原因，并判断相关交易是否还能继续，有无可能退回款项。

预付账款的真实性会影响承租企业流动比率的真实性，进而会影响租赁公司对该企业短期偿债能力的分析与判断。

4. 其他应收款

其他应收款也是企业应收款项的重要组成部分，包括企业除了应收票据、应收账款和预付账款外的各种应收及暂时垫付款项。例如，应收的各种赔款和罚款、出租包装物时应收的租金、应向职工收取的各种垫付款项等。

对于承租企业其他应收款的调查，主要应关注以下两个方面：

一是其他应收款的真实性。这需要核对具有支撑性的相关原始材料，如法院判决书，以证明外方应该向该企业赔款。

二是有无长期挂账以及与实收资本金额相近等异常情况。若有，须查明原因。例如，其他应收款若与实收资本金额相近，就存在抽逃注册资本的可能性。

其他应收款的真伪，除了会直接影响承租企业流动比率和速动比率的真实性外，甚至还有可能透露出别的重要信息（如抽逃注册资本），因此，在尽职调查时应给予足够的重视。

但在现实中，很多企业可能就没有或者只有少量的其他应收款，若属于这种情况，尽调人员就大可不必花费太多精力在这个方面了。

（四）负债类往来科目以及长、短期借款情况

企业的负债类往来科目，即前面所说的应付账款、应付票据、预收账款和其他应付款。同时，由于包括银行贷款在内的长、短期借款也是企业非常明确的未来债务，尽管其产生的原因不同于负债类往来科目，但在债务偿还义务上几乎并无本质差别，都是企业负债的重要组成部分，因此，在这里将其一并介绍。

1. 应付账款

应付账款，是指企业因购买材料、商品或接受劳务等经营活动产生的应该支付而尚未支付的款项，这是买卖双方在购销活动中由于取得物资（或劳务）与支付价款在时间上不一致而产生的债务债权。

在对承租企业应付账款进行调查时，主要应当关注相连年度的应付账款

增长速度是否异常，是否存在突增突减的情况。如果应付账款突然增加，很有可能是人为调节现金流量，以达到压缩经营性现金流出量以增大经营性现金净流入的目的，进而“美化”其现金流量表；而如果应付账款突然减少，则很有可能是人为地故意隐瞒某些事实，除了达到逃税漏税的目的外（隐瞒应付账款→隐瞒存货→账外开展业务→隐瞒销售收入→逃税漏税），还能提高流动比率和速动比率，“美化”其资产负债表。如果存在此类情况，融资租赁尽调人员就需要和承租企业相关人员进行坦诚沟通，了解其真实的原因和动机。

此外，尽调人员还应关注承租企业是否有长期挂账的应付账款。如有，则需要进一步查明具体的原因，了解承租企业是否存在恶意违约行为或者与卖方产生了某些纠纷。如果存在这种情况，则在一定程度上意味着该承租企业的商业信誉度不佳。

2. 应付票据

应付票据和前文所述的应收票据是同一事物，即商业汇票，叫法不同只是因为所站的角度不同罢了：对出票人而言，叫应付票据；对持票人而言，则叫应收票据。

对于应付票据的调查，主要应关注其是否真实、是否足额计提利息以及是否逾期。

一是通过查看购销合同、运输单据、验货入库单等原始凭证，以及向持票人询证等方式，确认应付票据的真实性。

二是对于带息应付票据，则要通过查看财务费用明细账，了解是否足额计提相应的利息费用。

三是查看应付票据有无逾期情况，如果有逾期，应弄清原因，这主要是为了进一步了解承租企业的信誉状况。

3. 预收账款

预收账款，是指企业按照合同规定或交易双方的约定，在发出商品或提供劳务之前向购买方预先收取的款项，一般包括预收的货款、预收的购货定金等。企业在收到前述款项时，由于商品或劳务的销售合同尚未履行，因而不能作为收入入账，只能确认为一项负债。

在对承租企业的预收账款进行调查时，主要是通过查询相关的购销合同以及向购买方询证等方式确认其真实性。同时，如果承租企业有长期挂账的预收账款，尽调人员应该从承租企业以及从购买方那里了解其背景和原因，了解承租企业是否存在恶意拖延（收款后不及时发货）的行为，以及是否因为产品质量达不到客户的要求而迟迟无法交货。这些都可以帮助尽调人员对承租企业的商业信誉和产品质量有个更加全面的了解。

4. 其他应付款

其他应付款，是指企业在商品或劳务交易业务以外所发生的应付和暂收款项。例如，应付租入固定资产或包装物的租金，应付或暂收所属单位及个人的款项，应付职工统筹退休金等。

对于其他应付款的调查，重点也是在其真实性以及账期上。尽调人员可以从明细账中选取部分金额较大的其他应付款，通过查看合同等原始凭证以及向债权方询证，来判断其真实性。同时，对于长期挂账的其他应付款，应查清原委，了解真相。当然，如果承租企业只有金额很小的其他应付款，尽调人员就无须在这个科目上花费太多的精力和时间，一带而过、有所了解即可。

5. 短期借款、长期借款

短期借款，是指企业为保障正常生产经营所需资金或为抵偿某些债务而向银行或其他金融机构等借入的、还款期限在 1 年以下（含 1 年）的各项借款。

长期借款，则是指企业向银行或其他金融机构等借入的期限在 1 年以上（不含 1 年）或超过 1 年的一个营业周期以上的各项借款。

短期借款和长期借款的区别主要体现在借款期限上，而从性质上来说，二者并无根本不同。企业的长短期借款主要包括从各商业银行以及政策性银行（国家开发银行、中国农业发展银行等）取得的贷款，以及向财务公司、投资公司等其他机构或个人借入的款项。

在对承租企业长短期借款进行调查时，应重点关注以下内容：

（1）借款的规模、期限、利率、到期日

这主要是为了掌握承租企业在未来一段时间内需要偿还的既有债务负担

情况。

如果承租企业既有债务负担较重、较急、较集中，则往往会影响其对新的债务的偿还保障。同时，通过对承租企业借款利率的调查，也可以大致了解其对融资成本的接受能力，为融资租赁项目后续相关方案的设计制订提供可靠的参考。当然，债务负担是高是低，并没有一个统一的标准，这需要结合企业的盈利状况以及流动比率和速动比率等指标，进行综合判断。

（2）相关银行等金融机构的授信额度及余额

这主要是为了了解银行或其他金融机构对该承租企业的评级状况，通俗地说，就是这些机构对该企业债务偿还的信心和认可度。通过了解前述专业金融机构对该企业的授信状况，可以从侧面推断该企业以往的还款能力以及履约诚信度。

（3）借款的担保方式以及是否发生过逾期

对承租企业借款担保方式的调查，是为了了解该企业所拥有的或者能够支配的担保资源，同时，也可以为将要实施的融资租赁项目风险控制措施的设计提供参考。

对承租企业借款逾期情况的调查，是为了更加直接地了解该企业的债务偿还能力和企业的偿债信誉，来为融资租赁项目后续的取舍以及融资额度的确定提供重要参考。

（五）存货状况

存货是指企业在日常生产经营活动中所持有的供出售的原材料或产品、处在生产过程中的在产品以及在生产过程或提供劳务过程中所需要使用的物资物品等。

从形态上来看，存货也属于有形资产，它区别于固定资产等其他有形资产的最基本特征是，企业持有存货的最终目的是为了出售：要么是直接销售（如产成品、商品等），要么是经过进一步加工后再出售（如原材料等）。

存货的存储及流转状况，不仅能够反映出企业的物资管理水平，还能够反映出该企业的生产及销售状况。

对于承租企业存货的尽职调查，主要应包括以下内容：

1. 存货明细及存货结构

融资租赁尽调人员可以让承租企业提供存货明细表，以了解存货的名称、规格、产地、价格、数量、入库时间等详细信息。再结合存货的入库单、领料单及出库单等，了解该企业存货的流转状况以及现时存量，进而判断其生产销售状况以及为生产销售而做的存货准备是否充足。

同时，尽调人员还应关注企业存货的结构，并结合与生产或仓储管理人员的沟通，了解该企业各类存货数量的匹配是否合理，进而判断其存货管理能力。因为，一个高效运营的企业，其用于生产和销售的存货在类别以及数量结构上的搭配比例一定是非常科学的。如果某一类存货过少，就可能会影响后续的生产和销售，而如果某一类存货过多，则会长久闲置，增加仓储成本。

文至此处，就有必要专门说一下企业存货长期闲置的问题。如果尽调人员通过存货明细表等资料发现承租企业的某一批或某几批存货处于长期闲置的状态，就应该弄清原因，看看是因为采购过多所致或者生产过多所致，还是因为另有他因（如被质押给他人）。一般而言，若仅仅是原材料采购过多，则通常并无大患；若是产成品生产过多而又没有售出，则需要进一步查明是否因为该企业的产品质量不过关而无法达到市场和客户的要求，进而出现了滞销。

2. 存货的存放情况以及存货是否已质押给他人

从承租企业提供的相关表单上掌握了该企业的存货明细后，还应到现场实地查看存货的存放情况。这样做的目的，一是为了对承租企业存货的存放环境有一个感性了解，看看其仓储管理水平；二是为了核实存货（尤其是价值较高的存货）的真实性，判断该企业有无通过虚列存货进而夸大流动资产规模并相应地人为提高流动比率；三是为了掌握存货是否已经质押给他人（金融机构或其他债权人等）。

需要注意的是，如果某些存货已经质押给他人，那么其存放地点往往不在该企业厂区内，而是存放在由第三方所提供的专门仓储场所。这里所说的第三方，是指某些物流企业或资产管理公司，它们在合法接受银行等债权人的委托后，可以提供专门的仓储场所用以存放债务人被质押的物品，并对所存放物品进行监管。没有债权人的同意，债务人无权使用或者支配这些被监管物品。如果承租企业的某些存货已经被质押给他人，就会导致其在存货明细表中长期趴账，这一点可以结合对存货明细表的调查一并确认。

如果承租企业的部分存货已经质押给他人，那么为其融资的风险相应也会更高一些。对于这一点，尽调人员需要摸清详细情况并在后续的尽职调查报告中明确提及。

3. 财务层面上的一些相关问题

前文曾经介绍了存货周转率。除此之外，在对承租企业的存货情况进行调查时，尽调人员还需要再关注以下两点：

一是存货跌价准备的计提和存货跌价损失的确认。《企业会计制度》规定：企业在会计期末应该对其存货进行全面清查，如由于存货毁损、全部或部分陈旧过时或销售价格低于成本等原因，使存货成本高于可变现净值的，应按可变现净值低于存货成本部分，计提存货跌价准备。对于已经确定的不可收回部分，应该确认为存货跌价损失，冲减当期利润。

二是存货结转方法的一贯性。这主要是为了调查承租企业有无通过反复变换存货结转方法来调节成本，进而调节利润、美化报表。存货的结转方法包括先进先出法、后进先出法、加权平均法、移动加权平均法以及个别计价法。对于不同类别的存货，企业可以采用不同的结转方法核算成本，但是，对于同一类别或者性质相近的存货，通常只能采用同一种结转方法，并且还需保持前后的一贯性。

（六）固定资产状况

固定资产，是指企业为生产产品、提供劳务、对外出租或者经营管理而持有的，使用寿命超过1年的，价值达到一定标准的非货币性资产。固定资产既是企业的劳动手段，也是企业生产经营活动持续进行的主要资产，包括房屋、建筑物、机器机械、运输工具以及其他与生产经营活动相关的设备、器具和工具等。

从某种意义上来说，固定资产可以称为企业赖以生存的物资根基。加之融资租赁业务的租赁物也属于固定资产，尤其是以售后回租方式开展的融资租赁项目，其租赁标的物本身就是承租企业已有的设备，因此，对承租企业固定资产的调查是尽职调查工作中一个非常重要而且关键的部分。

具体地说，对于固定资产的调查，主要包括以下几方面内容。

1. 固定资产明细及产权归属

融资租赁尽调人员可以让承租企业提供固定资产明细表，表中内容通常包括序号、固定资产编号、固定资产名称、规格型号、产地（或生产厂家）、计量单位、数量、购进日期、启用日期、原值、净值、预计残值、开始计提折旧日期、折旧期限、月折旧额、使用状况、所在部门、使用人以及相关的备注等。通过查看固定资产明细表，可以全面、清晰地了解承租企业固定资产的概况。再结合查阅承租企业的固定资产明细账以及购货发票、合格证、保修卡、产权证书（若有）等原始凭证，并通过同相关采购或财务人员交谈等方式，进而确定该企业固定资产的真实性及其产权归属。

此外，尽调人员还应到承租企业所在地的土地管理部门了解其土地抵押情况，到承租企业所在地的房产登记部门了解其房产抵押情况以及到承租企业所在地的工商行政管理部门了解其机器设备等动产的抵押情况。这些可以与前文提到的长、短期借款的担保情况结合起来，综合判断后续的融资风险。通常来说，固定资产抵押比例越大，融资风险也相应越高。

最后，需要特别强调的一点是，融资租赁公司若是拟以售后回租方式同承租企业开展融资租赁业务，尽调人员就需要格外关注拟选用作为租赁标的物的固定资产的状况。除了要关注前面所介绍的固定资产明细表及相关原始凭证等内容外，还必须确认两点：一是该标的物未处于抵押状态，如前文所述，可到工商行政管理部门查询；二是该标的物没有被用于开展别的融资租赁业务且正处于租赁存续期，尽调人员可登录中国人民银行征信中心“动产融资统一登记系统”（业内也称“中登网”）以及银保监会“全国融资租赁企业管理信息系统”进行查询，因为，按照规定，已经被用于开展融资租赁业务的标的物通常都已被相关租赁公司在这两个系统（或者其中之一）进行登记和公示。

2. 固定资产账务处理情况

在掌握了承租企业固定资产明细及其产权归属的基础上，还应进一步调查相关的账务处理是否合理合规，进而确定其报表中有关数据是否真实可靠。这主要包括以下内容：

（1）固定资产折旧方法的合理合规性

企业应当根据与固定资产有关的经济利益的预期实现方式，合理选择折旧方法。按照我国《企业会计准则》，企业可以选择的折旧方法包括平均年限法、工作量法、年数总和法以及双倍余额递减法。

平均年限法，也称直线法，是以固定资产的原价扣除预计净残值后的金额除以该资产预计使用年限，进而得出每年的折旧费用。这种折旧方法的最大特点是简单明了、易于计算，因此在实际工作中的应用最为普遍。

工作量法，也称变动费用法，是先将固定资产总的使用寿命分为若干核算单位（可以按时间、产量、里程等），再将固定资产的原价扣除预计净残值后的金额除以核算单位总数，计算出每个核算单位应分摊的折旧金额，然后再根据该项固定资产当期的实际工作量（实际工作了多少个核算单位）计提相应折旧额的一种方法。在实际工作中，客运公司、货运公司、专业车队等多以这种方法计提折旧。

年数总和法，又称年限合计法，是以固定资产的原价扣除预计净残值后的余额乘以该项固定资产尚可使用寿命（以年为单位）作为分子、以逐年预计尚可使用寿命数字之和作为分母的逐年递减的分数，计算每年的折旧额。

双倍余额递减法，是指在不考虑固定资产预计净残值的情况下，根据每期期初固定资产的净值（固定资产原价减去累计折旧后的金额）和双倍的直线法折旧率计算固定资产折旧的一种方法。

在上述各种折旧方法中，年数总和法以及双倍余额递减法属于加速折旧法。加速折旧法具有其科学性和合理性，比较适用于技术进步快、在国民经济中占有重要地位的行业，如船舶工业企业、汽车制造企业、飞机制造企业、电子生产企业、化工医药企业等。

固定资产的折旧方法一经确定，除特殊情况（《企业会计准则第4号——固定资产》第十九条所规定的情况）外，不得随意变更。

因此，在对固定资产进行调查时，融资租赁尽调人员应关注承租企业固定资产的折旧方法是否符合财务制度的规定，是否保持了前后的一贯性，有无通过反复变换折旧方法调节成本进而调节当期利润的情况。对于没有原始发票而按照评估价值入账的固定资产，还应关注其评估依据是否充分，评估价值是否合理。

如果有必要，尽调人员还应将固定资产（原价）明细账、固定资产累计折旧明细账、固定资产减值准备明细账与资产负债表中所填列的固定资产金额进行复核。资产负债表中所填列的固定资产金额是企业全部固定资产的净值，从数值上应等于固定资产原价减去累计折旧及资产减值准备之后的余额。

（2）租赁标的物状况（指售后回租类业务）

如果融资租赁公司打算以售后回租方式同承租企业开展融资租赁业务，尽调人员就应当特别关注拟选用的租赁标的物的状况。

一是通过查看相关明细账，掌握租赁标的物的原价、累计折旧以及净值。

二是了解租赁标的物是通用设备还是专用设备，是先进设备还是过时设备。这主要是为了衡量租赁标的物的变现能力，以便在承租企业还款困难时将租赁标的物变现。一般而言，通用设备的变现能力会高于专用设备，先进设备的变现能力会高于过时设备。

以上这些，都将作为后续确定该项目融资金额以及租赁期限的重要依据。

（七）在建工程情况

在建工程是指正在建设、尚未竣工投入使用的建设项目，包括固定资产的新建、改建、扩建，以及技术改造、设备更新和大修理工程等尚未完工的工程支出。严格地说，在建工程只是企业固定资产的暂时形态，在其完工并通过验收后，才能转入固定资产。

在建工程对企业的生产经营会产生正负两方面的影响。负面的影响是，在建工程一般属于大额投资，且在完工前会有后续开支，因此，其对企业的资金占用往往较大，并在一定程度上会造成企业日常生产经营所需资金的趋紧。正面的影响是，在其竣工并投入使用后，可以为企业的扩大再生产提供更大的场地和更新的技术，有利于企业的长远发展。

在对承租企业在建工程进行调查时，主要应关注在建工程的概算总投资金额、已经投资金额、竣工时间、竣工前还需投资的金额以及其投入使用后对该企业未来收入和利润的影响程度。

尽调人员可以查看该在建工程的可行性研究报告、立项审批资料、投资概算方案等既有资料，并结合与承租企业有关人员的谈话，摸清前述情况，进而综合判断在建工程对该企业未来生产经营的影响，以便为后续融资租赁方案的制订提供必要的参考。

（八）其他相关情况

除了前面谈到的内容外，尽调人员还需进一步调查与承租企业财务相关的其他一些重要情况。这些情况包括：

1. 承租企业纳税情况

调查承租企业的纳税情况，主要是为了印证该企业一定会计期间的购销规模及其真实的盈利状况。

尽调人员可以让承租企业提供其“增值税纳税申报表”和“所得税纳税申报表”，以查阅该企业真实的纳税情况。增值税纳税申报表可以整体反映该企业一定期间的采购和销售规模，而所得税纳税申报表则可以反映该企业一定期间的利润状况。

同时，将纳税申报表中所记录的相关信息与承租企业财务报表中的有关数据进行对比分析，还能进一步验证该企业向融资租赁尽调人员所提供财务报表（收入、利润等）的真实性和可信度。

2. 优惠或补贴政策

这里主要是说税收优惠政策和财政补贴政策。

税收优惠政策，是指按照相关税法规定对某些纳税人和征税对象给予鼓励和照顾的一种特殊政策。比如，免除有关纳税人全部或部分应缴税款，或者按照一定比例返还其所缴纳的税款等，从而减轻其纳税负担。税收优惠政策是国家利用税收调节经济的具体手段，通过税收优惠政策扶持某些特殊地区、产业、企业和产品的发展，进而促进产业结构的合理调整和社会经济的协调发展。

财政补贴政策，是指在经济结构出现失衡或者出现供给“瓶颈”时，政府提供各种形式的财政补贴，以保护特定的产业或地区经济的政策。财政补贴政策是国家协调经济运行和社会各方面利益分配关系的经济杠杆，也是发挥财政分配机制作用的特定手段。财政补贴政策是世界上许多国家政府广为运用的一项重要经济政策。

对于企业而言，政府的优惠和补贴政策是一种显性的利好，由于所优惠、减免或补贴的资金通常不需要企业额外支付成本而且不需偿还，因此，其最终都会转化为企业的利润。尽调人员可以向承租企业咨询其是否享有相关优惠和补贴政策。如有，还应查阅相关批文及财务资料，进一步了解相关政策的类型、期限、金额以及减免、返还、支付的方式，为后续融资方案的制订提供一些辅助性参考。

当然，能够享受税收优惠政策和财政补贴政策的企业毕竟只是少数，融资租赁公司也不必对承租企业在这方面有过高的期望。

3. 经营性现金流入量与营业收入的对比关系

将承租企业现金流量表中的经营性现金流入量与利润表中的营业收入进行比较，是为了从数据层面上了解该企业产品的赊销情况，并由此推断出未来的现金流入状况。如果经营性现金流入量明显低于当期营业收入，则往往说明该企业赊销情况比较普遍，尽调人员应结合承租企业应收账款明细账分析其账期规律，进而判断其债权回收的保障程度。如果经营性现金流入量大体与当期营业收入持平或者高于当期营业收入，则需要进一步查明当期回款中有多少是当期的销售款、有多少是前期的应收款，进而判断该企业的赊销回款情况。这些都是在为后续融资租赁方案中每期租金偿还间隔的设计提供参考。

六、承租企业（及担保方）的信用信誉状况

如果说前文所分析的承租企业的生产经营状况、财务状况等是其债务偿还的“硬保障”的话，那么，该企业（及担保方，若有）的信用信誉状况则是其债务偿还的“软保障”。通俗点说，“硬保障”是指承租企业有没有钱还债，“软保障”则是指其愿不愿意还债。想要合理判断承租企业的还债“软保障”，就需要对该企业以往的信用记录和信誉状况进行全面调查。这主要包括以下几方面内容。

（一）承租企业工商年检状况、章程和股东变更记录

尽调人员可以通过登录国家工商行政管理总局“全国企业信用信息公示系统”，了解承租企业的基本工商信息。在此基础上，让承租企业提供相关工商资料（必要时也可到其注册地的工商行政管理部门直接调取），进而更详细地掌握该企业的工商年检状况、公司章程以及股东的变更情况。这样做的目的，一是为了了解承租企业是否合规经营、正常年检；二是为了进一步核实该企业的历史沿革、注册资本规模、企业决策机制、法定代表人、股东构成以及股东实力，为相关的后续工作（如银行信贷征信情况查询、涉诉情况查询、风控措施设计等）提供必要的基本参考信息。

在上述工商资料里面，有一项非常重要的基本资料就是承租企业的营业执照，这是该企业得以合法运营的最基本的法定证件之一。目前，为了提高市场准入效率，我国已全面实行“三证合一、一照一码”的登记管理制度，即把原来的营业执照、组织机构代码证和税务登记证三个证合并成为现在的一个证，即营业执照。这样，从其现用的新版营业执照中还可以同时了解其组织机构代码及税务登记相关的信息。

如果拟让其他企业为该融资租赁项目提供担保，尽调人员还应同时查询担保方的前述相关信息。

（二）承租企业（及担保方）的银行信贷征信状况

融资租赁尽调人员可以借助“中国人民银行征信系统”，查询承租企业、承租企业法定代表人、承租企业各股东（包括法人股东和自然人股东）的征信状况，包括各自的基本信息、其在金融机构的借款记录、还款记录、逾期记录以及对外担保情况等内容。

如果拟让其他企业或个人为该融资租赁项目提供担保，尽调人员还应该同时查询担保企业及个人的信贷征信状况。

需要说明的是，中国人民银行征信系统可以较为全面、详细地显示相关企业和个人的征信信息，但该系统不是任何人都可以随意登录的，只有获准通过专线接入该系统的机构（主要是包括各商业银行在内的金融机构和一部分融资租赁公司等）才能登录并进行相关查询。如果融资租赁公司已经接入

该系统，则查询起来非常方便；如果未接入该系统，尽调人员就需要持承租企业等被查询方的书面授权委托书，到商业银行等有资格的机构去让其帮助查询。对于后一种情况，有时为了提高工作效率，尽调人员也可以让承租企业自行办理前述查询，然后提供相关查询报告。但由于此项工作非常关键、意义重大，所以出于谨慎性考虑，还是建议由融资租赁尽调人员亲自去办理。事实上，在现实业务中，承租企业提供虚假征信报告的案例确有发生。

银行信贷征信状况既是表明相关企业或个人信用状况的最直接、最可靠的证据，也是对该融资租赁项目进行后续评审及方案设计时的重要参考依据。结合前述查询结果，在可能的情况下，尽调人员还应尽量与相关放贷金融机构进行沟通，了解承租企业以往还款的具体情况（如还款意愿、还款态度、逾期后的反应等），以更加周全地判断拟开展的融资租赁项目可能面临的后续还款风险。

（三）承租企业（及担保方）的涉诉情况

企业或个人涉及法律诉讼的情况，尤其是其作为被告而被人起诉的情况，不仅可以表明其过去的信用信誉，而且涉诉事项可能还会直接影响该企业后续的生产经营以及相关人员未来的人生轨迹。因此，在融资租赁尽职调查过程中，对相关企业及个人涉诉情况的查询是一项非常必要的内容。

尽调人员可以通过在网上登录以下几个主要涉诉查询系统，来较为全面地了解承租企业、承租企业法定代表人、承租企业各股东（包括法人股东和自然人股东）以及担保企业或个人涉及法律诉讼以及被依法执行事项的情况。

1. 最高人民法院“中国裁判文书网”（网址：http://wenshu.court.gov.cn/）

2013 年 7 月，《最高人民法院裁判文书上网公布暂行办法》正式实施。依据该办法，除法律规定的特殊情形外，最高法发生法律效力的判决书、裁定书、决定书均应在互联网上公布。

2014 年 1 月 1 日，《最高人民法院关于人民法院在互联网公布裁判文书的规定》正式实施。该规定进一步明确，最高人民法院在互联网上设立“中国裁判文书网”，统一公布各级人民法院的生效裁判文书；中西部地区基层人民法院在互联网公布裁判文书的时间进度由高级人民法院决定，并报最高人民法院备案。

2. 最高人民法院“全国法院被执行人信息查询”系统（网址：http：//zhixing. court. gov. cn/search/）

为推进社会信用体系建设，切实解决执行难的问题，促进被执行人自动履行生效法律文书所确定的义务，保障公民、法人和其他组织依法获取执行案件信息，充分发挥执行案件信息对人民群众生产生活和社会经济活动的服务作用，最高人民法院参照《中华人民共和国政府信息公开条例》，自2009年3月30日起向社会开放“全国法院被执行人信息查询”平台。社会各界可以通过该平台查询全国法院（不包括军事法院）2007年1月1日以后新收及此前未结的执行实施案件的被执行人信息。

3. 最高人民法院“全国法院失信被执行人名单信息公布与查询”平台（网址：http：//shixin. court. gov. cn/）

为推进社会信用体系建设，对失信被执行人进行信用惩戒，促使其自动履行生效法律文书确定的义务，根据《中华人民共和国民事诉讼法》相关规定，最高人民法院制定了《关于公布失信被执行人名单信息的若干规定》，自2013年10月24日起向社会开放“全国法院失信被执行人名单信息公布与查询”平台，社会各界可以通过该平台查询全国法院（不包括军事法院）失信被执行人信息。

4. “人民法院诉讼资产网”（网址：http：//www. rmfysszc. gov. cn/）

“人民法院诉讼资产网”是由最高人民法院组建和备案注册的专门性的司法拍卖公共网络平台，按照“统一规划、分级管理、各法院自主操作”的运行机制开展工作，网站具有“信息发布”“竞买报名”“选择拍卖机构”“竞价交易”“网络结算”等多项功能，对推进司法拍卖改革具有重要的示范引领作用。通过该网站可以查询全国范围内的法院正在执行拍卖资产的情况，进而从侧面了解涉诉当事人的一些重要信息。

此外，尽调人员还可以通过登录相关省市省级高院的官方网站，以及诸如“北大法宝”“法海网”“汇法网”“前海征信网”等一些非常专业的民间网站，进一步查询和了解承租企业及担保方的相关信息。当然，部分民间网站可能会适当收费，所提供的是有偿服务。

但由于前述网站系统在信息录入时都有一定的时滞性，并且有些对于尚未判决的案件也不予录入，所以有时并不能准确反映相关企业或个人的全部涉诉情况。因此，尽调人员还应通过和相关人员沟通以及其他可能的合法渠道，进一步了解相关情况。

除此之外，尽调人员还应该到房产登记部门了解相关企业及个人的房产抵押及查封情况，到土地管理部门了解其土地抵押及查封情况。这样做的目的，一是为了更深入地了解其可能的涉诉处理情况，进而辅助判断项目的后续风险；二是为了更全面地掌握相关企业及个人名下的房产和土地信息，为后续的租赁方案设计提供参考。之所以要专门关注相关企业及个人的房产和土地状况，是因为房产和土地在地理空间上是无法被随意变更或转移的，不会轻易损毁或灭失，这是其他资产所不具备的特性，正因如此，融资租赁公司和其他放债机构都会比较看重债务方及担保方的这一类资产。

（四）承租企业（及担保方）的社会信誉

承租企业、担保企业及相关个人的社会信誉虽然不像前面所调查内容那样清晰明了和易于衡量，但这也是融资租赁尽调人员应该关注的方面。这些可以增强尽调人员的感性认识，帮助尽调人员更好地判断项目的风险。

了解相关企业及个人社会信誉的渠道很多。比如，尽调人员可以向承租企业（以及担保企业）的主要客户打听双方的合作情况；可以结合其应付账款及其他应付款明细账，向相关债权方咨询挂账原因及付款风险；向承租企业的同行或者相关行业协会（如果有）了解该企业的口碑以及企业管理者的品格等。这需要尽调人员充分利用好自身长项和各种资源，只要所采用的手段是有效且合法的，都值得提倡和鼓励。

七、融资的规模、期限、用途以及还款来源

对于一个融资租赁项目而言，融资的规模、期限、用途以及还款来源显然是非常核心的内容。当然，在尽职调查环节，这些内容都是初步拟定的或者承租人所期望的情况。除了融资用途外，该项目最终的融资规模、期限、

还款周期以及还款保障措施等，都需要融资租赁公司在正式评审后综合确定。

（一）融资规模及期限

尽调人员应通过和承租企业相关人员的认真沟通，充分了解其融资期望，并结合已经掌握的该企业（以及拟提供担保的企业）的财务、资产、合同、订单等相关支撑性资料，为其提供融资规模、融资期限以及还款周期方面的合理化参考和建议。这样做是为了避免项目初步融资方案的盲目性，进而提高后续工作的效率和质量。

（二）融资用途

对于所融资金的用途，基本上应该以承租人的计划和需求为准，但是尽调人员还必须做好相应的把关工作。

直租类的项目，其融资用途就是购买新设备。尽调人员应进一步了解拟购设备的市场价格、技术性能和领先优势等，再结合承租企业的相关分析材料，推测其未来可能给承租企业带来的经济收益。

售后回租类的项目，所融资金的用途一般不是为了购买新设备，而是为了补充流通资金。尽调人员应该根据承租企业的融资需求报告，结合其发展现状及相关债务、合同、订单等情况，判断其融资用途的逻辑合理性以及真实可靠性。

而以整个建设项目作为租赁标的进行融资的业务，就会相对复杂很多。尽调人员需要查阅该建设项目的可行性研究报告（内容通常会包括对项目未来经济效益的预测）、立项报告、批复报告、环评报告、概算报告等，充分了解其相关手续是否齐全，项目建设是否合理、合规。这一类项目往往周期很长，而且相关方很多，因此，在开展相关调查工作时，通常需要由经验较丰富、知识较全面的成熟尽调人员带队指导进行。

融资租赁的主要业务模式有十多种，本书将在第四章逐一进行详细介绍。需要强调的是，不论是哪种租赁模式，承租人融资的用途必须是合理、合规、合法的，一定不能先以融资租赁项目名义进行融资，再将所融资金挪作他用，尤其是不能将其用于非法领域（如高利贷、博彩等）。

（三）还款来源

项目的还款来源，是所有融资租赁公司最为关心的核心问题之一，也是决定该融资租赁项目融资规模甚至项目最终取舍的关键。

尽调人员应在听取承租企业相关介绍的基础上，结合所掌握的资料（利润指标、偿债能力比率、合同、订单等），综合分析其还款来源的合理性和可持续性。这包括两个方面的内容：一是判断承租企业所介绍的还款来源是否可靠，二是替承租企业挖掘其自身未能意识到的潜在还款来源。

毕竟，尽职调查的根本目的，不是对承租企业进行“审判”或“找茬儿”，而是为了在合理保障各方权益的前提下进行互利共赢的合作，因此，尽调人员应该抱着实事求是的态度，尽量客观地分析相关情况。事实上，这种做法不但不会损害任何一方的利益，反而能够更好地增加彼此的互信，尤其是承租企业对租赁公司的信任与好感。久而久之，也会在无形之中不断提升该融资租赁公司的社会形象和业界口碑。

八、项目收益测算

融资租赁项目的收益情况，是融资租赁公司所关注的另一项重要内容，它是租赁公司赖以生存和持续发展的根本经济保障。通常来说，在融资租赁项目中，租赁公司较为常见的收益主要包括以下几个方面。

（一）租金利息收益

租金利息收益是融资租赁公司最正统的收益，当然，这也是其最重要的收益。

利息收益的金融学依据是货币的时间价值，即由于承租企业是在未来的某些时候向租赁公司支付租金，因此，所付租金就不能只包括期初所融资金的本金，而是还应包括本金的时间价值。利息是由租赁利率决定的，而租赁利率的高低则是在租期开始之初就已经通过双方的谈判确定好的。

需要说明的是，这里所说的利息收益，仅仅是指在该融资租赁项目所涉及的出租人和承租人一对一的关系范畴中，承租人需要向出租人支付的利息。实际上，在很多情况下，项目资金也并非租赁公司的自有资金，而是其从银行等其他金融机构所融来的信贷资金，因此，租赁公司的资金也是有成本的，它也要向银行等金融机构支付利息。所以，严格地说，租赁公司最终的利息收益是其从承租企业收取的利息收益减去其向银行等金融机构支付的利息成本，即利差收益。当然，从承租企业的角度来说，其通常只会关注自己需要向租赁公司支付多少利息，而不会过多关注租赁公司在融资时需要向银行等金融机构支付多少利息。

（二）服务性收益

一个融资租赁项目的成功实施，离不开租赁公司在各个环节所提供的专业服务和人力、财力、物力方面的付出。因此，租赁公司向承租企业或其他相关方收取一定的服务性报酬也是理所当然的。这种服务性报酬收入，其实就是租赁公司的服务性收益。根据租赁项目的特点和交易结构的不同，租赁公司可能会收取的服务性收益包括：

1. 租赁服务费

租赁服务费又叫作租赁手续费，是融资租赁公司向承租企业收取的一种合同管理服务费，通常是根据具体租赁项目合同金额的大小、首付款及保证金的比例、租赁利率高低、操作的难易程度、风险的高低等进行综合确定的。根据行业惯例，一般是按照项目合同金额的0.5%～1.5%/年的标准，并且一般是在租赁期初一次性收取。不同的租赁公司，由于其运作模式、营销策略、趋利偏好程度及其在行业中的地位等方面各不相同，因而其对租赁服务费的收取标准也不完全一样。

2. 财务咨询费

融资租赁公司在某些交易结构比较复杂的大型租赁项目中，会利用自身的经验和专业优势，为承租企业提供合理、全面的融资解决方案，同时，也可以向承租企业相应地收取一笔财务咨询费。按照行业惯例，通常可以收取融资金额的0.5%～3%。当然，前提是客户能够接受。

需要说明的是，租赁公司向承租企业收取租赁服务费或财务咨询费只是行业惯例，行业主管部门对这方面并没有“硬性”规定。在开展具体业务时，这两项费用可以有也可以没有，可以高也可以低，可以分次收取也可以一并收取，可以按两个名目收取也可以统一成一个名目收取，如统一叫作“项目服务费”或“项目咨询费”等。这需要结合租赁公司自身及具体租赁项目的特点，最终由相关方谈判确定。

3. 贸易佣金

在直租类业务中，融资租赁公司作为租赁设备的实际购买方，促进了设备的流通，帮助设备生产厂家或供应商扩大了市场规模，实现了销售货款的直接回流。作为回报，有些生产厂家或供应商会向租赁公司支付一定的销售佣金或者规模采购的折扣等，所支付的这部分资金就是贸易佣金。当然，贸易佣金的有无与高低是由租赁公司与设备厂家或供应商事先谈判商定的。贸易佣金通常和承租人无关，是租赁公司与设备厂家或供应商之间的事情。

（三）保证金利息收益

这是一种隐性的收益。在融资租赁业务中，租赁公司通常会要求承租企业在租赁开始前支付一定比例的项目保证金。这样做的目的：一是可以降低项目风险；二是可以相应增加利息收益。

由于承租企业所支付的保证金通常是用作抵付最后一期或若干期租金的（多退少补），并且租赁公司并不需要向承租企业支付该保证金所产生的利息，因此，租赁公司可以将保证金投向其他项目或者购买理财产品，进而获取相应的利息收益，同时还不用为此向承租人支付资金成本。这是大多数融资租赁公司的一项重要的隐性收益。

按照行业惯例，项目保证金的收取标准一般是项目合同金额的 5% ~ 20%。当然，这也没有相关的“硬性”规定，需由双方谈判确定。

（四）设备余值收益

在目前大多数普通设备的融资租赁业务中，在租赁期结束且租金支付完毕时，租赁公司通常会按照合同约定，向承租企业象征性地收取一笔金额很小的设备余值（残值）款，如 10000 元、100 元、1 元甚至 0 元，继而将租赁设备的所有权让渡给承租企业，该笔融资租赁业务也由此宣告结束。显然，在这一类的租赁业务中，融资租赁公司的租赁设备余值收益是非常低的，甚至可以忽略不计。

但是，对于以飞机、轮船等大型设备或者特殊物品作为租赁标的物的融资租赁业务，情况往往会大不相同。由于这一类租赁物的正常使用寿命一般很长或者折旧速度一般较慢，而租赁期限相对于其使用寿命而言明显较短，因此，在租期结束时，其性能状态往往还很良好。在这类融资租赁业务中，租赁公司一般不会愿意以一个象征性的低价将其“处理”给承租企业，而是会依约收回，并在收回后将其按照市场价格进行出售（购买人当然也可以是原承租人），或者在进行必要维修后再重新以融资租赁的方式将其出租（承租人当然也可以是原承租人）。这样一来，租赁公司就能够再获得一笔非常可观的余值收益，这项收益可以达到租赁物原值的5%～25%，有时甚至会更高。

（五）风险收益

这里所说的风险收益，是针对某些特殊模式的融资租赁项目而言的，如结构化共享式租赁和风险租赁（后文将有详细介绍）。这些融资租赁项目有一个很大的特点，就是租赁公司除了可以向承租企业收取一定金额的固定租金外，还可以按照合同约定，享有承租企业的销售提成或者股权性质的分红等。销售提成和股权性质的分红就属于风险收益。当然，这种收益的不确定性较强，可能很高、也可能很低。但是，通过前期对承租企业、租赁项目的认真考察，以及对业务方案的合理设计，租赁公司的收益往往还是能够得到保证的，并且常常会高于常规式的租赁项目。

综上所述，融资租赁公司的项目收益不是单一的，而是由多方面构成。为了测算某个融资租赁项目的收益，需要综合考虑可能涉及的各个方面。各项收益的绝对数额之和是反映项目收益的一个指标，但它还不够科学，因为它无法体现出时间因素及相应的资金时间价值。一个更加科学的指标是“内部收益率”（即业内常说的“IRR”或“XIRR”）。所谓内部收益率，是指使资金流入现值总额与资金流出现值总额相等、净现值等于零时的折现率。对于一个具体的融资租赁项目而言，其内部收益率就是使得该项目未来各期资金流入（包括租金、设备余值等）现值总额与租赁本金（扣除期初服务费等）相等时的折现率。事实上，不光是融资租赁行业，在整个金融领域，内部收益率都是被广泛使用的衡量项目整体收益水平的重要指标。

需要说明的是，并非每一个融资租赁项目的收益都会涉及前述全部五个方面，这要视项目的具体情况而定。

九、项目风险控制措施

一个融资租赁项目的成功实施，不仅要做好前期尽职调查、融资方案的设计和项目收益的测算，同时还要结合前述情况做好风险控制工作。

风险控制是所有金融及类金融机构在开展相关业务时的重要工作内容，因为这些业务都具有高风险性质。尽调人员需要在做好尽职调查工作以及同承租企业充分沟通和协商的基础上，将该融资租赁项目拟采用的风险控制措施明确表述在此后所撰写的项目尽职调查报告之中。

通常来说，融资租赁项目可以选择的风险控制措施主要包括以下几种。

（一）对租赁物进行登记和公示

这是融资租赁公司最基本的也是最必要的风险控制措施。

对于所开展的每一项融资租赁业务，融资租赁公司均应在项目实施后第一时间登录中国人民银行征信中心“动产融资统一登记系统”（“中登网”）以及银保监会“全国融资租赁企业管理信息系统”，将租赁物进行认真登记并公示于众。

将租赁物进行登记和公示，不仅是为了满足相关行业监管部门所明文规定的业务监管需要，同时也是相关融资租赁公司的基本风险控制措施之一。通过将租赁物在上述系统进行登记和公示，该融资租赁公司即向全社会尤其是其他金融机构或租赁同行明示了自己对该租赁标的物的所有权，这样就可以有效避免承租人以该租赁标的物为依托向其他机构进行重复融资以及可能由此带来的法律纠纷。

（二）对融资租赁业务进行征信登记

和银行信贷业务一样，融资租赁公司按照规定程序将某项融资租赁业务的相关信息在“中国人民银行征信系统”登记后，该系统即可实时显示承租企业、承租企业法定代表人、承租企业各股东（包括法人股东和自然人股东）的征信状况，包括其各自的基本信息、通过融资租赁进行融资的记录、还租记录、逾期记录及其他有关情况。这样一来，就能够对承租企业及担保方起到有效的征信约束作用，促使其按照合同约定及时支付租金。因为，承租企业一旦拖欠租金，相关情况就会及时在该系统显现出来，势必会影响到其征信状况，并很可能因此导致其他金融机构将来不再为其提供融资支持。

但需要说明的一点是，金融系的租赁公司由于具有“金融许可证”，所以可以顺理成章地在“中国人民银行征信系统”登记其融资租赁业务；但商务系的租赁公司却因为没有“金融许可证”而在该系统登记相关融资租赁业务时经常会遇到制度性的障碍，甚至无法成行。目前的情况是，经过多方共同呼吁和不懈努力，现在已经有一批又一批资质较好、实力较强的商务系融资租赁公司被中国人民银行征信中心批准，可以在“中国人民银行征信系统”登记相关的融资租赁业务。

从本行业的长期发展趋势上来看，全面允许所有类型的合法融资租赁公司在“中国人民银行征信系统”进行业务登记，已是势在必行的事情。目前，一些融资租赁行业发展较好的地区（如天津），在政府相关部门的积极协调下，已经对所有融资租赁公司全面放开上述登记事项，这在全国起到了良好的示范作用。

（三）对租赁物进行抵押登记

尽管租赁物的所有权属于租赁公司，但是其使用权属于承租人并且其使用地点位于承租人处，这就存在承租人将其再抵押给其他债权方的可能性，因此，相关各界在租赁物有无必要以及能否再抵押给租赁公司的问题上曾经长期存在争议。

针对这一情况，国家工商总局于2015年7月9日以《工商总局关于融资租赁公司办理动产抵押登记有关问题的答复意见》给出了明确意见：“企业为其从融资租赁公司租赁的设备上设立的抵押权办理动产抵押登记的，应当按照《动产抵押登记办法》的规定提交材料。提交材料符合《动产抵押登记办法》有关规定的，登记机关应当当场为其办理登记。”这样一来，租赁公司就可以名正言顺地要求将租赁物抵押给自己，并最大程度地降低租赁物被承租人抵押给其他债权人而引发相关纠纷的可能性。

因此，除了个别特殊的项目外，租赁公司应尽可能地为所开展融资租赁项目的租赁设备办理相应的抵押手续，进而避免可能发生的后续风险和麻烦。

（四）对所融资金去向的监管或合理掌控

对于直租类的融资租赁项目，由于所融资金是由租赁公司直接支付给设备供应方的，所以资金去向不需监管。但对于售后回租类的项目，则需要关注所融资金大体的后续去向，以确保资金能够用到合同约定的地方，进而产生经济效益，为承租人未来租金的偿还提供保障。具体的做法包括：

1. 设立资金共管账户，监管资金去向

所谓资金共管账户，是指由融资租赁公司和承租企业在双方共同选定的银行开立一个资金账户，该账户由银行代为保管，且融资租赁公司和承租企业均事先留下印鉴。租赁公司将所融资金先支付到该共管账户，之后，对于账户中的每一笔开支，必须经由融资租赁公司和承租企业双方均同意并盖章确认后，银行才能将资金支付出去。这样，所融资金的去向就完全被融资租赁公司所监管，可以很好地保证资金按照合同约定的用途使用。

但是，由于种种原因，并不是所有的承租企业都会同意设立资金共管账户。一般来说，对于某些金额较大、期限较长、涉及的关联方较多、程序较复杂、项目经济效益不确定性较强的项目，出于融资租赁公司对项目后续状况跟踪了解的需要，以及对融资租赁公司所承担风险的理解，承租企业比较容易接受设立资金共管账户的提议；而普通的售后回租类业务，由于资金主要是被其用于弥补流动资金、应付日常琐碎开支，所以承租企业往往不太乐意设立资金共管账户。

当然，资金共管账户的设立与否，并没有强制性的要求，只是一种可能的选择，这需要双方在坦诚沟通和充分协商的基础上，最终达成一致意见。对于大多数租赁项目来说，采用这一措施的难度往往会比较大。

2. 建立沟通机制，合理掌握资金去向

如果承租企业无法接受设立资金共管账户的提议，融资租赁公司可以退而求其次，与承租企业建立沟通机制，让承租企业定期（如每月）将资金使用情况向租赁公司进行书面说明，并提供必要的支付凭证加以印证。这样，虽然租赁公司不能对资金的去向和用途进行强制性掌控，但还是可以大体了解资金的去向。当然，这与建立资金共管账户相比，监控力度会明显降低，而且，还要看承租企业后期的配合态度。

（五）对承租企业未来经营性资金流入的合理控制和掌握

对于一个融资租赁项目来说，其最正常最合理的租金还款来源就是承租企业未来的经营性资金流入，因为这是该企业收入的主要来源。因此，为了保证租金的按期收回，融资租赁公司可以尝试对承租企业未来的经营性资金流入进行合理的掌握和控制。这种控制，不是控制其资金的流入情况，而是控制其对已经流入资金的再使用情况。

根据项目的具体情况，可以采取以下措施：

1. 设立资金共管账户，确保账户中有足够的余额作为还租保障

关于资金共管账户的概念，此处不再赘述。这里所谈的设立资金共管账户的目的，不是监控所融资金的去向，而是监控账户中资金的余额（其来源为承租企业的经营性现金流入）。具体地说，租赁公司要监控该账户中的余额变化，当余额低至一定标准时，租赁公司将不再同意承租企业支用该账户中的资金，直至有新的资金流入。这样做是为了确保账户中有足够的余额为未来的租金偿还提供保障。

与前文一样，此处所谈的资金共管账户的设立与否，也没有强制性的要求，也只是一种可能的选择，需要双方在沟通和协商的基础上进行确定。有必要提醒的一点是，对于公共事业性项目（如污水处理厂），由于现金注入的规律性（财政部门定期拨入），设立资金共管账户相对比较容易实现，而对于其他很多项目，实现的难度则相对较大。

2. 建立沟通机制，定期掌握承租企业经营性资金流入净额

道理同前文。如果由于项目自身特点或者其他原因，承租企业无法接受设立资金共管账户的提议，融资租赁公司就需要退而求其次，与承租企业建立沟通机制，让承租企业定期将其经营性资金净流入（经营性资金流入金额减去经营性资金流出金额）情况向租赁公司进行书面说明，并提供必要的收支凭证加以印证。这样，租赁公司就可以比较及时地了解和掌握承租企业的

经营状况和还款能力，以决定后期是否需要采取相应的应对措施。

（六）项目担保措施

为了做好融资租赁项目的风险控制工作，更加有效地控制项目风险，除了前面所讲的内容外，通常还要追加一些担保措施。

在融资租赁实务中，比较常用的担保措施有：

1. 信用担保

信用担保，是指承租企业在融资过程中，由专业担保机构、其他法人或者自然人以信用保证的方式为该企业提供担保，在其不能依约履行还租义务时，由担保方替其承担合同约定的偿还责任，从而保障租赁公司债权实现的一种金融支持方式。

通常来说，专业担保机构的担保力度是最强的，担保效果也是最好的。但是，承租企业必须为此支付一笔不小的担保费用，这会直接增加融资成本，而且往往还需要按照担保机构的要求提供相应的反担保措施，手续较为繁琐。

其他法人担保，是指承租企业之外的其他企业（包括承租企业的关联企业）或机构，合法地为承租企业提供担保，并在租金逾期时依法承担相应的代偿义务。

自然人担保，是指某些个人以其自身的名义为承租企业提供担保。这些个人包括承租企业的法定代表人、自然人股东、实际控制人以及其他相关人员（如前述人员的配偶等）。而且，个人所提供的担保通常是无限连带责任担保。也就是说，租赁公司可以要求该担保人对于该融资租赁项目的全部到期债务承担偿还责任，而不仅限于其中的一部分。

需要特别指出的是，如果某个融资租赁项目拟采用法人担保，那么，在进行尽职调查时，尽调人员就还需要了解担保方的经营状况、财务状况、征信状况及涉诉情况，以衡量其实际担保能力。这项工作可以参考对承租企业相关方面的调查。若是采用自然人担保，也应进一步调查该自然人的资产实力、名声口碑以及有无涉诉情况等。

2. 抵押担保

抵押担保，是指承租企业或者第三方（法人或自然人）不转移对某一特定财产的占有，而将该财产抵押给租赁公司作为租金偿还的担保。当承租企业不履行还租义务时，租赁公司有权依法对该财产进行折价处理，并且对拍卖、变卖该财产的价款优先受偿。

一般来说，可用于抵押的财产有土地、房产、在建工程以及除了租赁物之外的其他固定资产等。不同类型的财产，办理抵押登记的部门也不完全相同。如土地抵押在土地管理部门办理，房产及在建工程抵押在房产登记部门办理，车辆抵押在车辆管理部门办理，其他大多数动产类固定资产的抵押则是在工商行政管理部门办理。

在办理抵押登记之前，通常先要聘请有资质的专业资产评估机构对抵押物的价值进行评估。评估出来的抵押物价值，往往也会成为融资租赁公司在核准该项目融资额度时的重要参考因素。

需要说明的一点是，金融租赁公司由于具有“金融许可证”，因此按照有关规定，在其作为债权人依法办理土地和房产抵押登记时一般会比较顺利。而商务系的融资租赁公司因为没有“金融许可证”，且又异于一般的工商企业，因而在办理土地或房产的抵押登记时经常会遇到一些障碍，需要向相关登记部门做出必要的解释和说明。而现实情况是，越来越多的地区已经允许商务系的融资租赁公司在开展业务时办理房产或者土地的抵押登记。事实上，这也反映出我国的有关法律法规存在一定的不合理性，有待进一步修改和完善。

3. 质押担保

质押担保，是指承租企业或第三方将其动产或者权利移交给租赁公司占有，并将该动产或者权利作为租金偿还的担保，当承租企业不履行还租义务时，租赁公司有权依法将其变卖并从卖得价款中优先受偿。

按照标的物的不同，质押又可以分为动产质押和权利质押。动产质押，是指以可移动且不会因此损害其效用的标的物进行质押，大部分有形动产、原材料、半成品以及产成品等都可以作为动产质押的标的物。权利质押，则是指以可以转让的权利作为标的物进行质押，企业的债券、基金份额、股权、知识产权中的财产权、仓单、提单、应收账款等都可以作为权利质押的标的物。

质押和抵押的区别是：抵押不转移承租企业（或担保方）对抵押物的占

管形态，仍由其负责对抵押物的保管；而质押却改变了承租企业（或担保方）对质押标的物的占管形态，改由租赁公司对质押标的物进行保管，当然，租赁公司对某些质押物的保管可能会委托专业的第三方代为实施。

质押的重点在于“交付”与“占有”。只要有合同约定并且已经交付租赁公司占有，动产质押以及有明确权利凭证的权利质押（如仓单、提单等）一般是不需要去有关部门进行登记的；而以基金份额、股权以及知识产权中的财产权等作为标的物的权利质押，则需要到有关部门办理相应的登记手续。

和抵押物一样，质押物价值的高低往往也会成为融资租赁公司在核准项目融资额度时的重要参考因素。

最后需要说明的是，前述各种风险控制措施都是可以选择的，并且可以多措并举。最终选择哪种或哪几种风险控制措施，则要看项目本身的特点、融资租赁公司的要求以及双方沟通谈判的结果。

4. 厂商回购担保

这是针对直租类业务而设计出来的一种独特的担保方式。

顾名思义，厂商回购担保，是指在出现了承租人确实无力偿还租金或其他足以严重影响出租人合法经济权益的事项时，出租人有权要求设备供货厂商以合同约定的价格或市场公允的时价将租赁设备回购过去，回购价款自然是支付给出租人的。

厂商回购担保方式，通常适用于租赁物为通用型设备或者较易移动的设备。同时，要想说服厂商提供回购担保，往往会有一定的难度，而且厂商还会顺势提出一些附加条件（如提高设备价格），这样一来，就会相应增加承租人的资金成本。

十、相关法律要件

为了保证融资租赁项目在法律层面上的有效性，合理规避法律风险和不必要的纠纷，融资租赁尽调人员还需要和承租企业就一些法律要件问题进行充分沟通，以确保在项目后续的实施环节过程中不会出现任何闪失或不必要的争议。

这些法律要件包括：在签订合同前，承租企业必须就其融资一事出具股东会决议或董事会决议（需结合承租企业公司章程中的相关规定）；融资租赁合同、担保合同等必须当面签字、画押、盖章，并拍照存档；相关抵押、质押手续必须在放款前办理完毕；等等。

十一、项目初步谈判

在完成前面所谈的十个方面的工作后，融资租赁项目的现场尽职调查阶段也就基本结束了。接下来，尽调人员需要根据所了解和掌握的情况，与设备供货商和承租企业进行初步的商务谈判和租赁谈判。之所以说是初步的谈判，是因为此时各方谈判的目的只是达成初步意向而非最终的融资方案。最终融资方案需要在该融资租赁项目经租赁公司正式评审通过后才能确定下来。

（一）商务谈判

对于直租类业务，商务谈判至少会涉及融资租赁公司、承租企业和设备供货商三方。商务谈判的内容大致有两个方面：一是承租企业与供货商进行技术谈判，包括设备的名称、型号、规格、功率、数量、质保期、售后保修和维护条款等；二是租赁公司（及承租企业）与供货商进行价格谈判，包括设备价格、质保金、折扣、折让、厂家返利（贸易佣金）、付款方式、交货时间、运输方式、双方的权利和各自应承担的义务责任等。在这个过程中，租赁公司还应关注相关设备的市场均价，在可能的情况下，要货比三家，选择既能满足承租企业要求，又愿意提供更多优惠的供货商。

而对于售后回租类业务，由于不涉及供货商，有关的商务谈判就相对简单些。主要是租赁公司和承租企业双方之间就租赁标的物的清单明细、交易价格、后期维护等内容进行谈判和协商。

（二）租赁谈判

除了一些比较特殊的租赁项目外（如复杂的杠杆租赁项目），无论是直租类业务还是售后回租类业务，租赁谈判一般都只是租赁公司和承租企业双方之间的事情，通常不会涉及第三方。租赁谈判的主要内容其实就是融资租赁方案的各个要素，包括融资金额、首付款（直租类业务）、保证金、服务费、融资期限、利率、还租方式、每期租金、租期结束时的设备归属、设备残值、租金逾期及违约时的应对条款以及拟采取的相关风险控制措施等。

谈判是一项艰巨的任务，因为直接涉及相关各方的经济利益。尽调人员除了要具备相应的经济及财务专业知识外，还需要具备足够的谈判技巧和适当的灵活性。

十二、形成融资租赁项目尽职调查报告

在完成现场尽职调查及初步商务谈判和租赁谈判之后，尽调人员接下来的一项重要工作，就是根据尽职调查及初步谈判所取得的资料和信息，撰写该融资租赁项目的《尽职调查报告》，以供随后的正式评审使用。不同的融资租赁公司，其尽职调查报告的格式一般也不会完全相同；即便是同一家融资租赁公司，对于不同类型的租赁项目，尽职调查报告也会有所偏重和差别。有的尽职调查报告是以文本表述为主，并以表格进行必要补充；而有的尽职调查报告则是以表格列示为主，又辅以文本说明。

尽管在格式和细节上可能存在不同，但融资租赁项目尽职调查报告所要体现和反映的主要内容是没有太大差别的。具体地说，尽职调查报告主要应包括（但不限于）以下内容：

（一）项目名称、尽职调查人员姓名、尽职调查时间

这三项通常是尽职调查报告封面或首页上的内容，比较简单，只需明确列示即可。

（二）承租企业的基本概况

主要包括：承租企业的历史沿革，股东构成及股东背景，生产经营所在地及交通便捷度，企业规模，员工构成，主要管理人员的从业经历及其主要业绩，主要业务板块，技术、产品或服务的核心竞争力，近年来的市场表现，所在行业的整体景气度及周期性，企业在行业中的地位，企业所获得的各项荣誉或奖励，企业在生产、经营、销售方面的优势或独到之处，企业的资质状况，相关部门的监管审批情况，企业的近期、远期发展规划，等等。

（三）承租企业近几年及近期的财务指标分析

主要包括：承租企业的资产、负债、所有者权益状况，收入、利润状况，

现金流状况，反映企业运营能力、盈利能力和偿债能力的各项比率性指标，企业获得的税收优惠或财政补贴情况以及基于前面相关指标或情况所做出的综合分析、判断和结论，等等。

（四）项目介绍及融资需求

对于融资租赁项目的介绍，需要根据项目的特点及具体租赁业务模式，区别对待。例如，对于直租类项目，需要介绍拟采购设备的厂家名称，设备型号、数量及价格，设备供货时间，设备的特殊要求，以及设备投用后能够解决的实际困难和预计为承租企业带来的经济效益等情况；对于售后回租类项目，需要介绍拟使用的租赁标的物明细及其目前运转状况，所融资金的用途，融资能够解决的困难以及预计为承租企业带来的经济效益等情况；而对于以建设项目整体进行融资的项目或其他交易结构较复杂的项目，则需要介绍项目背景、规划、可行性研究（包括预期收益）、立项批复、投资概算、建设周期、可能涉及的关联方、合作模式以及后期收益分成方法等情况。

结合对项目情况的介绍，再进一步说明该项目的融资需求，尤其是承租企业所期望的融资金额、融资期限以及还租方式等内容。

（五）项目还款来源

这里所说的还款来源，主要是指第一还款来源，即承租企业在其经营和盈利状况均符合预期时的正常还款保障。尽调人员可以结合前文所谈到的承租企业的相关财务指标（尤其是盈利能力指标和偿债能力指标）及项目的预期经济效益等内容，综合分析、合理阐述该融资租赁项目的还款来源及相应保障。

（六）项目主要风险分析

这些主要风险包括：承租企业所属行业未来景气度风险，行业周期性风险，企业自身运营风险，政策风险，设备或项目投用后收益不确定性风险，承租企业及担保方的征信不良记录，可能存在的其他信用信誉风险及涉诉风险，承租企业的资产抵押、质押情况及其可能被变卖的风险，等等。

（七）拟采取的风险控制措施

除了按照惯例在中国人民银行征信中心“动产融资统一登记系统”及银

保监会“全国融资租赁企业管理信息系统”对租赁物进行登记公示，以及在“中国人民银行征信系统”对该项租赁业务进行征信登记外（如已获准），拟采取的风险控制措施通常还包括：设立资金共管账户和提供合法的担保措施。

若是设立资金共管账户，则需要进一步说明在哪家银行设立以及如何设立；若是采用信用担保，则要说明担保方都有谁（法人和自然人），担保方的资产实力如何（若担保方为法人，还需简要说明其运营、盈利及偿债能力），担保方的信用状况和社会口碑如何等；若是采用抵押担保，则要说明抵押物是什么，抵押物评估价值是多少，如何办理抵押登记手续等；若是采用质押担保，则要说明质押品是什么，其大概价值（或评估价值）是多少，质押合同何时签订，质押品何时交付，需不需要办理质押登记及如何办理等；若是厂商回购担保，则要说明在何种情况下可以要求厂商对租赁设备进行回购，以及回购时如何确定设备的价值等。

除了上述措施外，租赁公司还应到工商行政管理部门办理租赁物的抵押登记手续。

（八）拟订的融资方案

根据上述商务谈判和租赁谈判后各方达成的初步合作意向，尽调人员需要拟订出该融资租赁项目的初步融资方案。

融资方案可能涉及的内容包括租赁业务模式、融资金额、首付款比率及金额、保证金比率及金额、手续费（或咨询费、服务费等）比率及金额、融资期限、租赁利率、还租方式、每期租金、厂商返利金额（贸易佣金）、保险金额、设备期末残值（或名义留购价）以及基于前述各要件测算出来的项目收益金额和内部收益率（IRR）。内部收益率的计算过程比较复杂，但一般不需要人工来计算，而是由融资租赁行业通用的专业测算软件来完成。

当然，这时的融资方案还只是尽调人员所拟订的初步方案，其最终方案要等到正式评审之后才能确定下来。

（九）其他需要说明的情况

根据项目的具体特点，如果尽调人员认为还有其他需要说明的事项，则完全可以再作补充说明。这样做是为了让评委们能够更加全面地了解项目情况，进而更加合理地做好该项目的评审工作。

尽职调查是融资租赁业务的核心工作环节，所涉及的内容非常广泛和全面，对尽调人员综合能力的要求也是很高的。因此，本书用了很大的篇幅进行讲解和介绍。

为了方便读者朋友们更好地浏览和把握相关事项，这里将尽职调查主要工作内容的提纲进行了归纳，见表3－1。

表3－1　融资租赁项目尽职调查主要内容

一、承租企业所处的行业状况及其在该行业中的地位	（一）承租企业所处行业的整体状况	1. 承租企业属于什么行业？
		2. 该行业处于哪个发展阶段？
		3. 该行业整体盈利能力及其产能状况如何？
		4. 该行业受宏观经济周期影响程度如何？
		5. 该行业的经营资质是否需有关部门审批？是否受法律政策的限制或影响？
	（二）承租企业在行业中地位	1. 承租企业的盈利状况与行业整体盈利状况相比，是高是低？
		2. 企业规模及市场占有率如何？是否为行业内的龙头企业？
		3. 承租企业曾获得的荣誉和奖励
二、承租企业的股东构成及其背景	（一）股东构成及出资情况	1. 股东构成和企业性质
		2. 股东出资情况
	（二）股东的背景	
三、承租企业组织架构、企业文化和经营管理团队状况	（一）组织架构	
	（二）企业文化和激励机制	
	（三）经营管理团队状况	
四、承租企业生产经营状况	（一）产品的种类、竞争力及其销售状况	1. 承租企业生产哪些产品？主产品是什么？
		2. 产品有哪些优点或特色？其主要竞争优势体现在哪里？
		3. 产品的市场表现如何？
		4. 销售团队的营销能力和销售渠道的构建情况
		5. 销售中是否有折让或折扣政策？赊销情况如何？
	（二）产品的生产状况	1. 生产是否符合环保等相关部门的要求？
		2. 原材料价格的稳定性、供给情况以及储放情况
		3. 承租企业的研发水平和技术实力如何？是否拥有核心环节的知识产权？

续表

五、承租企业财务状况	（一）基本财务数据	1. 资产负债表中应关注的主要基础数据：资产、负债和所有者权益
		2. 利润表中应关注的主要基础数据：收入状况及其变动情况如何？利润（营业利润、利润总额、净利润）状况及其变动情况如何？变动原因何在？
		3. 现金流量表中应关注的主要基础数据：经营性现金的流入和流出情况
	（二）财务比率指标	1. 偿债能力指标：资产负债率、产权比率、流动比率和速动比率
		2. 盈利能力指标：营业利润率、成本费用利润率、总资产报酬率、净资产收益率和盈余现金保障倍数
		3. 营运能力指标：流动资产周转率、存货周转率、应收账款周转率、总资产周转率和营业周期
	（三）资产类往来科目状况	1. 应收账款：真实性及违约风险和账龄分析及坏账处理情况
		2. 应收票据
		3. 预付账款
		4. 其他应收款
	（四）负债类往来科目以及长短期借款状况	1. 应付账款
		2. 应付票据
		3. 预收账款
		4. 其他应付款
		5. 长、短期借款：规模、期限、利率、到期日，相关银行等机构的授信额度及余额，借款的担保方式以及是否发生过逾期
	（五）存货状况	1. 存货明细及存货结构
		2. 存货的存放情况以及存货是否已质押给他人
		3. 财务层面上的一些问题
	（六）固定资产状况	1. 固定资产明细及产权归属
		2. 固定资产账务处理情况：固定资产折旧方法的合理合规性，租赁标的物状况
	（七）在建工程情况	
	（八）其他相关情况	1. 承租企业纳税情况
		2. 优惠或补贴政策
		3. 经营性现金流入量与营业收入的对比关系

续表

六、承租企业（及担保方）的信用信誉状况	（一）承租企业工商年检状况、章程和股东变更记录	
	（二）承租企业（及担保方）的银行信贷征信状况	
	（三）承租企业（及担保方）的涉诉情况	
	（四）承租企业（及担保方）的社会信誉	
七、融资的规模、期限、用途以及还款来源	（一）融资规模及期限	
	（二）融资用途	
	（三）还款来源	
八、项目收益的测算	（一）租金利息收益	
	（二）服务性收益	1. 租赁手续费
		2. 财务咨询费
		3. 贸易佣金
	（三）保证金利息收益	
	（四）设备余值收益	
	（五）风险收益	
九、项目风险控制措施	（一）对租赁物进行登记和公示	
	（二）对融资租赁业务进行征信登记	
	（三）对租赁物进行抵押登记	
	（四）对所融资金去向的监管或合理掌握	1. 设立资金共管账户，监管资金去向
		2. 建立沟通机制，合理掌握资金去向
	（五）对承租企业未来经营性资金流入的合理控制和掌握	1. 设立资金共管账户，确保账户中有足够的余额作为还租保障
		2. 建立沟通机制，定期掌握承租企业经营性资金流入净额
	（六）项目担保措施	1. 信用担保
		2. 抵押担保
		3. 质押担保
		4. 厂商回购担保
十、相关法律要件		

最后，对于融资租赁项目的尽职调查工作，有三点需要特别说明和强调：

一是出于对尽职调查工作进行全面讲解的目的，本书以生产型工业企业作为尽职调查的模板，所介绍的是业内通用且相对周全的尽职调查内容，但是，不能把文中相关内容当作教条，而应将其作为合理的参照。在具体业务中，因项目特点及承租人情况各不相同，所以本书所讲部分内容可能涉及不到，比如，医院、学校、公共事业项目所涉及的方面就不像生产型企业那么复杂，尽调人员应根据实际情况灵活把握；同时，在对具体项目进行实务操作时，如果尽调人员认为有必要，也可以根据需要适当增加调查内容，不应局限于本书所列内容。

二是尽职调查的根本目的是掌握项目的真实情况，为租赁公司的后续决策提供充分合理的参考依据，进而基于正反两方面的信息综合判断该项目的风险和可行性。因此，在开展尽职调查工作时，首先必须要把与项目相关的情况了解清楚、掌握到位，但同时也不能抱着完美主义的心态去“审视”某个项目，更不能“吹毛求疵”。事实上，各项指标都优良的企业在现实中几乎是不存在的，只要承租企业整体状况良好、融资风险可控，该项目就具有较好的可实施性。

三是风险控制措施只是保障项目租金能够按时支付或最终得以偿还的辅助性手段，尽管有其存在的必要性和合理性，但决不能因为有了相对完备的风险控制措施而弱化对项目本身质量的实质性调查。风险控制措施在很大程度上只是一种补充或补救性的措施，也是在承租人支付租金出现困难或其他异常情况时的无奈之举。融资租赁项目的租金能否按期偿还，归根结底还得看承租人的持续盈利能力和偿债能力如何。而当一个融资租赁项目最终不得不通过拍卖抵（质）押物来偿还租金时，就算融资租赁公司的合法经济权益最终得到了保障，该项目依然不能算是十分成功的。

在融资租赁项目《尽职调查报告》提交之后，即可进入业务流程的下一个环节：对项目进行正式评审。

第三节 项目评审、最终谈判和合同签订

一、项目评审

在尽调人员完成项目尽职调查工作并根据调查情况撰写并提交《尽职调查报告》后，该项目即可进入正式评审环节。项目评审工作由融资租赁公司的项目评审委员会来完成。关于评审委员会的设置，在前文“项目初评”环节已有介绍，这里不再重述。

总体来说，评审委员会所要了解的情况，通常都已经在项目尽职调查报告中进行了相应的反映和陈述。但是，对于不同的项目，评委们可能还会有各自不同的想法和关注点，并会提出一些有针对性的问题，这就需要尽调人员做出相应的解释和说明，如有必要，通常还需另行补充相关材料。

评审委员会在充分研究和分析项目情况后，会给出相应的评审结论。评审结论通常有三种情况：一是因认为项目风险过高或其他重要原因，评审不予通过；二是按照评委意见补充相关材料后重新评审；三是予以通过。

需要说明的是，“予以通过”并不意味着“全盘通过”。评审委员会在同意该项目通过的同时，可能还会根据项目的具体特点、承租企业的运营能力、盈利能力、偿债能力及其所属行业等因素，并结合本租赁公司的业务导向、行业偏好以及公司所规定的项目授信规则等，就尽职调查报告中所拟订的项目融资金额、期限、利率、还款方式、风险控制措施等提出相应的调整或完善意见。尽调人员须按评审委员会的意见对尽职调查报告中的相关内容进行调整，进而确定最终的融资租赁方案。

二、最终谈判

对于评审不予通过或按照评委意见补充相关材料后重新评审仍然不予通

过的项目，融资租赁公司只能放弃，但尽调人员需要向供货商和承租企业等相关方做出耐心的说明和解释。俗话说“生意不在情意在”，这也是为将来可能的合作留下余地。

对于予以通过以及按照评委意见补充相关材料后重新评审予以通过的项目，如果评审委员会没再提出其他意见，尽调人员应及时将结果告知供货商和承租企业，并开始着手准备相关的后续工作。

如果评审委员会提出了一些调整和修改意见，尽调人员应将有关意见及时反馈给供货商和承租企业，并进行认真沟通。这就是最终谈判。最终谈判的过程往往会不断反复，这也需要相关各方彼此理解并各自做出必要的让步。

在各方就所有方面最终达成一致意见后，即可形成该融资租赁项目的最终方案。接下来的工作，就是准备签订融资租赁合同并办理其他相关手续。

三、合同签订

合同的签订是融资租赁业务流程中的一个重要法律环节。合同一旦签订生效，即意味着相关各方可以依法享有合同中所约定的相关权利，同时，也必须依法履行合同中所约定的相关义务。

融资租赁业务包括两个主合同：一个是由出售方（直租类业务为设备厂家或经销商，售后回租类业务为承租企业）与购买方（融资租赁公司）之间签订的《设备买卖合同》；另一个是出租人（融资租赁公司）与承租企业之间签订的《融资租赁合同》。尽管如此，从法律效力上来说，融资租赁业务合同的整体法律效力并不是买卖合同和租赁合同两个合同效力的简单叠加，而是有更加深层次的商业内涵。

融资租赁公司一般是采用自己印制的、格式和条款相对固定的融资租赁合同。尽管各家租赁公司的合同样式可能各有特点，但其所包含和体现的主要内容却是大体相同的。这跟各家银行的贷款合同样式不会彼此完全相同是一个道理。

通常来说，融资租赁合同中除了明确项目的融资金额、首付款、保证金、服务费、租赁利率、租赁期限、还租周期、每期租金、设备残值等重要事项外，往往还会约定相应的惩罚性条款，如租金逾期时的滞纳金或罚息标准等，以促使承租人按期偿还租金，进而降低融资租赁公司的资金回收风险。

除了融资租赁两个主合同外，还需同时或提前签订与该融资租赁项目相关的售后服务协议、厂商回购担保承诺、相关机构或个人的信用担保合同、抵押合同、质押合同、保险合同以及到银行开立资金共管账户、到工商行政管理部门办理租赁物抵押登记手续等。当然，这些都要视项目的具体情况而定，涉及的就办理，不涉及的就不办理。而对于比较复杂的租赁业务（如项目融资租赁、杠杆租赁等），所涉及有关合同和协议会更多，这些将在本书第四章的相关案例中详细介绍。

作为必要的工作程序和风险防范措施，租赁公司还应将租赁标的物的相关信息在中国人民银行征信中心“动产融资统一登记系统”和银保监会“全国融资租赁企业管理信息系统”中进行认真登记，对外进行公示和披露，以明示本公司已经拥有该租赁设备的所有权，防止承租人重复利用相关设备进行重复融资等违规或违法行为。

此外，作为一项对外宣示设备所有权的辅助性措施，租赁公司还应在租赁设备上或者其他合适之处贴挂相应的铭牌标记，标明相关设备的所有权归属以及租赁期限等重要信息。这样做的目的，一是可以提醒其他打算为该承租企业融资的机构，避免承租企业依托该租赁设备向其他机构进行重复融资，以及由此引发的各类后续纠纷；二是可以作为租赁公司一种对外宣传的手段，将真实的业务案例展示给所有看到该标记的人，进而有效提高本公司在社会上的知名度。可谓一举两得。

第四节　合同履行和租后管理

一、合同履行

前述合同签订完毕且相关抵押、质押、保险等手续办理妥当后，各方即要开始履行合同。首先是承租企业要按照合同约定，向融资租赁公司支付项目首付款、保证金、服务费等期初款项。融资租赁公司在收到这些款项后，应向承租企业开具相应的增值税发票；其次再向设备厂家（直租类业务）或承租企业（售后回租类业务）支付设备价款，并向收款方索要相应的发票。

若为直租类项目，生产厂家或供货商在收到设备货款后就要安排发货（部分非标或定制的设备需要一定的生产时间，无法立即发货，但合同中会有相关约定）；若为售后回租类项目，则不需要移动租赁设备，承租企业继续使用即可。

各方履行完前述程序后，该融资租赁项目即正式进入租赁期。

项目进入租赁期后，设备厂家（直租类业务）的责任是负责设备的保修和定期维护，一般来说，只要按照行业通用惯例操作即可。承租企业的义务则是根据合同约定，按期向融资租赁公司偿还租金，如有逾期，往往还要按照合同的约定缴纳相应的滞纳金；同时，承租企业还应做好租赁设备的日常保养，并定期向租赁公司提供其最新的运行快报、财务报表等材料，以供租赁公司及时了解其生产经营状态。融资租赁公司则应在各期租金到期前及时提醒承租企业按时还款，并在收到每期租金后，向承租企业开具相应的发票。

二、租后管理

对于融资租赁公司来说，在合同履行期间，还有一项非常重要的工作要做，那就是租后管理。

租后管理工作包括两方面内容：一是项目档案资料（包括实物资料和电子资料）的归集保存和借阅使用；二是对租赁项目的跟踪了解。

项目档案资料的归集保存和借阅使用，是租赁公司内部日常管理工作的一部分，相关人员按照公司规定的工作程序办理即可，这里不需多讲。

而对租赁项目的跟踪了解才是租后管理工作的重点和难点，与之相关的工作内容也比较多。这些内容可以归纳为以下两个方面。

（一）持续关注承租企业生产运营情况和财务状况

租赁公司有关人员应根据需要，定期或不定期地让承租企业提供其生产、销售及财务等方面的材料，在必要时也可以进行现场查看，以便及时了解和掌握承租企业真实的生产运营情况、财务状况，以及租赁设备的使用和维护情况等。

同时，租赁公司还应经常关注抵押物（若有）的存续情况，看其是否发生了毁损或者破坏等异常情况。

此外，如前文所述，对于将要到期的租金，租赁公司的相关人员应提前数日提醒承租企业准备资金并按时还款。提醒方式不限，可以根据具体情况选择有效的方式，如电话提醒、短信提醒、邮件提醒、信函提醒或者同时采用电话和信函提醒等。当然，也可以到承租企业找到有关人员进行当面提醒，这样的提醒方式效果往往是最好的。

（二）若发现异常，应查明原因、分析风险，并及时采取必要的应对措施

在对前述相关方面持续关注的过程中，如果发现承租企业营业收入不断减少、利润突然下降或生产出现停滞等异常情况，租赁公司应立即查明真实原因，认真分析是否存在还租风险。假如存在还租风险，则应及时采取必要措施，如控制共管账户（若有）的资金支付、提高共管账户的资金留存余额，以保证账户中有足够的资金来偿还将要到期的租金。同时，租赁公司还应向承租企业提供一些可能的帮助，助其渡过难关。即使没有偿债风险，租赁公司也应向承租企业提供可能的帮助，使其尽快恢复到正常的生产经营状态。

对于发生租金逾期的项目，租赁公司在加强租金催收工作的同时，还应积极采取更多行之有效的应对措施。一个普遍的规律是，租金逾期时间越长，其全额收回的概率就会越小。因此，租赁公司除了在中国人民银行征信系统对承租人逾期情况进行依法披露（如已获准）以督促其尽快还款外，如果有必要，还应果断使用相应的法律手段（如策划变卖抵押品、质押品，提起法律诉讼等），以敦促承租企业及担保方支付逾期租金及相应的滞纳金，积极维护自身的合法权益。

为了更加有效地做好租后资产管理工作，各租赁公司通常都会根据租赁资产（应收租金）的质量对其进行分类管理，并对不同类别的资产采取不同的管理方案。对此，融资租赁行业的相关主管部门也都出台文件明确提出了相关要求。《中国银行业监督管理委员会关于非银行金融机构全面推行资产质量五级分类管理的通知》（银监发〔2004〕4 号）明确要求，包括金融租赁公司在内的多种非银行金融机构须对其资产进行“五级分类”管理；《金融租赁公司管理办法》（中国银监会令 2014 年第 3 号）要求“金融租赁公司应当按照监管规定建立资产质量分类制度”；商务部《融资租赁企业监督管理办法》（商流通发〔2013〕337 号）也明确要求“融资租赁企业应当建立完善的内部风险控制体系，形成良好的风险资产分类管理制度、承租人信用评估制度、事后追偿和处置制度以及风险预警机制等”。

通常来说，各类租赁公司都会参照银行等金融机构的做法，将租赁资产按其风险程度的高低进行五级分类，即将租赁资产分为正常类、关注类、次级类、可疑类和损失类五个等级。这五个等级的通用界定标准如下：

正常类：承租企业能够履行合同，没有足够理由怀疑租金不能按时足额偿还。

关注类：尽管承租企业目前有能力偿还租金，但存在一些可能对偿还产生不利影响的因素。

次级类：承租企业的还款能力已经出现明显问题，完全依靠其正常的营业收入已无法足额偿还租金，即使执行担保，也可能会造成一定损失。

可疑类：承租企业无法足额偿还租金，即使执行担保，也肯定要造成较大损失。

损失类：在采取所有可能的措施或一切必要的法律程序之后，租金仍然无法收回，或只能收回极少部分。

由于租金拖欠时间越长，其最终全额收回的难度就会越大，因此，对于不同级别的租赁资产，租赁公司应设置不同的有针对性的管理措施和应对策略，做到既不激进，又不保守。在积极催款的同时，租赁公司还应当根据情况适时递送律师函，以引起承租人应有的重视，合理维护自身的合法经济权益。

最后还要指出一点，日常的租后管理工作通常是由租赁公司的资产管理部门主要负责的，而与该项目相关的业务人员则要做好必要的配合工作。但在项目因发生租金严重逾期而要进行法律诉讼程序或打算变卖抵（质）押品时，就该轮到公司的法务部门挑起重任、发挥特长了。当然，这种情况是融资租赁公司最后的无奈之举，是所有相关方都不愿意看到的。

在融资租赁合同履行完毕后，该项目也就即将结束。此时，通常还有一件事情需要处理，即租赁物的归属问题。如果合同中没有明确约定，则租赁物依法应归租赁公司所有。但大多数情况下，双方都会提前在合同中做出这样的约定：承租企业向租赁公司象征性地支付一笔金额较小的名义留购价款，而租赁公司则将租赁物的所有权让渡给承租企业。这时，该融资租赁项目就算圆满结束了。

至此，已将融资租赁业务的整个操作流程全部讲解完毕。本章内容涉及面广、知识性强，同时，作为本书的重要章节，所占用的篇幅也相对较大。

在接下来的一章，将结合具体案例对我国融资租赁各种主要业务模式逐一进行介绍和详细讲解。

第四章

我国融资租赁的主要业务模式

上一章讲解了关于融资租赁业务的基本操作流程，以及流程中各环节的工作重点。从逻辑上来说，这些内容对于所有类型的融资租赁项目都是普遍适用的，它是融资租赁从业人员必须了解和具备的基本专业技能。但前面的章节主要侧重于对项目调查和质量判断等方面的讲解，这更多的是融资租赁公司内部的业务流程和工作要求，尚未真正提及如何针对不同项目选择合适的具体租赁业务模式。

本章主要介绍融资租赁实务中另一个层面的重要内容，即在面对一个具体的融资租赁项目时，如何选择合适的业务模式，以确保合作效率并尽可能地满足合作中各相关方的不同需求。

随着国民经济的快速发展、产业结构的持续升级，以及实体经济领域的不断细分，我国融资租赁业务模式也在不断演化且日趋丰富，同时，也一直顺应国际融资租赁行业发展的潮流和趋势，与国际租赁同行有机接轨。

从目前的实务操作领域来看，我国的融资租赁业务模式已达一二十种。其中，比较常见且相对成熟规范的业务模式共有11种，分别为：直接融资租赁、售后回租、委托租赁、转租赁、杠杆租赁、结构化共享式租赁、风险租赁、捆绑式融资租赁、项目融资租赁、销售式租赁、联合租赁。

在上述11种业务模式中，直接融资租赁是最早出现也是最为宗源性的租赁业务模式，我们通常所接触的融资租赁的规范定义就是以标准的直接融资租赁作为模板的。售后回租则是对直接融资租赁的一种变通，变通的内容主要是将直租中的设备供应商和承租人合二为一，即承租人扮演了两个角色，它既是设备出卖方，同时又是设备租入方，而不再涉及其他的设备供应商。从内涵上来说，售后回租和直接融资租赁可以并称为融资租赁最标准的两种业务模式；就现实业务量而言，这两种业务模式也占据了融资租赁业务中的大部分份额。而其余的9种租赁业务模式，从业务内涵上来说，则是以标准的直接融资租赁或售后回租为基础，又根据不同的客户需求，以及具体的项目特点，通过对交易结构等方面的创新设计逐步演化而来。

根据租赁业务的本质内涵，我们可以将标准的直接融资租赁业务以及以直接融资租赁模式为基础演化出来的其他租赁模式的业务统称为“直租类业务”，而将标准的售后回租业务以及以售后回租模式为基础演化出来的其他租赁模式的业务统称为“售后回租类业务”。

不同的租赁业务模式适用于不同的客户和不同的项目，并且各具特色和优点。但是，没有哪一种业务模式能够称得上是“绝对完美”的。如果与其他融资模式进行比较，或者从交易中不同相关方各自的角度来看，每种模式也都或多或少地存在一些缺点或者不如人意之处。

接下来，将逐一介绍我国融资租赁上述11种主要业务模式的具体概念，并结合具有代表性的案例，详细讲解各种业务模式在实务中的具体操作方法，并进一步分析其优点和缺点。目的是通过对这些内容的介绍和讲解，使从业人员全面了解各业务模式的特点和现实适用性，进而在实务操作中能够结合项目的具体情况，得心应手地选择和设计合理的租赁模式。

第一节 直接融资租赁

一、概念及操作步骤

直接融资租赁（Direct Financial Lease），业内简称“直租”，是指由承租人根据自身生产经营需要选择拟购买的租赁标的设备及其供货商，出租人出资购买该设备，并将其出租给承租人使用，承租人则分期向出租人偿还租金。在租赁存续期内，承租人仅享有租赁设备的使用权（标的物的所有权归出租人），并负责对设备进行日常保养和维修。待租赁期满且租金付清后，双方按照合同约定来决定租赁物的处置方式（承租人留购、续租或者返还租赁物）；假如合同中没有相关约定，租赁物则依法应归出租人所有。

直租是最早出现也是最为标准的融资租赁业务模式。如前文所述，理论界对于融资租赁所下的规范定义，其实就是以直租模式作为模板的。

直租模式的交易结构如图 4 - 1 所示。

直租模式在现实业务中的适用面很广，尤其适合于需要购置机械设备等有形动产用于企业技术改造和设备升级的承租人。

直租业务的具体操作步骤为：

（一）承租人根据自身生产经营所需，选择租赁设备和供货商（厂家或经销商）；

（二）承租人向融资租赁公司（出租人）提出融资租赁业务申请；

（三）出租人、承租人、供货商进行技术和商务谈判；

（四）出租人与供货商签订租赁设备的《买卖合同》，同时，出租人和承

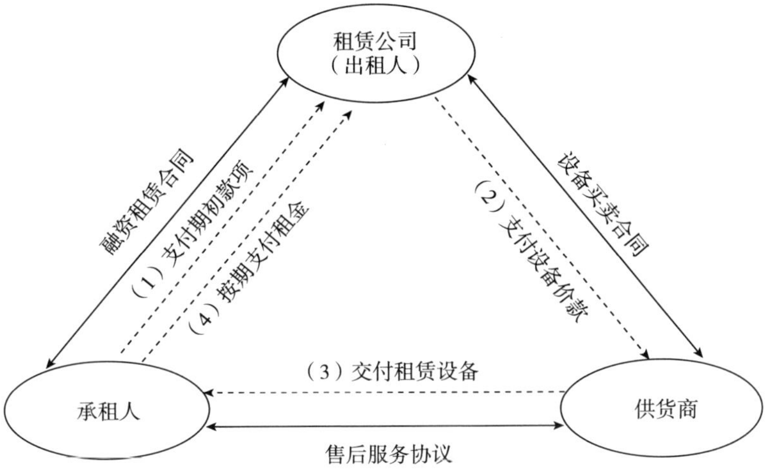

图 4－1　直租模式交易结构

租人签订租赁设备的《融资租赁合同》，承租人与供货方签订租赁设备相关的《售后服务协议》；

（五）出租人按照合同约定向承租人收取一定比例的首付款、保证金及服务费等期初款项后，将设备货款支付给供货商；

（六）供货商按照合同约定向承租人交付租赁设备；

（七）承租人按照合同约定分期向出租人支付租金；

（八）租赁期满，且在承租人完成还款的情况下，双方对租赁物件进行处置。通常的做法是，出租人按照双方事先在合同中的约定，向承租人象征性地收取少量资金（约定的设备残值款或名义留购价），并将租赁设备的所有权让渡给承租人。

二、案例

A 建筑公司是一家中型的国有工程施工企业，近年来发展势头良好。为扩大业务规模，承揽更多工程项目，A 建筑公司需要增购一批工程施工机械。为此，A 建筑公司联系了该类施工机械的生产及供货厂商 B 机械公司。双方就设备的相关技术标准及设备价款等进行了商谈与沟通，并初步达成了供需意向。

但根据 A 建筑公司当时的资金状况，其并无能力直接购买前述所需设备。为此，A 建筑公司想到以融资租赁的方式取得所需设备，并向专业开展融资租赁业务的 C 租赁公司提出了融资租赁申请。

C 租赁公司进行初步了解后，认为该项目具有一定的可行性，于是便安排工作人员对 A 建筑公司进行了认真的尽职调查。

在完成尽职调查后，C 租赁公司经评审认为，该融资租赁项目还款保障充分，项目风险可控，项目可以实施，并且适合采用直租模式。

于是，A 建筑公司与 C 租赁公司一起和 B 机械公司进行了全面的买卖谈判及商务谈判。

三方在经过充分谈判后一致认为，该批机械设备的技术及质量标准符合国家相关要求且能满足 A 建筑公司的实际需要，设备总价款为 10000000.00 元，由 C 租赁公司向厂家 B 机械公司直接支付（扣除质保金），设备则直接由 B 机械公司交付给 A 建筑公司使用；设备的质保期为一年，质保金为设备总价款的 8% 即 800000.00 元，在质保期内先由 C 租赁公司暂扣，等到质保期满时且在设备未出现质量问题的情况下，再支付给 B 机械公司。同时，作为 C 租赁公司所提出的一项重要的风险控制措施，B 机械公司承诺为该批机械设备提供厂家回购担保，即若将来 A 建筑公司无力向 C 租赁公司支付租金，则由 B 机械公司将该批设备按照一定价格（可以约定按照某个固定价格，也可以约定按照二手设备的市价）回购过去，并将回购款支付给 C 租赁公司。

此外，鉴于建筑施工场所中对大件建材物品的装卸和搬运活动较为频繁，很容易对该工程施工设备造成意外损毁，因此，C 租赁公司还要求 A 建筑公司为该租赁设备购买相关的保险（具体险种为“机器损坏险”），以确保租赁设备万一遭到损坏时有保险公司出面承担相关损失。

随后，C 租赁公司与 B 机械公司签订了《买卖合同》，C 租赁公司与 A 建筑公司签订了《融资租赁合同》，A 建筑公司与 B 机械公司签订了《售后服务协议》，B 机械公司向 C 租赁公司提交了为本项目提供回购担保的承诺书。

此外，应 C 租赁公司的前述相关要求，A 建筑公司与 D 保险公司签订了《保险合同》，为租赁设备办理了机器损坏险，并向 D 保险公司缴纳了相应的保险费。

前述《融资租赁合同》约定，该融资租赁项目的设备金额为10000000.00元，租赁年利率为11.00%，首付款1000000.00元（项目金额的10.00%），保证金500000.00元（项目金额的5.00%），服务费500000.00元（项目金额的5.00%），租赁期限为5年，每月支付一期租金，共60期，租金在每期期末支付，租金的计算方式为等额本息，每期租金195682.00元。

其中，在与其额度相当的范围内，保证金可以用作抵付最后一期或几期的租金，多退少补。这是融资租赁行业通用的做法，本书中所列举的其他业务模式中的案例也均是如此，后文将不再逐一说明。

前述合同生效后，承租方A建筑公司需先向出租方C租赁公司支付前述首付款、保证金及服务费，共计2000000.00元。对于所收取的首付款1000000.00元，C租赁公司应将其视同先期支付的租金并向A建筑公司开具相应的增值税专用发票（现行税率为13%）；对于所收取的服务费500000.00元，C租赁公司也须向A建筑公司开具增值税专用发票（现行税率为13%）。按照现行税法，前述两项发票均可作为A建筑公司的增值税进项金额在其计缴增值税时按照相应的税率进行抵扣。而对于所收取的保证金500000.00元，C租赁公司只需向A建筑公司开具收据即可，不开发票（待其将来抵作后续租金时再开发票）。

C租赁公司收到前述款项后，向供货商B机械公司支付全部设备款的92%（其余8%为质保金，待质保期满时再支付），即9200000.00元，同时，B机械公司向C租赁公司开具了设备全额即10000000.00元的增值税专用发票（现行税率为13%），并将设备交付给A建筑公司使用。在C租赁公司计缴增值税时，前述发票可以全额作为其增值税的进项进行相应抵扣。

至此，该融资租赁项目买卖环节进行完毕，正式进入租赁期。

本直租项目的详细融资租赁方案见表4－1。

表4－1　直接融资租赁方案

申请金额（设备金额）	10000000.00	租金概算本金	9000000.00
租赁期限（年）	5	每年还租期数	12
首付款比率（%）	10.00	租赁首付款	1000000.00
保证金比率（%）	5.00	租赁保证金	500000.00

续表

申请金额（设备金额）	10000000.00	租金概算本金	9000000.00
服务费比率（%）	5.00	服务费	500000.00
租赁年利率（%）	11.00	期初/期末支付	期末支付
期末残值（或名义留购价）	100.00	金额单位	元
期次	租金明细		
	当期租金	其中含本金	其中含利息
1	195682.00	113181.81	82500.19
2	195682.00	114219.31	81462.69
3	195682.00	115266.32	80415.68
4	195682.00	116322.93	79359.07
5	195682.00	117389.22	78292.78
6	195682.00	118465.29	77216.71
……	……	……	……
58	195682.00	190397.73	5284.27
59	195682.00	192143.04	3538.96
60	195682.00	193904.35	1777.65
合计	11740920.00	9000000.00	2740920.00

表4-1是借助融资租赁专业软件工具自动生成的。此类工具在各租赁公司均有使用，操作非常方便，结构也大同小异，这里不过多介绍。后文所讲解的其他租赁模式中对于租金的相关计算也是需要借助此类软件来完成。

从表4-1可以看出，尽管A建筑公司需要向C租赁公司归还的每期租金都是一个固定金额195682.00元，即每期租金中所含的本金与利息之和是相同的（等额本息），但各期租金中所包含的本金和利息均在变化：所含利息逐期渐少（这是因为剩余的总本金在逐期渐少），而所含本金逐期增加。如第1期租金中包含的利息为82500.19元，包含的本金为113181.81元；到第5期时，租金中所包含利息已降至78292.78元，所包含的本金则升至117389.22元；而到了第60期，租金中所包含的利息更是下降到了1777.65元，但所包含的本金却上升到了193904.35元。

由于等额本息还租方式的每期租金相同，非常方便承租人做好资金规划工作，因此，该还租方式已经成为目前融资租赁项目中使用最为普遍的还租方式。当然，其他的还租方式，如等额本金（每期租金中所含本金相同）、阶梯式租金等方式，在实务中也是经常用到的。到底采用哪一种还租方式，主要还得看承租人盈利的季节性特点以及承租人对还款方式的偏好等具体情况。

根据表 4－1，该融资租赁项目进入租赁期后，每满一个月，A 建筑公司需向 C 租赁公司支付租金 195682.00 元。C 租赁公司在收到各期租金时，均需向 A 建筑公司开具 195682.00 元的增值税专用发票（税率为 13%）。按照相关规定，每期租金均可作为 A 建筑公司的增值税进项金额在其计缴增值税时进行相应抵扣。

租赁设备交付使用一年后，质保期满。如果该设备使用状况正常，C 租赁公司即应按照合同约定向 B 机械公司支付期初暂扣的质保金 800000.00 元。需要注意的是，由于期初支付设备款时，B 机械公司已向 C 租赁公司按照设备全款开具了增值税专用发票（这是国内许多行业在进行销售时的通用做法），因此，在 C 租赁公司支付质保金时，B 机械公司不需再向其开具发票。

在 5 年租赁期内，A 建筑公司共向 C 租赁公司支付 60 期租金，金额共计 11740920.00 元，其中，9000000.00 元为租赁本金（从设备款 10000000.00 元中扣除掉 1000000.00 元首付款），2740920.00 元为利息。其中，最后两期租金则用项目保证金（500000.00 元）抵付，抵付后所剩余的保证金 108636.00 元，则退回给 A 建筑公司。

租赁期满后，C 租赁公司按照合同约定，向 A 建筑公司象征性地收取 100 元作为设备残值款，并将该设备的所有权让渡给 A 建筑公司。至此，该直租项目圆满结束。

本项目中，C 租赁公司实际毛利为 3241020.00 元，即租赁利息 2740920.00 元加上先期收取的服务费 500000.00 元以及设备残值款 100 元。当然，这些利息并不包括项目保证金 500000.00 元（5 年）及质保金 800000.00 元（1 年）所产生的时间价值收益，如果将这些收益也考虑进去，C 租赁公司的利润水平会更高。

通过融资租赁专业软件的测算，本项目的内部收益率（IRR）为 14.93%。但一般情况下，租赁公司的项目内部收益率是不需要告知承租人的。

在这里也顺便介绍一下行业内经常用到的“平息利率”报价方法。所谓平息利率，是用一个融资租赁项目的利息总额除以租赁总年数再除以项目初始总本金所计算出来的利率。以本项目为例，年平息利率为：2740920 ÷ 5 ÷ 9000000 × 100% = 6.09%，这比项目的实际年利率 11.00% 低了将近一半。这是因为，承租人所归还的每期租金中均包含一部分本金，因此，随着时间的推移，项目中剩余的本金是逐期递减的，也就是说，承租人实际上没有一直占用全部本金，但平息报价却视同承租人一直在使用全部本金，因而虚增了分母项，进而使计算出来的利率水平明显低于实际利率。用平息利率进行报价，是包括租赁公司在内的许多金融机构经常使用的一种报价技巧，这样做的目的是使资金成本“看起来”更低。不过，对于有经验的承租企业的财务人员来说，不论是用哪种方式报价，他们都能根据已经确定的每期租金的金额大致推算出该项目的实际资金成本。

此外，在实务中可能会遇到承租人在融资租赁合作事宜谈妥之前已经向其所选定的设备厂家支付了部分款项作为设备定金的情况。对于这类情况，通常有两种处理方式可以选择：第一种方式是由设备厂家向承租人退回定金，而改由出租人向厂家支付定金，当然，具体操作时也可以由出租人直接将定金支付给承租人，而承租人之前向厂家所支付的定金则视为出租人所支付；第二种方式是将承租人已经支付给设备厂家的定金当作其需要向出租人所支付的租赁项目首付款或首付款的一部分，同时将该定金视为出租人向厂家所支付，进而免去退款环节。这些都可以在合同中作出明确约定，操作起来难度不大。

三、优缺点分析（主要是和银行贷款或其他租赁模式对比，后文同）

（一）优点

对于出租人而言，直租模式的优点有：

1. 由于租赁物件通常是新设备，所以出租人可以比较直接地掌握设备的当前价值，从而免去对设备现值的评估工作，方便确定融资额度；

2. 可以按照设备价款的一定比例收取首付款、保证金及服务费，有时还可以暂扣一部分货款作为设备质保金，在个别情况下甚至还可以向供货商收取贸易佣金，这样就减少了自身资金的占用额度，并有效增加项目收益；

3. 可以要求供货商做出回购担保承诺，有效降低项目风险。

对于承租人而言，直租模式的优点有：

1. 对于设备选择的自主性强，所购设备基本上都是由承租人自主选定的；

2. 与银行贷款等其他融资方式相比，业务办理手续相对简便，审批过程简单，且融资期限相对较长；

3. 可以在动用较少自有资金的情况下，获得价值较高的急需设备，迅速实现设备升级及产能扩张的目标；

4. 还租方式灵活，可以是等间隔还款，也可以是不等间隔还款，可以每期等额还款，也可以每期不等额还款，减少还款压力；

5. 由于期初服务费及每期租金都开具增值税专用发票，因此，承租人可以将服务费以及租金本息作为增值税进项进行抵扣，从而减轻增值税纳税负担，这是银行贷款等其他融资方式所不具备的（银行贷款的利息部分不能作为增值税进项进行税前抵扣）；

6. 由于租赁期限往往明显短于设备的实际使用寿命且设备的名义残值往往很低，因此，承租人相当于加速计提了设备折旧，增加了租赁期内的成本，压低了租赁期内的利润，进而减少了租赁期内的纳税负担（主要是企业所得税和增值税）。

（二）缺点

对于出租人而言，直租模式的缺点有：

1. 与银行贷款相比，租赁期限往往较长，因此，资金风险也相应较高；

2. 对设备（尤其是刚刚研制推出的新型设备）后续的运营状况难以提前判断，技术层面上的风险较大。

对于承租人而言，直租模式的缺点有：

1. 相对于银行贷款，资金成本有时略高；

2. 由于直租项目往往需要支付一定比例的首付款，因此比售后回租类的融资租赁项目所垫付的资金要多；

3. 若要让供货商提供设备回购担保，往往需要承租人做很多的说服与沟通工作，甚至供货商会因此对设备加价，可能会增加承租人的负担。

第二节　售后回租

一、概念及操作步骤

售后回租（Sale and Leaseback），是指承租人不需要从外界新购设备，而是将其现有的设备出售给出租人，从而获得一笔出售资金，然后再向出租人租回并使用该设备的租赁业务模式。在租赁业务存续期间，租赁资产本身是不需要进行空间上的转移的，但其所有权已由承租人转移给出租人，承租人只拥有其使用权。因此，在售后回租业务中，不再涉及额外的设备供应商，承租人同时也是租赁设备的出卖方，这也是售后回租与直租业务模式最大的区别。

在租赁期满且租金偿还完毕后，双方即可按照事先的约定，决定租赁设备的归属和处置方式。通常的做法是，承租人向出租人象征性地支付一笔设备残值款后，出租人将设备的所有权再转回给承租人。这一点和直租业务并没有什么区别。

售后回租和直接融资租赁可以并称为我国融资租赁领域最标准的两种基本业务模式。从市场份额上来看，以这两种租赁模式所开展的业务，一直占据着我国融资租赁业务的大半江山。目前，在许多租赁公司，售后回租业务甚至已经超过直租业务，成为其业务规模最大的租赁模式。

售后回租模式的交易结构如图 4 - 2 所示。

售后回租模式和银行抵押贷款非常相似（事实上，在计缴增值税时，财政部和国家税务总局于 2016 年 3 月 23 日联合颁布的《关于全面推开营业税改征增值税试点的通知》已明确将售后回租业务归类为贷款服务），融资目的多是为了弥补承租人日常经营所需的流动资金，承租人在对所融资金使用时

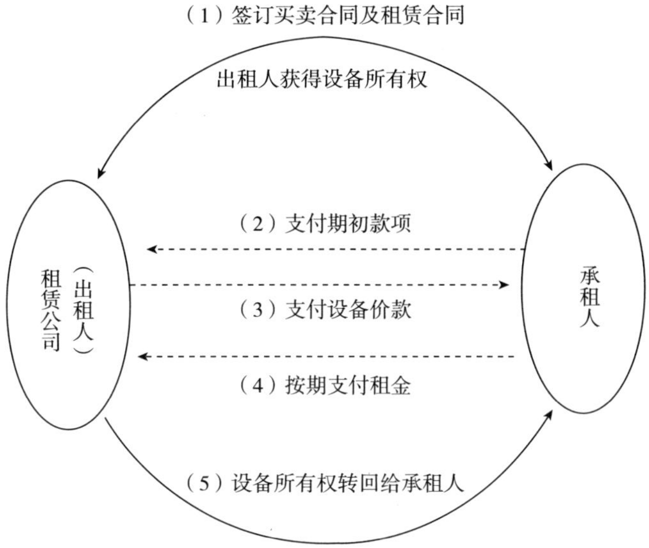

图4－2　售后回租模式交易结构

的自由度较高，而不像直租类业务那样只能由出租人将资金定向支付给设备供应商，因此，本租赁模式广受客户青睐。

在现实业务中，售后回租模式比较适合于那些订单充沛但流动资金不足、具有新投资项目而自有资金不足以及持有快速升值资产且具有良好偿债保障的承租人。

售后回租业务的具体操作步骤为：

（一）经双方对租赁设备协商议价后，设备的原始所有人（承租人）将设备出售给融资租赁公司（出租人），双方签订《买卖合同》及《融资租赁合同》，设备的所有权由承租人转移给出租人；

（二）承租人按照合同约定向出租人支付一定金额的保证金及服务费等期初款项后，出租人再将租赁设备价款支付给承租人；或者，出租人直接从设备款中扣除保证金和服务费，再将其余部分支付给承租人；同时，按照相关规定，承租人原则上还须向出租人开具与设备出售价款等额的零税率增值税普通发票（此种发票税率为“0”，即无需缴税，仅作为设备“出售”的凭据，之所以税率为“0”不需要缴纳增值税，是因为此项“出售”并非真正意义上的销售，真正的销售行为是在承租人从厂家或其他方购入该设备时发生的，彼时已计缴过相应税款），但在实际操作中，由于在部分地区开具此类发票经常会遇到一些现实难题，导致承租人可能无法向出租人开具零税率增值税发票，而是以收据代之，这也是目前此类业务在实务中经常遇到的操作方式（目前业界对此仍然存有争议，但由于此环节本身就不需要缴税，所以只要有合规合理的合同作依据，不开发票通常并不会产生税收方面的风险）；

（三）承租人向出租人租回所出售的设备（设备本身始终未发生空间上的转移）；

（四）承租人按照合同约定，按期向出租人支付租金；

（五）租赁期满且在承租人完成所有还款的情况下，双方按照合同约定对租赁物件进行处置。通常的做法是，出租人按照合同约定向承租人象征性地收取一笔设备残值款后，将租赁设备的所有权再转回给承租人。

这里需要向读者朋友解释一点，即关于在售后回租类业务开始之初租赁设备的所有权何时才算由承租人转移给出租人的问题。业内其中一种观点认为，在《买卖合同》及《融资租赁合同》签订后即可认为租赁设备的所有权已经完成了从承租人向出租人的转移；而另一种观点则认为，只有在出租人向承租人支付了租赁设备价款后方可确认该设备的所有权完成了从承租人向出租人的转移。事实上，从实务操作的角度来看，这种争论并没有太多的现实意义。因为，通常来说，《买卖合同》及《融资租赁合同》的签订即意味着双方已经谈妥了与融资合作相关的一切事宜，合同中也会对所有权转移的问题进行明确约定，而且，出于承租人对所需资金的紧迫性考虑，双方往往会在合同签订后很快（有时甚至是签订合同当天）即支付相关款项（承租人向出租人支付保证金、服务费等期初款项，出租人向承租人支付设备价款）。因此，没有必要过分考究这一问题。本书出于表述口径一致性的考虑以及对业务流程逻辑讲解的需要，对于售后回租类的业务模式统一采用第一种观点，即在《买卖合同》及《融资租赁合同》签订后便认定设备所有权已由承租人让渡给了出租人。特此说明。

二、案例

A 食品公司为一家正常经营的民营食品加工企业，其主要产品为食用菜籽油。随着消费者对该企业产品认可度的不断提升，其菜籽油销量持续大幅增加，订单越积越多。为尽快提高产量、满足市场需求，A 食品公司决定大批量采购作为原材料的油菜籽，并将生产车间工人进行三班倒，日夜连续开机生产。

但因作为菜籽油原材料的油菜籽市场行情紧俏，其原材料供货商要求先付款后发货，这需要一笔不小的资金。同时，由于此前该公司处于市场早期开发阶段，客观上存在许多不确定性因素，因此，A 食品公司未敢贸然大规模建造仓库，现有仓库存储空间已然太小。若大规模采购油菜籽，还需扩建仓库以增大存储空间，这也需要一笔资金。

但是，以 A 食品公司当时的资金实力，是无法满足前述采购油菜籽及扩建仓库之需的。经测算，尚有 2000 万元的资金缺口。于是，A 食品公司向融资租赁公司 B 租赁公司提出了融资租赁申请，拟以其现有设备进行售后回租。B 租赁公司遂对 A 食品公司的生产经营状态、财务状况以及现有设备使用情况进行了深入调查和了解。

经调查，A 食品公司生产运营状况良好，盈利能力持续提高，且该公司拟使用的租赁标的物的净现值也足以覆盖其申请的融资额度。B 租赁公司经评审后认为，该融资租赁项目风险可控，具备可行性。

但为了更好地降低项目风险，B 租赁公司要求 A 食品公司再找一家资质和信誉良好的专业担保公司对该项目提供担保。A 食品公司最终找到了合乎要求的专业担保公司 C 担保公司提供有偿担保，每年的担保费为项目金额的 2.00%，期初一次性支付。

随后，B 租赁公司与 A 食品公司签订了《买卖合同》及《融资租赁合同》，并与 C 担保公司签订了担保协议。

按照合同约定，该项目租赁标的物为 A 食品公司正常使用的一套油脂压榨设备，设备原值为 30000000.00 元，双方共同认可的净现值为 25000000.00

元，且 A 食品公司同意将其以 20000000.00 元的价格出售给 B 租赁公司，出售后再从 B 租赁公司租回；该融资租赁项目年利率为 12.00%，保证金为 2000000.00 元（项目金额的 10.00%），服务费为 600000.00 元（项目金额的 3.00%），租赁期为 3 年，按季支付租金，共 12 期，期末支付，等额本息，每期租金 2009242.00 元，设备期末残值为 1000.00 元。

有一点需要提醒读者朋友注意：售后回租业务一般不涉及首付款，因为出租人在向承租人购买租赁设备时，已将设备净现值“打折”，进而降低了项目风险，如本例中设备净现值为 25000000.00 元，但 A 食品公司却将其以 20000000.00 元的价格出售给 B 租赁公司。这是售后回租业务与大多数直租类业务的另一个重要区别。在现实业务中，有些直租业务也可以免交首付款，但前提是该项目前景非常好，风险可控性很强，出租人对承租人的后续还款能力有充足的信心和把握。

回到本例。上述合同生效后，承租人 A 食品公司需先向出租人 B 租赁公司支付前述保证金及服务费，共计 2600000.00 元；B 租赁公司收到前述保证金及服务费后，向 A 食品公司开具服务费增值税发票 600000.00 元（税率为 6.00%），之后向 A 食品公司支付设备款 20000000.00 元，用于其采购油菜籽及扩建仓库；同时，A 食品公司向 B 租赁公司开具 20000000.00 元的零税率增值税发票（或者不开发票，而以收据代之，售后回租类业务中租赁本金的票据处理方法皆如此），仅作为设备“出售”的凭证，不需缴税。此外，A 食品公司还须向 C 担保公司一次性支付 3 年的担保费，共计 1200000.00 元。

至此，该售后回租项目前期环节办理完毕，正式进入租赁期。

本项目融资租赁详细方案见表 4－2。

表 4－2　售后回租方案

申请金额（设备金额）	20000000.00	租金概算本金	20000000.00
租赁期限（年）	3	每年还租期数	4
保证金比率（%）	10.00	租赁保证金	2000000.00
服务费比率（%）	3.00	服务费	600000.00
租赁年利率（%）	12.00	期初/期末支付	期末支付
期末残值（或名义留购价）	1000.00	金额单位	元

续表

申请金额（设备金额）	20000000.00	租金概算本金	20000000.00
期次	租金明细		
	当期租金	其中含本金	其中含利息
1	2009242.00	1409241.71	600000.29
2	2009242.00	1451518.96	557723.04
3	2009242.00	1495064.53	514177.47
4	2009242.00	1539916.47	469325.53
5	2009242.00	1586113.96	423128.04
6	2009242.00	1633697.38	375544.62
……	……	……	……
10	2009242.00	1838740.79	170501.21
11	2009242.00	1893903.02	115338.98
12	2009242.00	1950720.11	58521.89
合计	24110904.00	20000000.00	4110904.00

从表4－2可以看出，租赁开始后，每满3个月，A食品公司须向B租赁公司支付租金2009242.00元。虽然每期租金相同，即所包含的本金和利息之和相同，都是2009242.00元，但每一期租金中所包含的本金和利息却各不相同（原理同前文的“直接融资租赁模式”）。而B租赁公司按照国家税务机关的规定，需要向A食品公司开具两种发票：一是将该期租金中包含的本金部分开具零税率增值税普通发票（或者以收据代之，道理同前文，售后回租类业务中租赁本金的票据处理方法皆如此），无须缴税；二是将该期租金中包含的利息部分开具相应的增值税发票（税率为6.00%）。但是按照《财政部 国家税务总局关于全面推开营业税改征增值税试点的通知》（财税〔2016〕36号）及相关附件的规定，在缴纳增值税时，将售后回租业务归为“贷款服务”，因此，本售后回租项目各期租金中的利息金额以及前面所说的服务费600000.00元，均不能作为A食品公司的增值税进项在计缴增值税时进行抵扣。

由于每期租金中所包含的本金和利息均在变化，所以B租赁公司每期所开具的上述两种发票的金额也在不断变化。这是售后回租类业务与直租类业务的又一个重要不同之处，因为直租类业务只需要向承租人开具一种发票

（当期租金金额），而无须区分本金和利息。

由于售后回租业务租金利息的增值税税率6%远低于直租类业务的16%，并且售后回租业务的利息部分以及服务费均不能作为承租人的增值税进项在计缴增值税时进行抵扣，因此，这对双方的财务影响都很大。具体地说，与直租类业务相比，对于租赁公司来说，售后回租业务的利息部分可以少缴7%的增值税，而对于承租人来说，则意味着完全不能作为进项抵扣增值税税额。这一客观现状，在很大程度上影响着双方对租赁模式的选择意愿。在某些情况下，如承租人既需要从外部新购设备，同时又已经有足够的自有设备进行售后回租，那么，为了融到新购设备的资金，该承租人既可以选择直租模式直接购买所需设备，又可以选择售后回租模式，融到资金后再自行购买所需设备。如果融资规模和利率等其他要件相同，单从增值税节税的角度考虑，承租人一般乐意选择直租（因为直租业务的利息部分及服务费均能作为其增值税进项抵扣增值税，而售后回租则不行），而出租人则更愿意选择售后回租（因为售后回租业务的利息部分税率较低，可以少计缴增值税）。在实务中，对业务模式的最终选择，取决于双方的谈判。比较友好的做法是，通过对利率、服务费等其他融资要件的合理调整，增值税受惠的一方适当让利给另外一方。

再回到本例。

3年后租赁期满，A食品公司共向B租赁公司支付租金24110904.00元，其中，20000000.00元为租赁本金，4110904.00元为租赁利息。租赁期满后，B租赁公司按照合同约定向A食品公司象征性地收取1000.00元作为设备残值款，并将该设备的所有权转回给A食品公司。至此，该融资租赁项目圆满结束。

本项目中，B租赁公司实际毛利为4711904.00元，即利息4110904.00元加上先期收取的服务费600000.00元以及设备残值1000.00元。当然，这里面没有考虑项目保证金2000000.00元3年来所产生的时间价值收益。

若以平息报价，本项目的平息年利率为：$4110904 \div 3 \div 20000000 \times 100\% = 6.85\%$。

本项目的内部收益率（IRR）为16.88%（可由专业软件自动计算）。

三、优缺点分析

（一）优点

对于出租人而言，售后回租模式的优点有：

1. 可以到现场比较直观地查看融资租赁标的设备的实际运转情况，对承租人日后的生产状况做到心中有数；

2. 可以向承租人收取一定比例的保证金、服务费，进而减少自身资金的占用额度，并增加收益；

3. 尽管表面上不向承租人收取首付款，但对租赁标的设备实际上是在其净现值的基础上折价“购买”的（如本例中将现值2500万元的设备以2000万元的价格购买），有效降低了项目风险。

对于承租人而言，售后回租模式的优点有：

1. 由于融资的主要目的是补充流动资金，所以对于资金的使用比较灵活，不再局限于采购某些特定的物品，这一点与银行贷款比较相似；

2. 业务办理的手续简便，与银行贷款等其他融资方式相比审批过程简单，且融资期限往往较长；

3. 可以在动用较少自有资金的情况下，以现有设备为依托获得较大额度的融资，有效补充生产经营所需的流动资金；

4. 还租方式灵活，可以等间隔还款，也可以不等间隔还款，可以每期等额还款，也可以每期不等额还款，有效缓解了还款压力；

5. 由于租赁期往往明显短于设备的实际可用寿命且残值接近于零，因此承租人可以实现加速计提设备折旧，进而减少租赁期内的纳税负担（主要是企业所得税）。

（二）缺点

对于出租人而言，售后回租模式的缺点有：

1. 由于作为融资标的物的设备是承租人原有的，所以对其真正的价值有时不好把握，存在承租人造假抬高设备价值的风险；

2. 如果没有设立资金共管账户，就难以有效控制所融资金的实际用途，存在承租人将资金加息后转借给别人或从事非法、高危活动的风险。

对于承租人而言，售后回租模式的缺点有：

1. 相对于银行贷款，资金成本可能会略高；而相对于直租类的业务模式，也缺少了增值税进项抵扣的优势；

2. 出租人经常会要求承租人尤其是民营企业承租人提供额外的有效担保措施，以降低项目风险，如本例中由专业担保公司C担保公司提供有偿担保，这往往会增加承租人的融资成本。

第三节　委托租赁

从本节往后，所介绍的融资租赁业务模式均是在直租或者售后回租这两种基本业务模式的基础上，通过对交易结构等方面的创新不断演化而来的，因此，从这些业务模式中都可以或多或少地看到直租或售后回租模式的特点。关于这一点，后文将不再逐一提醒，请读者朋友认真体会和感受。

本节介绍委托租赁。

一、概念及操作步骤

委托租赁（Entrusted Lease），是指由融资租赁公司作为出租人，接受委托人的资金或租赁标的物，并根据委托人的书面委托，向委托人指定的承租人实施的融资租赁业务。在租赁业务存续期内，委托人拥有租赁标的物的所有权，并承担租金回收风险；租赁期满后，租赁标的物的归属按各方事先约定的方式处理。而出租人只收取一定的服务费（这通常也是其唯一的收益），且不承担项目风险。

这种租赁方式的一大特点是，让没有融资租赁业务经营资格的机构（委托人），可以使用专业融资租赁公司的合法平台“借船出海”。

在委托租赁业务模式中，委托人提供的可以是资金，也可以是设备，但在实务中多是以资金进行委托。如果委托人提供的是资金，则该笔资金既可以用于从别处购买承租人所需的设备，也可以补充承租人的流动资金，相应地，其后续的业务从本质上来看可能是直租，也可能是售后回租；如果委托人提供的是设备，则后续业务只能是直租。

严格地说，与标准的直租或售后回租业务模式相比，委托租赁业务模式只是增加了一个委托人，委托人绑定了一家有资质的融资租赁公司作为交易中名义上的出租人。委托人和出租人实际上是一个利益共享组合，委托人收取其中的大部分利润（尤其是租金利息），同时承担项目的还款风险，出租人则只是提供一个业务平台，相应地收取一些服务费，不需要承担与项目相关的其他风险。而对于承租人而言，委托租赁与标准的直租或售后回租业务并无实质性的不同。

在现实业务中，由于设备委托租赁较为少见，因此，本书仅介绍比较常用且具有代表意义的资金委托租赁。

如上所述，按照租赁交易的实质，委托租赁可以分为两种：直租式的委托租赁和售后回租式的委托租赁。

直租式的委托租赁交易结构如图 4－3 所示。

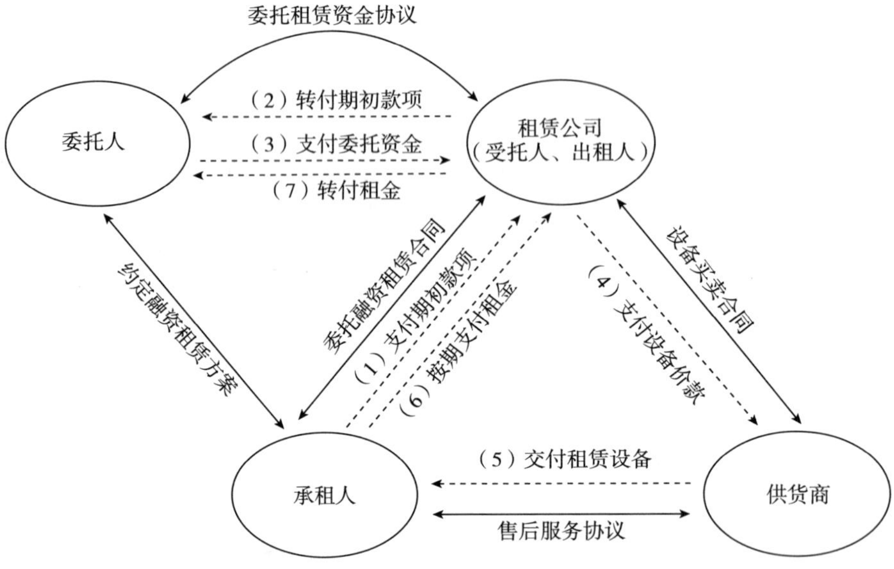

图 4－3　直租式委托租赁交易结构

售后回租式的委托租赁交易结构如图 4－4 所示。

委托租赁业务的具体操作步骤为：

（一）委托人与承租人先进行商洽，双方达成融资租赁合作意向，并约定好具体的融资租赁方案；

（二）委托人寻找合适的融资租赁公司进行洽谈，由融资租赁公司作为出

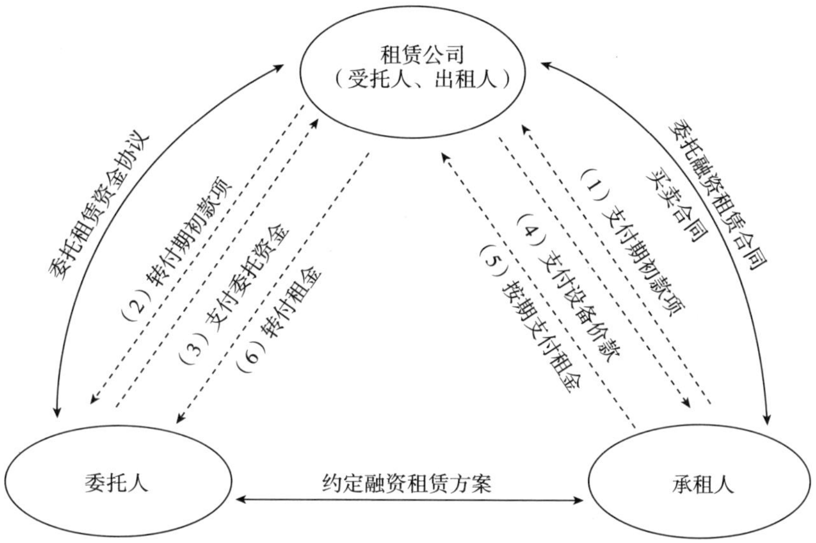

图 4－4　售后回租式委托租赁交易结构

租人来实施该融资租赁项目；

（三）出租人（同时也是受托人）与委托人签订《委托租赁资金协议》，并接受委托人提供的项目资金（资金的支付时间可在收取项目期初款项之前，也可在收取期初款项之后）；

（四）出租人与由委托人所指定的前述承租人签订《委托融资租赁合同》等，并结合租赁交易的实质（直租式或售后回租式），按委托人与承租人事先约定的标准向承租人收取一定比例的首付款（直租式）、保证金及租赁服务费等期初款项，再将这些期初款项转付给委托人；

（五）按照租赁业务的实质（直租式或售后回租式），出租人用委托人所委托的资金办理租赁物买卖及资金支付手续；

（六）根据《委托融资租赁合同》的相关约定，承租人向出租人支付租金，同时，出租人向承租人开具增值税发票；

（七）根据《委托租赁资金协议》的相关约定，出租人从租金收入中扣除委托服务费［注：委托服务费不同于前面第（四）款中所说的租赁服务费，它可能会高于、等于或低于后者］，再将剩余的租金转付给委托人，委托人则向出租人开具相应的增值税发票；

（八）租赁结束后，租赁标的物的归属按事先约定的方式处理。通常的做法是，委托人（通过出租人）向承租人象征性地收取少量资金（设备残值款或名义留购价）后，将租赁标的物的所有权让渡给承租人。

二、案例

为便于对比理解，我们将本章第二节“售后回租”中的案例加以适当修改，谈谈如何开展委托租赁业务。

A 食品公司为一家正常经营的民营食品加工企业，其主要产品为食用菜籽油。随着消费者对该企业产品认可度的不断提升，菜籽油销量持续大幅增加，订单越积越多。为尽快提高产量、满足市场需求，A 食品公司决定大批采购作为原材料的油菜籽，并将生产车间工人三班倒，日夜连续开机生产。

但因油菜籽市场行情紧俏，其原材料供货商要求先付款后发货，这需要一笔不小的资金。同时，由于此前该公司处于市场早期开发阶段，客观上存在许多不确定性因素，因此，A 食品公司未敢贸然大规模建造仓库，现有仓库存储空间已然太小。若大规模采购油菜籽，还需扩建仓库以增大存储空间，这也需要一笔资金。

根据 A 食品公司现有的资金实力，不足以满足前述采购油菜籽及扩建仓库之需。经测算，尚有 2000 万元的资金缺口。于是，A 食品公司向具有雄厚资金实力的 D 投资公司提出融资申请。

D 投资公司遂对 A 食品公司的经营状态、财务状况以及现有设备情况进行了深入调查和详细了解。经调查，A 食品公司生产运营状况良好，盈利能力持续提高，且该公司现有设备的净现值足以覆盖其申请的融资额度。

经认真考虑，D 投资公司认为，该项目的融资可以通过融资租赁的方式实现，项目风险可控，具备可行性。但是，D 投资公司并不具备开展融资租赁业务的相关资质。在征得 A 食品公司的同意后，D 投资公司找到专业的融资租赁公司 B 租赁公司，商谈合作事宜。经认真商谈，双方最终达成委托租赁业务合作意向：由 D 投资公司作为实际出资人，委托 B 租赁公司向 A 食品公司实施一笔售后回租业务，在租赁期间，设备的所有权归 D 投资公司，B

租赁公司则收取一定的服务费且不承担项目风险。

随后，D 投资公司与 A 食品公司进行了详细商谈并约定了具体的融资租赁方案。于是，三方开始了该笔委托租赁业务实质性环节的操作。

D 投资公司与 B 租赁公司签订了《委托租赁资金协议》；同时，B 租赁公司与 A 食品公司签订了《买卖合同》及《委托融资租赁合同》。

按照前述协议和合同的约定，D 投资公司委托 B 租赁公司向 A 食品公司提供一项融资租赁业务，B 租赁公司按照每期租金的 1.00% 收取委托服务费；租赁标的物为 A 食品公司正在使用的一套油脂压榨设备，设备原值为 30000000.00 元，现值为 25000000.00 元，A 食品公司同意将其以 20000000.00 元的价格出售给 B 租赁公司，出售后再从 B 租赁公司租回，但设备的所有权归 D 投资公司；该融资租赁项目年利率为 12.00%，保证金 2000000.00 元（项目金额的 10.00%），租赁服务费 600000.00 元（项目金额的 3.00%），租赁期为 3 年，按季支付租金，共 12 期，期末支付，等额本息，每期租金 2009242.00 元。

前述协议及合同生效后，承租人 A 食品公司需先向出租人 B 租赁公司支付前述保证金及服务费，共计 2600000.00 元，并向 B 租赁公司开具 20000000.00 元的零税率增值税发票（或收据）；B 租赁公司收到前述保证金、服务费及零税率增值税发票（或收据）后，将保证金及服务费共 2600000.00 元转付给 D 投资公司；D 投资公司遂将 20000000.00 元付给 B 租赁公司（当然，此款也可在收到期初款项前先行支付给 B 租赁公司），B 租赁公司又将其全额转付给 A 食品公司，用于其采购油菜籽及扩建仓库。至此，该融资租赁项目前期环节办理完毕，正式进入租赁期。

本项目融资租赁详细方案见表 4－3。

表 4－3　委托租赁方案（售后回租式）

申请金额（设备金额）	20000000.00	租金概算本金	20000000.00
租赁期限（年）	3	每年还租期数	4
保证金比率（%）	10.00	租赁保证金	2000000.00
服务费比率（%）	3.00	服务费	600000.00
租赁年利率（%）	12.00	期初/期末支付	期末支付

续表

申请金额（设备金额）	20000000.00	租金概算本金	20000000.00
期末残值（或名义留购价）	1000.00	金额单位	元
期次	租金明细		
	当期租金	其中含本金	其中含利息
1	2009242.00	1409241.71	600000.29
2	2009242.00	1451518.96	557723.04
3	2009242.00	1495064.53	514177.47
4	2009242.00	1539916.47	469325.53
5	2009242.00	1586113.96	423128.04
6	2009242.00	1633697.38	375544.62
……	……	……	……
10	2009242.00	1838740.79	170501.21
11	2009242.00	1893903.02	115338.98
12	2009242.00	1950720.11	58521.89
合计	24110904.00	20000000.00	4110904.00

从表4－3可以看出，租赁开始后，每满3个月，A食品公司即需向B租赁公司支付租金2009242.00元。

而B租赁公司在收到每期租金后，需按照国家税务机关的规定，向A食品公司开具两种发票：一是将该期租金中包含的本金部分开具零税率增值税普通发票（或者收据），不需缴税；二是将该期租金中包含的利息部分开具相应的增值税发票。

由于本项目的交易实质属于售后回租，因此，按照相关规定，在缴纳增值税时，本项目各期租金中的利息金额以及前面所说的服务费，均不能作为A食品公司的增值税进项在计缴增值税时进行抵扣。

在收到每期租金后，B租赁公司按照《委托租赁资金协议》的约定，扣除当期租金的1.00%即20092.42元委托服务费后，将剩余的1989149.58元转付给D投资公司。D投资公司也同样区分所收款项中的本息向B租赁公司开具票据。

3年后租赁期满，A食品公司共向B租赁公司支付租金24110904.00元，其中，20000000.00元为租赁本金，4110904.00元为租赁利息。租赁期满后，

D 投资公司通过 B 租赁公司再向 A 食品公司象征性地收取 1000.00 元作为设备残值款，并将该设备所有权转移给 A 食品公司。至此，该融资租赁项目圆满结束。

在本委托租赁项目中，B 租赁公司的实际毛利就是其在每期租金中所扣收的委托服务费，即 20092.42 × 12 = 241109.04 元；而 D 投资公司实际毛利为 4470794.96 元，即利息 4110904.00 元加上先期收取的服务费 600000.00 元以及设备残值款 1000.00 元，再扣除支付给 B 租赁公司的手续费 241109.04 元。

本例为售后回租式的委托租赁业务。而对于直租式的委托租赁业务来说，其基本操作原理与之类似，只是在部分操作细节上（如涉及与供货商的买卖环节）所体现出来的是直租类业务的特点，这里不再另行举例。

三、优缺点分析

（一）优点

对于委托人而言，委托租赁业务模式的优点有：

1. 可以利用受托方（出租人）的融资租赁业务资质“借船出海”，开展其自身原本不能开展的业务，拓宽营利渠道；

2. 其他方面，按照委托租赁的直租式或售后回租式实质，分别类似于标准的直租模式或售后回租业务模式对于出租人的优点。

对于出租人而言，委托租赁业务模式的优点有：

1. 不需亲自调查分析承租人的经营状况和偿债能力，完全是受托行事，与自有项目相比，可以避免大量的人力和财力消耗；

2. 可以获得稳定的经济收益，同时又不需要承担项目风险。

对于承租人而言，委托租赁业务模式的优点类似于标准的直接融资租赁或售后回租模式（本案例类似于售后回租），这里不再赘述。

（二）缺点

对于委托人而言，委托租赁业务模式的缺点有：

1. 需要向受托方（出租人）支付一定数额的服务费；

2. 其他方面，按照委托租赁的直租式或售后回租式实质，分别类似于标准的直租模式或售后回租业务模式对于出租人的缺点。

对于出租人而言，委托租赁业务模式的缺点有：

1. 手续相对繁琐，需要做好委托人和承租人之间的衔接工作；

2. 项目收益往往不会太高。

对于承租人而言，委托租赁业务模式的缺点有：

1. 相对于银行贷款，资金成本往往会略高；

2. 尽管本案例中未提及，但委托人往往会要求承租人尤其是民营企业承租人提供额外的有效担保措施，以降低项目风险，这往往会增加承租人的融资成本。

第四节　转租赁

一、概念及操作步骤

转租赁（Sub Lease），是一种特殊的租赁模式，它是指承租人在租赁期内将所租入的资产再转租给第三方的业务行为。在这一业务模式中，前一环节的承租人同时也是后一环节的出租人，通常称之为转租人。

转租人是个双重角色，它将从别的出租人那里租来的设备转租给第三方，其目的有两个：一是利用第一出租人的资金赚取租金差价（必然目的），二是利用第一出租人对某些特殊设备的购买资质来采购其原本不能直接购买的设备（可能目的）。

在这一租赁模式中，租赁物的所有权归第一出租人。

从租赁交易的实质来看，转租赁业务既可以是直租式的，也可以是售后回租式的。

若是直租式的转租赁业务，则往往会涉及四方当事人：第一出租人，第二出租人（第一承租人或转租人），第二承租人（或称“最终承租人”）以及设备供应商。至少涉及三份主合同：设备买卖合同、融资租赁合同以及转租赁合同。

若是售后回租式的，则通常会涉及三方当事人：第一出租人、第二出租人（第一承租人或转租人）、第二承租人（或称“最终承租人”）。也会涉及三份主合同：设备买卖合同、融资租赁合同以及转租赁合同。

从某种意义上来看，我们可以将转租赁业务理解为两个直租业务或者两个售后回租业务的叠加。

在实务中，转租赁业务多为直租式的，售后回租式的业务相对较为少见。

因此，本节就主要以直租式转租赁业务为例，来讲解转租赁业务模式的操作原理。

如前所述，转租人之所以要发起直租式的转租赁业务，要么是因为转租人资金实力有限，无法承担设备的价款；要么是对于最终承租人所需要的某些特种设备，转租人不具备相应的购买资质，于是就通过具有相关资质的第一出租人购买，租入后再将其转租给最终承租人。

直租式转租赁合同中通常会规定，第一承租人（转租人）将租赁设备转租后，仍有按期向第一出租人支付租金的义务，而不论其能否按期从第二承租人那里收到租金。

此外，第一承租人有权将租赁设备进行转租赁这一情况，必须在租赁合同中有明确约定。而且，即使在合同中已明确约定第一承租人有权开展转租赁业务，在其将设备转租赁给第三方之前，也必须先行取得第一出租人的书面同意。这是因为，租赁设备的所有权属于第一出租人。

直租式的转租赁业务，在设备交付环节可能会有两种情况：一是供货商将设备交付给第一承租人，并与第一承租人签订售后服务协议，然后第一承租人再将设备转交给第二承租人，这种情况较为少见；二是供货商直接将设备交付给第二承租人，并与第二承租人签订售后服务协议，这种情况较为多见，是直租式转租赁业务的主流形式。

上述两种情况的转租赁交易结构，分别如图 4 -5 中的“模式一”和“模式二”所示。

从图 4 -5 中可以看出，直租式的转租赁业务具体操作步骤如下：

（一）甲租赁公司与乙租赁公司分别以第一出租人和第一承租人的身份，签订《融资租赁合同》；同时，甲租赁公司按照乙租赁公司或最终承租人对设备的相关要求，与设备供货商签订《设备买卖合同》；

（二）第一承租人乙租赁公司再以第二出租人的身份将设备出租给最终承租人（第二承租人）使用，并与最终承租人签订《转租赁合同》；

（三）最终承租人向第一承租人支付期初款项，同时，第一承租人向第一出租人支付期初款项；

（四）第一出租人向设备供货商支付设备款；

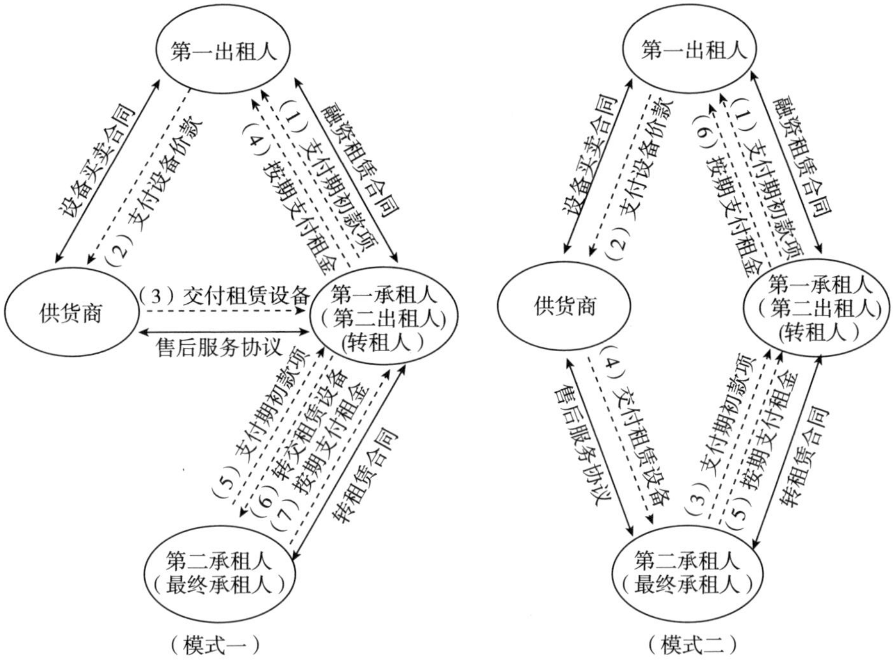

图 4－5　直租式转租赁交易结构

（五）供货商在收到第一承租人支付的货款后，按照约定向第一承租人或最终承租人交付设备，并按照行业通用做法提供相应的售后服务；

（六）最终承租人向第一承租人按期支付租金；第一承租人向第一出租人按期支付租金（且不论第一承租人能否按期收到最终承租人支付的租金）；

（七）租赁期满后，按合同约定的方式处置租赁设备。

转租赁业务的操作步骤尽管用文字描述起来比较繁琐，但其实在实务操作中，里面的很多环节都是同时完成的，并没有严格的时点上的区分。例如，支付租金环节，第一承租人完全可以在收到最终承租人支付租金之前，就向第一出租人支付租金。而事实上，即使最终承租人没有按时向第一承租人支付租金，第一承租人也必须按时向第一出租人支付租金。因为从法律层面上来说，这是两个互相独立的债权债务关系。

此外，虽然售后回租式的转租赁业务在现实中相对较为少见，但为了方便读者朋友更加全面地了解转租赁业务模式，这里也把售后回租式的转租赁业务模式交易结构图附上，以供参考。（如图 4－6 所示）

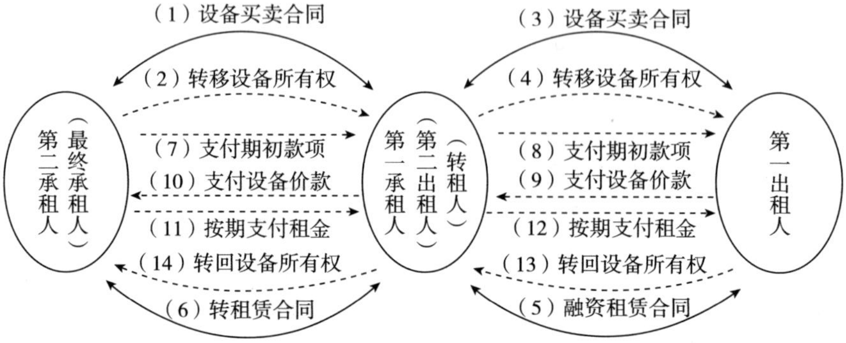

图4-6　售后回租式转租赁交易结构

尽管交易结构图看起来挺复杂，但其实售后回租式转租赁业务交易逻辑比较简单，相当于两个售后回租业务的叠加和传递：第一承租人（第二出租人）通过从第二承租人那里购买设备而获得设备所有权后，再将该设备出售给第一出租人，然后再将其从第一出租人那里租回，租回后再将该设备出租给第二承租人。

二、案例

本节以一个直租式的转租赁业务为例来讲解本模式的实务操作要领。

现有A租赁公司和B租赁公司，二者均为正常经营的专业融资租赁公司。

近日，某综合医院C医院向B租赁公司提出融资租赁申请，想通过B租赁公司购买一台医用CT扫描仪，并已选定了供货厂家D器械公司。

事实上，C医院是B租赁公司的一个老客户。此前，C医院曾以电梯和中央空调等设备为租赁标的物，与B租赁公司开展过融资租赁业务合作，并且双方合作非常顺利和愉快。因此，为了缓解此次资金紧张问题，C医院首先考虑了融资租赁，决定再次向B租赁公司提出融资租赁申请，拟由B租赁公司为其购买所需的CT扫描仪。

由于B租赁公司没有取得医疗器械经营许可证，所以B租赁公司无法直接购买并出租该台CT扫描仪。为了维护与C医院良好的合作关系，同时也为了赚取一定的租金差，B租赁公司遂向有医疗器械经营许可证的同行A租赁公司提出了租赁需求。A租赁公司调查了解后，认为该项目可行。

随后，上述各方经充分商议，最终达成了转租赁合作意向：由 A 租赁公司向厂家 D 器械公司购买该 CT 扫描仪，并作为出租人将其出租给 B 租赁公司，B 租赁公司再以第二出租人的身份将该设备转租给最终承租人 C 医院；同时约定，合同生效并付款后，D 器械公司将设备直接交付给 C 医院使用，并提供相应的售后服务。本项目的交易结构其实就属于图 4－5 中的“模式二”。

基于上述意向，A 租赁公司与 B 租赁公司签订了《融资租赁合同》（实际上是一笔直接融资租赁业务，A 租赁公司为出租人，B 租赁公司为承租人），A 租赁公司与 D 器械公司签订了《买卖合同》。

上述《融资租赁合同》约定：该融资租赁项目设备金额为 10000000.00 元，年利率为 11.00%，首付款为 1000000.00 元（项目金额的 10.00%），保证金为 500000.00 元（项目金额的 5.00%），服务费为 500000.00 元（项目金额的 5.00%），租赁期限为 5 年，按月支付租金，共 60 期，期末支付，等额本息，每期租金为 195682.00 元。同时约定，B 租赁公司必须按期向 A 租赁公司支付此项租金，而不论 B 租赁公司在将设备转租后能否如期收到最终承租人 C 医院应向其支付的租金。

本项目融资租赁方案（A 租赁公司与 B 租赁公司分别为出租人、承租人）见表 4－4。

表 4－4　融资租赁方案

申请金额（设备金额）	10000000.00	租金概算本金	9000000.00
租赁期限（年）	5	每年还租期数	12
首付款比率（%）	10.00	租赁首付款	1000000.00
保证金比率（%）	5.00	租赁保证金	500000.00
服务费比率（%）	5.00	服务费	500000.00
租赁年利率（%）	11.00	期初/期末支付	期末支付
期末残值（或名义留购价）	0.00	金额单位	元
期次	租金明细		
	当期租金	其中含本金	其中含利息
1	195682.00	113181.81	82500.19
2	195682.00	114219.31	81462.69
3	195682.00	115266.32	80415.68

续表

申请金额（设备金额）	10000000.00	租金概算本金	9000000.00
4	195682.00	116322.93	79359.07
5	195682.00	117389.22	78292.78
6	195682.00	118465.29	77216.71
……	……	……	……
58	195682.00	190397.73	5284.27
59	195682.00	192143.04	3538.96
60	195682.00	193904.35	1777.65
合计	11740920.00	9000000.00	2740920.00

与此同时，B 租赁公司与 C 医院签订了《转租赁合同》（B 租赁公司为出租人，C 医院为承租人）。

《转租赁合同》约定：该融资租赁项目金额为 10000000.00 元，年利率为 13.00%，首付款为 1000000.00 元（项目金额的 10.00%），保证金为 500000.00 元（项目金额的 5.00%），服务费为 600000.00 元，（项目金额的 6.00%）租赁期也是 5 年，也是按月支付租金，共 60 期，期末支付，等额本息，每期租金为 204778.00 元。

本项目转租赁方案（B 租赁公司为出租人，C 医院为承租人）见表 4－5。

表 4－5　转租赁方案

申请金额（设备金额）	10000000.00	租金概算本金	9000000.00
租赁期限（年）	5	每年还租期数	12
首付款比率（%）	10.00	租赁首付款	1000000.00
保证金比率（%）	5.00	租赁保证金	500000.00
服务费比率（%）	6.00	服务费	600000.00
租赁年利率（%）	13.00	期初/期末支付	期末支付
期末残值（或名义留购价）	0.00	金额单位	元
期次	租金明细		
	当期租金	其中含本金	其中含利息
1	204778.00	107277.66	97500.34
2	204778.00	108439.83	96338.17
3	204778.00	109614.60	95163.40

续表

申请金额（设备金额）	10000000.00	租金概算本金	9000000.00
4	204778.00	110802.09	93975.91
5	204778.00	112002.44	92775.56
6	204778.00	113215.80	91562.20
……	……	……	……
58	204778.00	198264.02	6513.98
59	204778.00	200411.88	4366.12
60	204778.00	202583.01	2194.99
合计	12286680.00	9000000.00	3286680.00

上述各合同生效后，B 租赁公司须按照表 4－4，向第一出租人 A 租赁公司支付约定的首付款、保证金以及服务费，共计 2000000.00 元；同时，最终承租人 C 医院须按照表 4－5，向转租人 B 租赁公司支付约定的首付款、保证金以及服务费，共计 2100000.00 元。在这一过程中，B 租赁公司赚取服务费差价：600000.00－500000.00＝100000.00 元。

A 租赁公司收到前述款项后，向供货商 D 器械公司支付全部设备款 10000000.00 元，同时，D 器械公司向 A 租赁公司开具 10000000.00 元的增值税专用发票；之后，D 器械公司按照约定将设备交付给 C 医院，并同 C 医院签订了设备售后服务协议。

至此，该转租赁项目设备买卖环节完毕，进入租赁期。

从表 4－4 以及表 4－5 可以看出，租赁期开始后，每满 1 个月，B 租赁公司向 A 租赁公司支付租金 195682.00 元，A 租赁公司向 B 租赁公司开具 195682.00 元的增值税专用发票；同时，C 医院向 B 租赁公司支付租金 204778.00 元，B 租赁公司向 C 医院开具 204778.00 元的增值税专用发票。这样，每满 1 个月，B 租赁公司均可以赚取租金差价：204778.00－195682.00＝9096.00 元；60 期共赚取租金差价：9096.00×60＝545760.00 元

5 年以后，租赁期满。B 租赁公司共向 A 租赁公司支付租金 11740920.00 元，其中，9000000.00 元为本金（从设备款 1000 万元中扣除 100 万元首付款），2740920.00 元为租赁利息。而 C 医院共向 B 租赁公司支付租金 12286680.00 元，其中，9000000.00 元为本金，3286680.00 元为租赁利息。

由于本项目所约定的设备残值为 0 元，因此，在租赁期满后，B 租赁公司和 C 医院均无须再支付相应的残值款项，A 租赁公司直接将该 CT 扫描仪的所有权转移给 C 医院即可。至此，该融资租赁项目圆满结束。

本项目中，A 租赁公司共赚取毛利 3240920.00 元，即租息 2740920.00 元再加上服务费 500000.00 元。

而 B 租赁公司通过转租赁共赚取毛利 645760.00 元，即租金差价 545760.00 元再加上前期所赚取的服务费差价 100000.00 元。

三、优缺点分析

（一）优点

转租赁业务模式除了具有类似于直接融资租赁或售后回租的优点外，单纯从转租赁环节来看，对于第一出租人的优点是：可以将融资租赁标的设备（名义上）出租给较有实力的同行，有利于控制项目风险。

对于第二出租人而言，转租赁的优点有：

1. 可以借用第一出租人资金或对某些特殊设备的购买资质，采购并出租其自身原本无力购买或不具有购买资质的设备；

2. 可以在不实际动用自身资金的情况下，顺利开展融资租赁项目；

3. 可以赚取差价收益，实现“空手套白狼”。

对于第二承租人而言，转租赁与标准的直租或售后回租业务并无本质不同，因此，其优点类似于直接融资租赁或售后回租，如本案例即类似于直接融资租赁。这里不再赘述。

（二）缺点

对于各相关方而言，转租赁业务最明显的缺点是：

1. 交易中的关联方较多，且连动性强，容易产生各种纠纷；

2. 与单纯的融资租赁业务相比，办理程序较为复杂；

3. 相关发票的开具和传递往往会遇到一些现实困难。

此外，对于第二承租人而言，由于两家租赁公司均要获利，其结果往往就是增加了第二承租人的融资成本。

第五节 杠杆租赁

一、概念及操作步骤

杠杆租赁（Leveraged Lease），又称作平衡租赁、举债经营融资租赁，是一种专门为大型租赁项目设计的、具有税收好处的融资租赁模式。它是目前采用较为广泛的一种国际采购租赁方式，是一种利用财务杠杆原理组成的租赁形式。

杠杆租赁类似于银团贷款，由融资租赁公司作为主干公司进行牵头，并吸收其他机构（银行或财团等）的贷款资金，进而共同为某些大型采购项目进行融资。它实质上是介于承租人、出租人（融资租赁公司）及债权人之间的三方协定；出租人本身只需拿出部分资金，再加上贷款人提供的资金，用于购买承租人所需要的设备，并交由承租人使用；之后承租人则按照合同约定的方式向出租人支付租金。

在实务中，杠杆租赁模式基本上全是运用于承租人需要对外采购设备的业务中，即直租性质的业务中。

在杠杆租赁项目中，出租人（租赁公司）所提供的资金通常只占项目资金的20%～40%，但是却可拥有该设备的完整所有权，享有如同对设备进行100%投资的同等税收待遇；贷款人（债权人）则提供其余60%～80%的项目资金。在这种业务模式中，租赁公司具有双重身份：既是出租人，同时又是借款人；既能向承租人收取租金，同时又要向贷款人归还债务。在这种业务模式中，由于租赁收益往往高于借款资金成本，因而出租人可以相应获得财务杠杆利益，故该模式被称为杠杆租赁。

杠杆租赁业务所涉及的相关方较多，所以交易结构也往往比较复杂。尤其是某些大型国际采购项目，由于项目金额巨大，参与方很多，为推进项目顺利实施并有效保障各参与方的合法经济权益，往往会设计出许多控制性的或制约性的措施及条款，其交易结构自然也会更加复杂，办理程序也就更加繁琐。

因项目特点各异，相对简单一些的杠杆租赁业务模式和相对复杂的杠杆租赁业务模式在实务中都是经常被运用到的。尽管基本交易原理相同，但二者在操作流程上还是存在很大差别。下面将对这两类细分业务模式进行分别讲解。

（一）简单的杠杆租赁业务

在实务中，即使是最简单的杠杆租赁业务，通常也会涉及到四个关系方：出租人（融资租赁公司）、债权人、承租人以及设备供应商。其交易结构如图4－7所示。

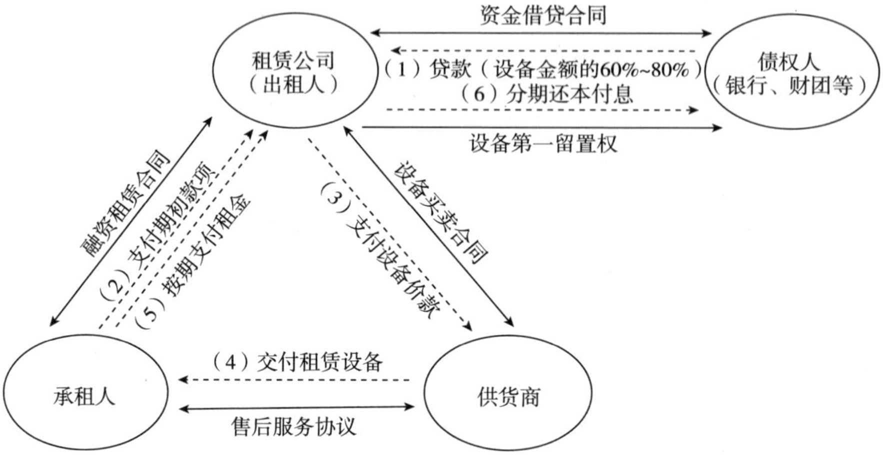

图4－7　简单杠杆租赁交易结构

结合图4－7，简单杠杆租赁业务的具体操作步骤为：

1. 租赁公司对拟开展融资租赁业务的大型采购项目进行认真评估后，做出大致的杠杆租赁计划；

2. 由于项目所需资金较多，租赁公司结合本交易模式的惯例和自身的资金情况，计划提供项目资金的20%～40%；

3. 租赁公司与银行、财团等债权人进行接触和深入商谈，说服对方以借贷的方式（组团）提供该租赁项目资金其余的60%～80%；这一过程，其实就是租赁公司利用“以小博大”的杠杆方式，为租赁项目取得所需资金；

4. 在进行完全部的商务谈判和租赁谈判后，各方最终确定该项目融资租赁的具体方案；

5. 出租人与银行、财团等债权人签订《资金借贷合同》，合同中所约定的还款额度及周期通常能够与承租人的还租额度及周期进行合理匹配；

6. 出租人与供货商签订《买卖合同》；同时，供货商与承租人签订与租赁物件相关的《售后服务协议》；

7. 出租人与承租人签订《融资租赁合同》；

8. 债权人将贷款（项目资金的60%～80%）支付给出租人，同时，该项贷款的债权人对出租人是没有追索权的；

9. 在贷款资金的基础上，出租人又用自有资金（项目资金的20%～40%）补足全额项目资金后，将其支付给供货商；

10. 供货商向承租人交付租赁设备；

11. 承租人按照《融资租赁合同》的相关约定，分期向出租人支付租金；

12. 出租人收到租金后，按照《资金借贷合同》的相关约定，向债权人偿付当期应支付的贷款本息，剩余部分留给自己；

13. 项目结束后，按照合同约定，确定租赁物件的最终归属。此处应注意，由于杠杆租赁业务的租赁设备多为资本密集型大型设备，其使用寿命一般很长，且往往会远远长于租赁期（如民航客机的使用寿命一般为25～30年，而融资租赁的租期一般为10～15年），在租赁结束时，租赁设备的真正残值（市价）往往会达到其原值的20%以上。因此，承租人通常不会像做其他普通物件的融资租赁业务那样，在租赁结束时将租赁设备以一个很低的象征性名义价格让渡给承租人，而是会采用以下三种处理方式中的一种：一是同意承租人以租赁结束时的市场行价优先留购设备，二是出租人收回租赁设备并继续用于对外出租（原承租人当然也可以续租），三是将设备售卖给第三方。

此外，还需要说明的一点是，由于在杠杆租赁业务中，作为债权人的贷款人对出租人通常是无追索权的，其贷款本息以承租人支付的项目租金作为第一还款来源，因此，作为一项风险控制措施，贷款人通常会要求出租人将租赁设备的所有权、租赁合同和收取租金的权利抵押给他们，或者会要求出租人将租赁设备的第一留置权（留置权是指当债务人逾期不能履行债务时，合法占有债务人动产的债权人有权留置该动产并享有对该动产的优先受偿权）让渡给他们。在个别杠杆租赁项目中，贷款人甚至会提出，在每期租金到期时承租人要先将当期租金支付给贷款人，由贷款人按照事先约定的标准扣除出租人当期应向其偿付的贷款本息后，再将其余部分转付给出租人。当然，这些都是要由各方事先通过谈判确定下来的。

（二）复杂的杠杆租赁业务

前面所谈的是相对简单的杠杆租赁业务的有关情况。

而较为复杂的杠杆租赁业务，由于项目金额十分巨大，而且参与方更多，为了确保项目顺利实施，同时也是为了合理地保障各相关方的合法权益，其交易结构往往会非常庞杂。

就项目的参与方而言，除了会涉及前面所讲的简单杠杆租赁业务中的出租人（融资租赁公司）、债权人、承租人以及设备供应商以外，可能还会涉及物主受托人——特殊目的载体公司（SPV）、合同受托人、包租人或租赁经纪人以及担保人等。而且，其中的出租人（融资租赁公司）的身份也发生了重大变化，它不再是租赁项目名义上的出租人，而是变成了“物主出租人”；而租赁项目名义上的出租人则由“物主受托人”——特殊目的载体公司（SPV）专门出面担任。

因此，尽管业务的基本内涵和原理相同，但在很多操作细节上，复杂杠杆租赁与简单杠杆租赁还是有很大差别的。

从某种程度上来说，复杂的杠杆租赁业务也是所有类型的融资租赁业务中交易结构最为复杂、涉及相关方最为繁多、操作难度最大的。因此，在研读以下相关内容的过程中，请读者朋友认真体会和掌握。

比较复杂的杠杆租赁交易结构如图4－8所示。

结合图4－8，复杂杠杆租赁业务的具体操作步骤为：

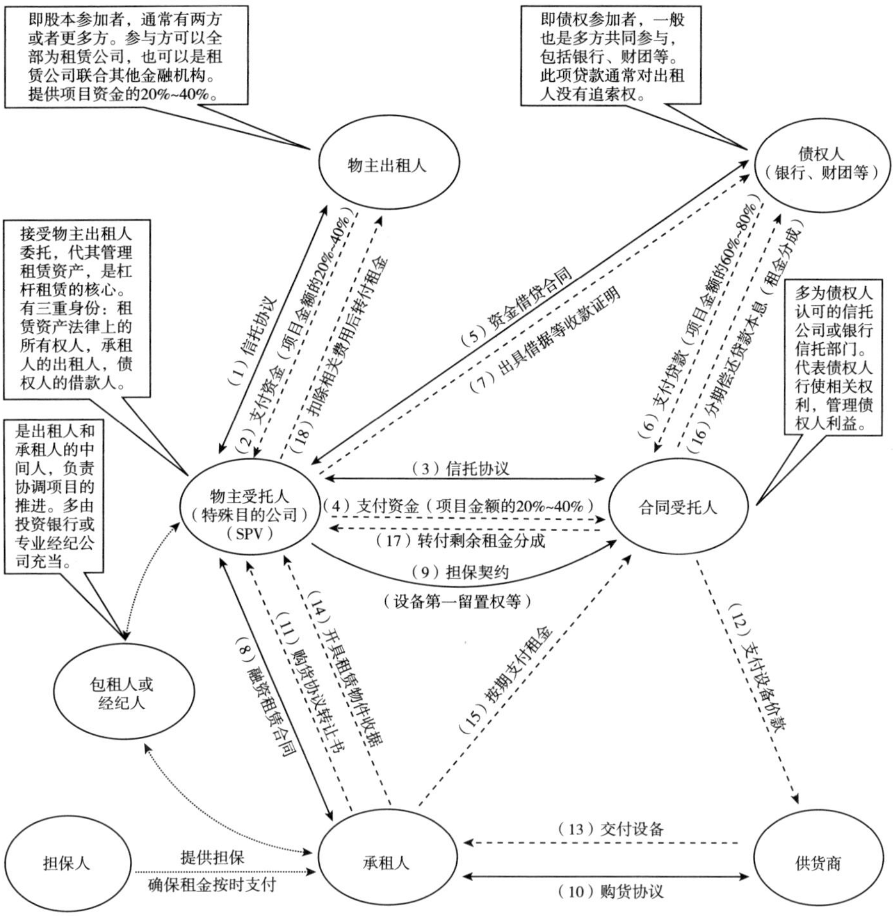

图 4－8　复杂杠杆租赁交易结构

1. 租赁公司对拟开展融资租赁业务的超大型采购项目进行认真调查和评判后，做出初步的杠杆租赁计划；

2. 由于项目所需资金较多，结合本交易模式的惯例和自身的资金情况，同时，也为了降低自身所承担的项目后续风险，租赁公司会联合一家或多家其他租赁公司或金融机构，一起为该融资租赁项目提供所需资金的 20% ~ 40%；具体做法是，各方按约定比例筹齐上述资金，并以股东身份共同组建一家由上述租赁公司控股的但独立运营的租赁子公司（若涉及国际采购，该子公司通常会设立在综合保税区内，以便享受保税区内企业在税收等方面所特有的政策优惠），这一子公司是专门为此类大型融资租赁项目设立的，所以在业内通常被称为单一项目公司、特殊目的载体或特殊目的公司（SPV/SPC）；在该杠杆租赁业务的后续环节中，原租赁公司不再出面，而转由该特殊目的公司以名义出租人的身份独立牵头办理相关业务；该特殊目的公司在后续交易中的身份为“物主受托人”，而其各方股东并称为“物主出租人”，双方签订《资金信托协议》，物主受托人成为物主出租人的全权代理人，代其管理租赁资产；

3. 物主受托人（特殊目的公司）进而与银行、财团等债权方进行接触和商谈，并说服对方组团以资金借贷的方式提供该租赁项目资金其余的60%～80%，利用“以小博大”的杠杆方式，为租赁项目筹集所需资金，为此，双方需在随后签订《资金借贷合同》；

4. 尽管银行、财团等债权方同意提供上述资金，但并不把资金交付给物主受托人，而是选择一家其所认可的信托公司或银行的信托部门并让其以“合同受托人”的身份来管理资金，同时也要求物主受托人将其所拟提供的项目资金（20%～40%）也一并交付给合同受托人进行统一管理；合同受托人实际上就是债权人的代言人，它代表债权人行使相关权利，管理债权人的利益，这与物主受托人是物主出租人的全权代理人是一个道理；更进一步说，物主受托人拥有设备所有权，而合同受托人拥有资金收付权；

5. 在进行完全部的商务谈判和租赁谈判后，各方最终确定项目融资租赁方案；

6. 物主受托人与合同受托人签订《信托协议》后，将项目资金（20%～40%）支付给合同受托人；

7. 债权人将项目资金（60%～80%）支付给合同受托人；同时，作为债务人的物主受托人需要向债权人出具借据等表明资金已经支付到位的证明材料；物主受托人对该项贷款通常是没有追索权的；

8. 作为名义出租人的物主受托人可以直接与供货商签订租赁物件的《买卖合同》或《购货协议》，也可以先由承租人与供货商签订《购货协议》，然后承租人再与物主受托人签订《购买协议转让书》，将设备的购买权转移给物主受托人；

9. 合同受托人向供货商支付设备全部价款；

10. 供货商在收到设备价款后，向承租人交付租赁设备；按照约定，物主受托人拥有设备的所有权，承租人在验收设备后向物主受托人出具租赁物件收据；

11. 承租人按照合同约定分期支付租金，租金支付给合同受托人，而不是物主受托人（名义出租人）；

12. 合同受托人在收到每期租金后，要按照合同约定，将其中的一部分支付给债权人，用作支付贷款资金当期的本息；然后，再将剩余租金支付给物主受托人，作为后者应得的租金分成；

13. 物主受托人收到上述租金分成后，先扣除相关费用（税金、杂费等），再将剩余部分按照事先约定转付给物主出租人；

14. 项目结束后，按照合同约定，确定设备的最终归属。出租人通常会选择以下三种处理方式：一是同意承租人以当时的市价优先留购设备，二是出租人收回租赁设备并继续用于对外出租（原承租人当然也可以续租），三是将设备售卖给第三方。

需要补充说明的是，在复杂的杠杆租赁业务中，往往还会聘请投资银行或者专业经纪机构作为项目的包租人或租赁经纪人，专门负责在出租人与承租人之间乃至在各个相关方之间进行协调和斡旋，以保证该租赁项目的顺利推进。同时，尽管出租人通常会按照债权人的要求将租赁设备的所有权、租赁合同和收取租金的权利等抵押给合同受托人（债权人的利益代表），而且合同受托人这个角色的工作也可以很好地优先保障债权人的权益（合同受托人收到租金后要优先向债权人支付贷款本息），但在某些项目中，基于债权人（以及出租人）的要求，承租人有时还需要额外寻求担保人，对该项目租金的偿还提供相关担保。

从交易的复杂程度上来说，本节中前面所讲的简单杠杆租赁模式和复杂杠杆租赁模式基本上代表了杠杆租赁业务中比较简单和比较复杂的两种极端情况。事实上，现实中很多杠杆租赁业务的模式设计，其繁简程度可能既不像前者那样简单，又不像后者那样复杂，而是介于两者之间。在实务中对具体业务结构的设计，主要还是得看项目的具体情况以及各相关方的利益诉求，只要能够把握住杠杆租赁的内涵与本质，做到“必要而无遗漏、充分但不多余”，这样设计出来的交易结构就是合适的。

杠杆租赁业务模式比较适合于资本密集型的设备，如飞机、轮船、通讯设备以及大型成套设备的融资租赁。

二、案例

鉴于较简单的杠杆租赁业务与较复杂的杠租赁业务在实务操作层面上存在较大的差别，因此，本节列举了两个案例，分别作为较简单的杠杆租赁业务与较复杂的杠杆租赁业务的典型进行讲解。

（一）简单的杠杆租赁案例

A 租赁公司是一家专业的融资租赁公司，B 水运集团是国内一家规模较大的水路运输公司。近一段时间，B 水运集团的运输业务量持续上升。为了提高运输能力，该集团拟新采购 3 艘某型号的货运轮船。经与轮船生产厂商 C 造船公司询价商谈，已能确定该 3 艘货运轮船的价格，共计人民币 6 亿元。

但是，若依靠 B 水运集团自身的资金，难以负担购买上述 3 艘轮船的费用。在得知 A 租赁公司可以开展船舶类融资租赁业务后，B 水运集团遂向 A 租赁公司提出了融资租赁申请，打算由 A 租赁公司出资购买前述轮船，再将其出租给 B 水运集团使用。

A 租赁公司在接到 B 水运集团的申请后，立即对相关方面进行了认真调查。

在调查结束后，A 租赁公司认为该融资租赁项目具有较好的可行性。但是，仅凭 A 租赁公司自身的资金实力，也是难以独立完成对上述 3 艘轮船的购买。于是，A 租赁公司决定采用杠杆租赁模式为该项目进行融资。随后，A 租赁公司与多家金融机构进行了联系和谈判，并最终说服 D 商业银行作为债权人参与到这个融资租赁项目中来。

经过多轮深入谈判，相关各方最终达成了一致意见。由 A 租赁公司作为出租人，向 C 造船公司购买上述 3 艘轮船，并将其出租给 B 水运集团使用，租赁期限为 10 年。D 商业银行作为债权参加者，为 A 租赁公司提供贷款 400000000.00 元，贷款期限也是 10 年，且 A 租赁公司对该笔贷款无追索权，仅以 B 水运集团所归还的租金作为还款来源。同时，为了降低自身资金风险，D 商业银行要求拥有该 3 艘轮船的第一留置权，A 租赁公司答应了 D 商业银行的这一要求。

随后，A 租赁公司与 D 商业银行签订了《资金借贷合同》，A 租赁公司与 C 造船公司签订了上述 3 艘轮船的《买卖合同》，A 租赁公司与 B 水运集团签订了《融资租赁合同》，C 造船公司与 B 水运集团签订了相关的《售后服务协议》。

上述《资金借贷合同》约定：由 D 商业银行向 A 租赁公司发放贷款资金 400000000.00 元，贷款的年利率为 7.00%，贷款期限为 10 年，每半年归还一次本息，共 20 期，每期期末还款，等额本息，每期还款 28144431.00 元；无其他费用。此外，作为 D 商业银行的一项风险控制措施，A 租赁公司须将 3 艘轮船的第一留置权暂时让渡给 D 商业银行。

上述《融资租赁合同》约定：该融资租赁项目出租人为 A 租赁公司，承租人为 B 水运集团；融资金额为 600000000.00 元，年利率为 7.50%，服务费 30000000.00 元，租赁期为 10 年，每半年支付一次租金，共 20 期，期末支付，等额本息，每期租金 43177259.00 元；无其他费用。同时约定，在租赁结束时，承租人 B 水运集团可以选择退回、续租或者留购该 3 艘轮船；若选择留购，则留购价格为租期结束时的市场行价。

根据上述约定，相关方设计了相应的融资租赁方案（见表 4－6）以及借款方案（见表 4－7）。

表 4－6　融资租赁方案

申请金额（设备金额）	600000000.00	租金概算本金	600000000.00
租赁期限（年）	10	每年还租期数	2
服务费比率（%）	5.00	服务费	30000000.00
租赁年利率（%）	7.50	期初/期末支付	期末支付
期末留购价格	按市场行价	金额单位	元

续表

申请金额（设备金额）	600000000.00	租金概算本金	600000000.00
期次	租金明细		
	当期租金	其中含本金	其中含利息
1	43177259.00	20677258.40	22500000.60
2	43177259.00	21452655.59	21724603.41
3	43177259.00	22257130.17	20920128.83
4	43177259.00	23091772.55	20085486.45
5	43177259.00	23957714.02	19219544.98
6	43177259.00	24856128.30	18321130.70
……	……	……	……
18	43177259.00	38662572.43	4514686.57
19	43177259.00	40112418.89	3064840.11
20	43177259.00	41616634.60	1560624.40
合计	863545180.00	600000000.00	263545180.00

表4－7　借款方案

借款金额	400000000.00	年利率（%）	7.00
借款期限（年）	10	每年还款次数	2
期初/期末支付	期末支付	金额单位	元
期次	还款明细		
	当期还款	其中含本金	其中含利息
1	28144431.00	14144430.71	14000000.29
2	28144431.00	14639485.79	13504945.21
3	28144431.00	15151867.79	12992563.21
4	28144431.00	15682183.16	12462247.84
5	28144431.00	16231059.57	11913371.43
6	28144431.00	16799146.66	11345284.34
……	……	……	……
18	28144431.00	25384663.99	2759767.01
19	28144431.00	26273127.23	1871303.77
20	28144431.00	27192686.68	951744.32
合计	562888620.00	400000000.00	162888620.00

上述相关合同生效后，B 水运集团需按照表 4－6，向出租人 A 租赁公司支付服务费 30000000. 00 元；A 租赁公司收到该款及 D 商业银行贷款 400000000. 00 元后，向供货商 C 造船公司支付 3 艘轮船的价款 600000000. 00 元，同时，C 造船公司向 A 租赁公司开具 600000000. 00 元的增值税专用发票，并将 3 艘轮船交付给 B 水运集团。至此，该杠杆租赁项目的买卖环节完毕，进入租赁期。

在这个项目中，D 商业银行所出资金占租赁项目金额的 66. 67%，而 A 租赁公司仅需动用自有资金 170000000. 00 元，即设备金额的 28. 33%，其余 5. 00% 则已由 B 水运集团以服务费的形式支付给 A 租赁公司。

从表 4－6 以及表 4－7 可以看出，租赁期开始后，每满 6 个月，B 水运集团向 A 租赁公司支付租金 43177259. 00 元，A 租赁公司则向 B 水运集团开具 43177259. 00 元的增值税专用发票，B 水运集团可将其作为增值税进项进行税前抵扣；同时，A 租赁公司向 D 商业银行偿还当期贷款本息 28144431. 00 元，D 商业银行向 A 租赁公司开具其中本金部分的收款凭证以及利息部分的增值税发票（每期金额有变化），按照规定，A 租赁公司可以将利息部分的增值税发票作为其增值税进项进行税前抵扣（这也是租赁公司所享有的“特权”，其他类型的公司一般不能将贷款利息作为增值税进项进行抵扣，这在相关文件中有明确规定）。

10 年以后，租赁期满。B 水运集团共向 A 租赁公司支付租金 863545180. 00 元，其中，600000000. 00 元为本金，263545180. 00 元为租息。而 A 租赁公司共向 D 商业银行支付贷款本息 562888620. 00 元，其中，400000000. 00 元为本金，162888620. 00 元为利息。

租赁期满后，B 水运集团选择以当时的市场行价 120000000. 00 元留购了该 3 艘轮船。至此，该融资租赁项目圆满结束。

本项目中，D 商业银行共赚取利息 162888620. 00 元；而 A 租赁公司共赚取：服务费 30000000. 00 ＋租息 263545180. 00 ＋轮船留购款 120000000. 00 －支付的贷款利息 162888620. 00 ＝250656560. 00 元。

由数据可见，A 租赁公司实际动用的自有资金为 170000000. 00 元，不到 D 商业银行出资 400000000. 00 元的一半，但其收益却明显高于后者。这一点，充分体现了专业服务及个性化金融产品的价值所在。

（二）复杂的杠杆租赁案例

A租赁公司是一家专业的大型融资租赁公司，并具有开展飞机融资租赁的经验。B航空公司是国内一家大型航空公司。近日，根据经营发展需要，B航空公司拟采购一架档次较高的某型号民航客机，经向专门生产该型号客机的厂商——美国的C飞机制造公司联系询价，得知该民航客机的售价折合人民币为2000000000.00元。

但由于当时B航空公司自身流动资金有限，因此其难以自行购买上述客机。经权衡考虑，B航空公司决定向A租赁公司提出融资租赁申请，希望由A租赁公司代其购买该架客机并将客机出租给其使用。

A租赁公司在受理了B航空公司的融资申请之后，即对该项目进行了认真的调查。相关调查结束后，A租赁公司认为该项目具有较好的可行性，且比较适合采用杠杆租赁模式。在经过与B航空公司深入沟通并达成共识后，A租赁公司开始着手操作本融资租赁项目。

由于本项目资金体量很大，且按照惯例民航客机的租赁期限往往又比较长，因此，本项目的后续风险相对较高。为了合理地控制自身所承担的项目风险，并压缩在该项目中实际动用的自身资金规模，A租赁公司经过认真分析和深思熟虑，初步设计出了该项目的融资交易框架，这大体包括两个方面的内容：

一方面，着手成立一家由其控股的单机特殊目的公司（SPV），并由其作为本项目名义上的出租人出面操作相关后续事项。具体地说，为了合理控制运营风险，避免本项目在万一发生严重失败时影响到本公司的整体发展，A租赁公司决定联合其他出资方，共同作为股本参与者，合资成立一家由A租赁公司控股的特殊目的租赁子公司（SPV）。该租赁子公司具有独立的法人资格，是一家单机公司，也就是说，其唯一的使命就是专门为本架飞机的融资租赁业务服务，并独立承担本租赁项目的相关风险。同时，结合行业惯例，打算为该租赁子公司提供600000000.00元资金（该架飞机价格的30.00%），专门用于启动和实施该融资租赁项目。

另一方面，协助上述租赁子公司并以该租赁子公司的名义向社会上其他金融机构寻求贷款性资金，用以补足采购该架飞机所需价款的其余 70.00%，即 1400000000.00 元。

基于上述设想，A 租赁公司找到了与其一直有着良好合作关系的 D 投资公司，并最终说服对方与其一道作为股本参与者（物主出租人），共同出资 600000000.00 元，成立了具有独立法人资格的单机特殊目的租赁子公司（SPV）——E 航空租赁公司。其中，A 租赁公司出资 400000000.00 元，D 投资公司出资 200000000.00 元。E 航空租赁公司未来将只做一项特定业务——B 航空公司所需要的那架飞机的融资租赁，并作为物主受托人，代表物主出租人对该架飞机进行资产层面的管理，并在收到租金并扣除相关费用后，再对剩余租金进行分配并转付给物主出租人 A 租赁公司及 D 投资公司。同时，E 航空租赁公司对外独立承担该融资租赁项目的全部风险，若本项目出现失败或发生其他重大风险，不会因此而连累到物主出租人除了上述出资 600000000.00 元以外的其他资产。

随后，A 租赁公司协助 E 航空租赁公司并以后者的名义与多家金融机构进行了联系并经多次深入商谈，最终说服 F 银行、G 银行、H 财务公司作为债权参加者，共同组成债权人联合体，参与到该融资租赁项目中来。

经谈判，债权人联合体决定共同为 E 飞机租赁公司发放贷款 1400000000.00 元，其中，F 银行放款 700000000.00 元，G 银行放款 400000000.00 元，H 财务公司放款 300000000.00 元。同时约定：上述贷款要专项用于开展该融资租赁项目，且债权人对 E 航空租赁公司无追索权，仅以项目租金作为将来向其还本付息的直接资金来源。

另外，出于对风险控制的考虑，债权人联合体还提出了三项要求：一是委托其比较认可的 J 信托公司作为合同受托人，集中管理该租赁项目的全部采购货款，并负责向 C 飞机制造公司支付该款项；二是在租期开始后，承租人 B 航空公司须将每期租金支付给 J 信托公司，然后由 J 信托公司按照约定对租金进行分配后再先后转付给各债权人和出租人 E 航空租赁公司；三是出租人 E 航空租赁公司须将该飞机抵押给 J 信托公司（代表债权人）。出租人 E 航空租赁公司和承租人 B 航空公司同意了债权人联合体的上述三项要求。

此外，应各债权人和出租人E航空租赁公司的要求，承租人B航空公司又找了一家信誉良好、实力雄厚的大型担保企业——K担保公司为本项目提供还租担保。

考虑到本项目操作程序较为复杂，为保证后续各项工作的顺利推进，出租人E航空租赁公司和承租人B航空公司决定另雇佣一家专业经纪公司作为租赁经纪人，专门负责协调推进本项目后续各个环节的工作。经谈判，最终选定了L经纪公司承担此项任务。

在完成前述诸项沟通谈判工作并达成一致意见后，相关各方分别签订了与本项目有关的合同和协议，并办妥了资金归集事宜。具体包括：

A租赁公司及D投资公司与E航空租赁公司签订了《资金信托协议》，前两者将其向E航空租赁公司所投资的600000000.00元托付给E航空租赁公司；

E航空租赁公司与J信托公司签订了另一项《信托协议》，并将其所拥有的上述600000000.00元又转交托付给了后者；

E航空租赁公司与F银行、G银行及H财务公司签订了《资金借贷合同》，后三者将贷款资金共1400000000.00元支付给其所认可的J信托公司（当然，这种“认可”，可以通过签订相关协议来确定），与此同时，E航空租赁公司向F银行、G银行及H财务公司出具了确认收到该款项的借据，以表明该笔贷款的实际债务方为E航空租赁公司，而非J信托公司；

由于该项购买飞机的行为属于国际贸易，因此，E航空租赁公司先按照规定在商务、海关等部门办妥了相关的申请及备案手续；之后，E航空租赁公司与C飞机制造公司签订了《飞机购卖协议》；

E航空租赁公司与B航空公司签订了《融资租赁合同》；

K担保公司与E航空租赁公司及B航空公司签订了《担保协议》，担保费标准为每年10000000.00元，由B航空公司在租赁期初一次性支付，本项目租赁期为15年（具体融资方案见后文），因此，B航空公司需向K担保公司一次性支付担保费150000000.00元；

L经纪公司与E航空租赁公司及B航空公司签订了专门针对本项目的《经纪服务协议》，经纪服务费共5000000.00元，由B航空公司在租赁期初向

L经纪公司一次性支付。

此外，相关方还约定：J信托公司的信托服务费为每期租金的1.00%，由E航空租赁公司、F银行、G银行及H财务公司按各自出资比例共同承担，各方在收到每期租金分成后再另行支付给J信托公司。（当然，各方也可以约定，J信托公司的信托服务费可由其在收到每期租金后先行扣除。）

前述《资金借贷合同》约定：债权人所发放的贷款资金1400000000.00元，对E航空租赁公司无追索权，只以项目租金作为第一还款来源。贷款期限为15年，年利率为6.00%，每季度还款一次，共60期，期末还款，等额本息，每期还款35550799.00元。此外，需将该架飞机抵押给债权人联合体利益的代表J信托公司。

前述《融资租赁合同》约定：本租赁项目金额为2000000000.00元，年利率为7.00%，租赁期为15年，每季度支付一期租金，共60期，期末支付，等额本息，每期租金54106720.00元，无其他费用；租期结束时，承租人B航空公司可以选择退回、续租或者留购该架飞机；若选择留购，则留购价格为租期结束时该架飞机的市场行价。

本项目的融资租赁方案和借款方案分别见表4－8和表4－9。

表4－8　融资租赁方案

申请金额（设备金额）	2000000000.00	租金概算本金	2000000000.00
租赁期限（年）	15	每年还租期数	4
租赁年利率（%）	7.00	期初/期末支付	期末支付
期末留购价格	按市场行价	金额单位	元
期次	租金明细		
	当期租金	其中含本金	其中含利息
1	54106720.00	19106719.61	35000000.39
2	54106720.00	19441087.20	34665632.80
3	54106720.00	19781306.23	34325413.77
4	54106720.00	20127479.09	33979240.91
5	54106720.00	20479709.97	33627010.03
6	54106720.00	20838104.90	33268615.10
……	……	……	……

续表

申请金额（设备金额）	2000000000.00	租金概算本金	2000000000.00
58	54106720.00	51362712.44	2744007.56
59	54106720.00	52261559.91	1845160.09
60	54106720.00	53176137.21	930582.79
合计	3246403200.00	2000000000.00	1246403200.00

表4－9　借款方案

借款金额	1400000000.00	年利率（%）	6.00
借款期限（年）	15	每年还款次数	4
期初/期末支付	期末支付	金额单位	元
期次	还款明细		
	当期还款	其中含本金	其中含利息
1	35550799.00	14550798.40	21000000.60
2	35550799.00	14769060.37	20781738.63
3	35550799.00	14990596.28	20560202.72
4	35550799.00	15215455.22	20335343.78
5	35550799.00	15443687.05	20107111.95
6	35550799.00	15675342.36	19875456.64
……	……	……	……
58	35550799.00	33997832.65	1552966.35
59	35550799.00	34507800.14	1042998.86
60	35550799.00	35025417.14	525381.86
合计	2133047940.00	1400000000.00	733047940.00

签订完上述所有合同、协议，且相关方将采购资金统一归集到J信托公司后，J信托公司按照约定将所收到的飞机价款共2000000000.00元支付给C飞机制造公司；在按照相关要求履行完报关及检查等程序后，C飞机制造公司最终将飞机交付给B航空公司使用，同时，B航空公司向E航空租赁公司出具了飞机接收确认书。

此外，按照债权人联合体事先的要求和相关约定，E航空租赁公司将该飞机的所有权抵押给了J信托公司（代表债权人联合体）。

至此，该项目正式进入租赁期。

由表4－8和表4－9可以看出，租赁开始后每满3个月，B航空公司向J信托公司支付租金54106720.00元；J信托公司收到该笔租金后，先将其中的35550799.00元转付给债权人联合体（F银行、G银行及H财务公司），再将剩余18555921.00元转付给E航空租赁公司。

债权人联合体在收到前述35550799.00元租金分成后，先按约定向J信托公司支付信托服务费355507.99元，F银行、G银行及H财务公司再按各自出资比例（7:4:3）分享剩余的35195291.01元，即F银行分得17597645.01元，G银行分得10055797.14元，H财务公司分得7541847.86元。每期皆如此。

E航空租赁公司在收到前述18555921.00元租金分成后，先按约定向J信托公司支付信托服务费185559.21元，再扣除其自身的相关费用——假设每期均为200000.00元，然后再将剩余的18170361.79元转付给物主出租人（A租赁公司及D投资公司），A租赁公司及D投资公司再按各自出资比例（2:1）分配该笔资金，即A租赁公司分得12113574.53元，D投资公司分得6056787.26元。每期皆如此。

15年后，租赁期满。B航空公司共计支付租金54106720.00×60＝3246403200.00元；此外，还向K担保公司支付了担保费150000000.00元，向L经纪公司支付了经纪服务费5000000.00元。而各出资方的租赁收入情况如下（暂不考虑税金）：

债权参加者F银行共收到费后本息：17597645.01×60＝1055858700.60元，扣除本金700000000.00元后，共赚取毛利355858700.60元；

债权参加者G银行共收到费后本息：10055797.14×60＝603347828.40元，扣除本金400000000.00元后，共赚取毛利203347828.40元；

债权参加者H财务公司共收到费后本息：7541847.86×60＝452510871.60元，扣除本金300000000.00元后，共赚取毛利152510871.60元；

股本参加者A租赁公司共收到费后本息：12113574.53×60＝726814471.80元，扣除本金400000000.00元后，共赚取毛利326814471.80元；

股本参加者D投资公司共收到费后本息：6056787.26×60＝363407235.60元，扣除本金200000000.00元后，共赚取毛利163407235.60元。

至此，本项目的租赁环节结束，J信托公司对飞机解除抵押。

本案例中，股本参加者A租赁公司和D投资公司的资金收益水平明显高于债权参加者F银行、G银行及H财务公司的资金收益水平。这是由于租赁利率（7.00%）高于借贷利率（6.00%）所致。换句话说，股本参加者不仅得到了自有资金所产生的利息收益，还获得了债权参加者资金的利差收益。

假设B航空公司在租赁结束时选择了留购该架飞机，而根据当时的市场行情，该架飞机的价值为420000000.00元。这样，E航空租赁公司把飞机以该价格出售给B航空公司后，其股东——股本参加者A租赁公司和D投资公司又可分别获得280000000.00元和140000000.00元的飞机余值销售收入分成。这就更进一步地提高了股本参加者的收益水平。当然，这也体现了作为物主出租人的A租赁公司所提供的专业化服务的价值所在。

在本融资租赁项目中，A租赁公司是真正的业务发起人，发挥了关键的协调和主导作用，而D投资公司则有点“坐享高息”的意味儿。因此，A租赁公司完全可以向D投资公司提出一些经济上的偿谢条件，比如，向后者收取一定数量或比例的服务费或收益回报。当然，这需要双方通过事先谈判进行约定。

三、优缺点分析

（一）优点

对于贷款人来说，杠杆租赁的优点有：

1. 可以“借船出海”，利用受托方（出租人）的资质，开展其自身原本不能开展的业务，拓宽营利渠道；

2. 即使承租人不能如期支付租金，贷款人的资金也能以租赁物的留置权作为可靠保障，因此，比一般的信贷业务安全，资金风险相对较低；

3. 由于租赁标的物多为通用设备，项目一旦出现风险，设备的变现能力也是比较强的，项目风险较低。

对于出租人来说，除了具备类似直接融资租赁的优点外，杠杆租赁的优点还有：

1. 可以“以小博大”，仅动用少量自身资金即可开展大型融资租赁项目，享受专业优势所带来的高额利润；

2. 由于贷款人所出借资金不同于一般的信贷，贷款人对出租人往往是无追索权的，因此，出租人的信用风险相对较低；

3. 可以将支付给贷款人款项中的利息部分作为增值税进项，进行税前抵扣；

4. 由于租赁标的物多为通用设备，项目一旦出现风险，设备的变现能力也是比较强的，项目风险较低；

5. 在较为复杂的业务中，单独成立特殊目的公司（SPV/SPC）可以有效规避系统性风险，即便该租赁项目失败，也不至于影响到整个租赁公司的经营和发展。

对于承租人而言，杠杆租赁与传统的直接融资租赁并无本质区别，其优点也类似于直接融资租赁。

（二）缺点

对于贷款人来说，杠杆租赁的缺点主要是：部分贷款人可能难以向出租人提供符合税务要求的发票。

对于出租人来说，杠杆租赁的缺点主要有：

1. 租赁物价值往往较高，一旦在租赁期出现意外，善后工作非常复杂；

2. 由于飞机、轮船等大型设备的采购往往会涉及到国际贸易，相关规定比较多，办理手续也相应较为复杂；

3. 租赁期往往很长，项目时间性风险相应较高；

4. 对某些设备（如刚刚研制推出的新型大型成套设备）后续的运营状况难以提前判断，风险相应较大。

对于承租人而言，杠杆租赁的缺点有：

1. 相对于银行贷款，资金成本往往略高；

2. 由于租赁标的物的采购经常会涉及国际贸易，手续相对较为复杂和繁琐。

第六节　结构化共享式租赁

一、概念及操作步骤

结构化共享式租赁（Structured Participating Lease），是指出租人（融资租赁公司）根据承租人对供货商及租赁物的选择，从供货商那里购买租赁物，并将其出租给承租人使用，承租人则按照约定的方式和标准向出租人支付租金。

本业务模式的租金方案是以租赁物投用后预计所产生的现金流为基础进行测算和设计的，租金收入和设备使用收益紧密联系在一起，是出租人和承租人双方共同分享租赁项目未来收益的租赁方式。

在此类业务中，租金的构成通常会综合考虑三项内容：设备购置成本、其他相关费用（利息、服务费等）以及项目预计收益中应由出租人分享的部分。在实务中，每期租金往往包含两部分：一部分是基本租金（固定租金）；另一部分则是按承租人当期营业收入（或利润）的一定比例计算出来的浮动租金。

结构化共享式租赁的交易结构如图 4 -9 所示。

从交易形式上来看，结构化共享式租赁与标准的直接融资租赁非常相似，甚至可以将其理解为一种特殊的直接融资租赁。二者唯一的区别就在租金方案的设计结构上：标准的直接融资租赁的租金方案主要会考虑设备购置成本及相关费用；而结构化共享式租赁的租金方案除需考虑设备购置成本及相关费用外，还要同时考虑项目预计收益中有多少是由出租人分享的，这几项因素都需要进行统筹平衡。

结构化共享式租赁模式比较适用于合同金额较大、收益预期良好、运营

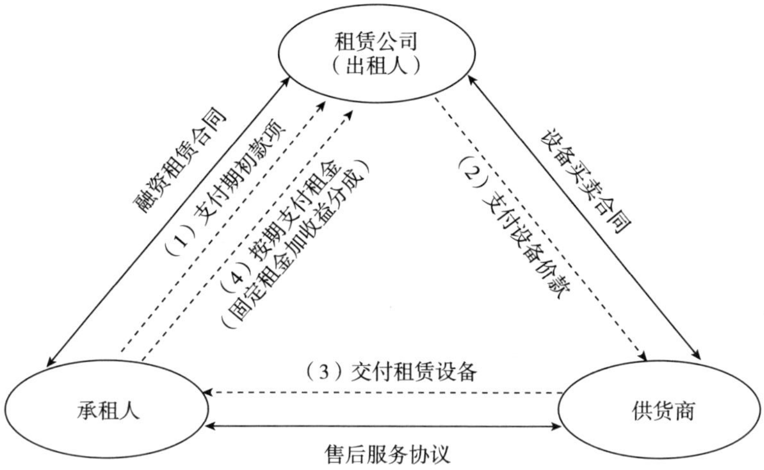

图4－9　结构化共享式租赁交易结构

期限较长的项目，如通信、港口、电力、城市基础设施、远洋运输船舶等项目。

结构化共享式租赁业务的具体操作步骤为：

（一）承租人根据自身生产经营所需，选择租赁设备和供货商（厂家或经销商）；

（二）承租人向租赁公司（出租人）提出融资租赁业务申请；

（三）出租人、承租人、供货商进行技术和商务谈判；

（四）出租人与供货商签订租赁设备的《买卖合同》，同时，出租人和承租人签订租赁设备的《融资租赁合同》，承租人与供货方签订租赁设备的《售后服务协议》；

（五）出租人按照合同约定向承租人收取一定比例的首付款、保证金及服务费等期初款项后，将货款支付给供货商；

（六）供货商按照合同约定向承租人交付租赁物；

（七）承租人按照合同约定分期向出租人支付租金，设计的租金方案以测算的该项目未来的现金流为基础，综合考虑租赁物购置成本、其他相关费用，以及该租赁项目预计收益中应由出租人分享的部分；

（八）租赁期满，且在承租人完成还款的情况下，双方按照事先约定的方式对租赁物件的归属进行处置。

二、案例

A 航运公司是一家正常运营的国有大型远洋运输公司。为提高海运能力，扩大业务规模，A 航运公司需要增购一艘大型运输船舶。为此，A 航运公司联系了船舶制造厂商 B 造船公司。双方就船舶相关技术标准及买卖价款等进行了初步商谈，并达成了一致的供需意向。

但根据 A 航运公司当时的资金状况，并无力直接购买上述船舶。为此，A 航运公司向融资租赁公司 C 租赁公司提出了融资租赁申请。

C 租赁公司遂对 A 航运公司的经营状态及财务状况等进行了深入调查和了解。C 租赁公司调查后认为，该融资租赁项目风险可控，具备较好的可行性。于是，A 航运公司与 C 租赁公司一起和 B 造船公司进行了全面的技术及商务谈判。

经三方商谈，船舶价款为 200000000. 00 元，购买时由 C 租赁公司向厂家 B 造船公司一次付清，之后，船舶直接由 B 造船公司交付给 A 航运公司使用。

随后，C 租赁公司与 A 航运公司签订了《融资租赁合同》，C 租赁公司与 B 造船公司签订了《买卖合同》，B 造船公司与 A 航运公司签订了《售后服务协议》。

按照合同约定：该融资租赁项目金额为 200000000. 00 元，无首付款，无保证金，服务费为 10000000. 00 元（项目金额的 5. 00%），船舶期末留购价 15000000. 00 元，租赁期为 8 年，按季支付租金，共 32 期，期末支付，等额本息，每期固定租金 7915420. 00 元。

同时约定，在租赁期内，除固定租金外，A 航运公司还需将每期营业收入的 5% 作为收益分成一并支付给 C 租赁公司，作为 C 租赁公司租赁收益的另一组成部分。

合同生效后，承租方 A 航运公司先向出租方 C 租赁公司支付前述服务费 10000000. 00 元；C 租赁公司收到该款后，向供货商 B 造船公司支付船舶价款 200000000. 00 元，同时，B 造船公司向 C 租赁公司开具 200000000. 00 元的增值税专用发票，并将船舶交付给 A 航运公司。至此，该融资租赁项目买卖环节完毕，进入租赁环节。

本项目融资租赁方案见表 4－10。

表 4－10　结构化共享式租赁方案

申请金额（设备金额）	200000000.00	期初/期末支付	期末支付
租赁期限（年）	8	每年还租期数	4
服务费比率（%）	5.00	服务费	10000000.00
期末残值（或名义留购价）	15000000.00	金额单位	元
固定租金部分			
期次	当期租金		
1	7915420.00		
2	7915420.00		
3	7915420.00		
4	7915420.00		
5	7915420.00		
……	……		
30	7915420.00		
31	7915420.00		
32	7915420.00		
合计	253293440.00		
收益分成部分			
A 航运公司每期将其当期营业收入的 5% 作为 C 租赁公司的收益分成支付给 C 租赁公司			

从表 4－10 可以看出，结构化共享式租赁固定租金部分的租赁方案计算原理与标准的直接融资租赁并无太大差别，只是利率较低；同时，比标准的直接融资租赁多出了一项收益分成。

在 8 年的租赁期间，A 航运公司共向 C 租赁公司支付固定租金 253293440.00 元，除本金 200000000.00 元之外，还有租息 53293440.00 元。此外，C 租赁公司在期初和期末还分别向 A 航运公司收取了服务费 10000000.00 元以及设备留购款 15000000.00 元。因此，C 租赁公司已经明确获得的项目毛利共计 78293440.00 元。但这一收益水平，对于本项目 200000000.00 元的本金和 8 年的租期来说，显然不算高。但是，按照合同约定，每期租金中除了固定租金外，A航运公司还需要将其当期营业收入的5%支付给C租赁公司作为项目收益分成，对于C租赁公司来说，这是一笔比较可观的收益。

本案例中的固定租金部分已能够涵盖出租人C租赁公司的本金且有一定利润，但这仅仅是结构化共享式租赁模式具体租金方案中的一种实际类型。在实务操作中，结构化共享式租赁项目的固定租金部分可以高于出租人的本金，也可以等于或者低于出租人的本金，关于这一点，并没有统一的标准或者相关的规定。换句话说，单从固定租金与本金的对比关系来看，其名义利率可以为正、为零或者为负，这完全是由相关方通过谈判来决定的。当然，大多数情况下，出租人出于对风险回避方面的考虑，通常不会同意名义利率为负值。事实上，本案例中项目固定部分租金的年利率为6%，每期的固定租金金额7915420.00元也是据此计算出来的。

尽管对于出租人来说，结构化共享式租赁模式往往比标准的直租模式存在更大的风险（若以项目利润作为收益分成时尤为如此），但只要在项目前期考察中下足功夫，做出科学合理的收益预测和方案设计，租赁公司在此类项目中的最终总收益一般都会明显高于标准的直接融资租赁项目。

三、优缺点分析

（一）优点

除了具有直接融资租赁模式的优点外，对于出租人来说，结构化共享式租赁模式还有三个明显优点：

1. 可以深度参与到租赁项目中来，除了租赁服务费及资金利息外，还可以得到项目未来收益中的一部分，类似于“分红”；

2. 利用此业务模式所开展的项目多为收益预期非常稳定的大型项目，项目后续经营风险相对较低；

3. 由于此类项目多有行业垄断特征，具有较高的稳定性和安全性，因此出租人很容易将其通过银行保理或者资产证券化等方式进行再融资，进而发挥资金杠杆作用。

除了具有直接融资租赁模式的优点外，对于承租人而言，结构化共享式租赁模式的优点还有：

1. 项目期限一般较长，还租压力相对较小；

2. 承租人议价能力往往较强，可以通过提高每期租金中收益分成比例的方式降低服务费及固定租金水平，以减少期初资金压力并降低自身风险。

（二）缺点

除了具有直接融资租赁模式的缺点外，对于出租人来说，结构化共享式租赁模式的缺点还有：

1. 租赁期限一般较长，因此，项目后续风险相应较大，收益分成的高低存在较大的不确定性，尤其是以利润作为分成基础的项目，其收益分成风险往往会更高；

2. 承租人议价能力往往较强，经常会通过提高每期租金中收益分成比例的方式降低期初的服务费，出租人的项目前期收益一般较低。

除了具有直接融资租赁模式的缺点外，对于承租人而言，结构化共享式租赁模式的缺点还有：

1. 除了需要支付服务费及资金利息外，还须拿出预计项目收益中的一部分，作为共享收益分配给出租人；

2. 对于后续经营效益良好的项目，所要支付给出租人的收益分成金额也会相应较大，进而会导致整体资金成本比较高。

第七节　风险租赁

一、概念及操作步骤

风险租赁（Venture Lease），实质上是融资租赁和风险投资两种融资模式的有机组合，是指出租人以租赁债权和投资的方式将租赁标的物出租给特定的承租人，出租人一方面可以向承租人收取固定租金，另一方面还可以从承租人那里获得股东权益收益作为投资回报的租赁交易。所谓“特定的承租人”，是指那些正处于创立、发展或刚刚趋于成熟阶段的企业，这类企业一般没有租赁交易或类似的金融交易记录。

在这种租赁模式中，固定租金一般为全部投资的50%，是出租人的主要回报；其次是设备残值，但通常不会超过设备原价的25%。相对来讲，这两项收益是比较确定而且可靠的。其余部分则按照双方的约定，出租人可以在一定时间内以双方提前设定好的价格购买承租人一定数量或比例的股权。这种认购权实质上是一种期权，如果承租人的未来股价不够理想或者说不足以打动出租人，出租人则可以放弃行使这一权利。而且，一般在双方的租约中都会有补偿性的条款，以便在出租人放弃行权时，其经济权益能够得到合理保障。

出租人在将设备出租给承租人后，若行使了上述对承租人股权的认购权，那么，出租人除了拥有基于固定部分租金的债权以外，还将获得一定的股东权益。实际上，这是以承租人的相应股东权益作为出租人除了固定租金之外的另一部分租金。同时，出租人购买承租人的股权后，还可以以股东的身份适当参与承租人的经营决策，这又进一步加深了对承租人经营状况的了解和掌握。

风险租赁可以是直租性质的，也可以是售后回租性质的。其交易结构分别如图 4－10 和图 4－11 所示。

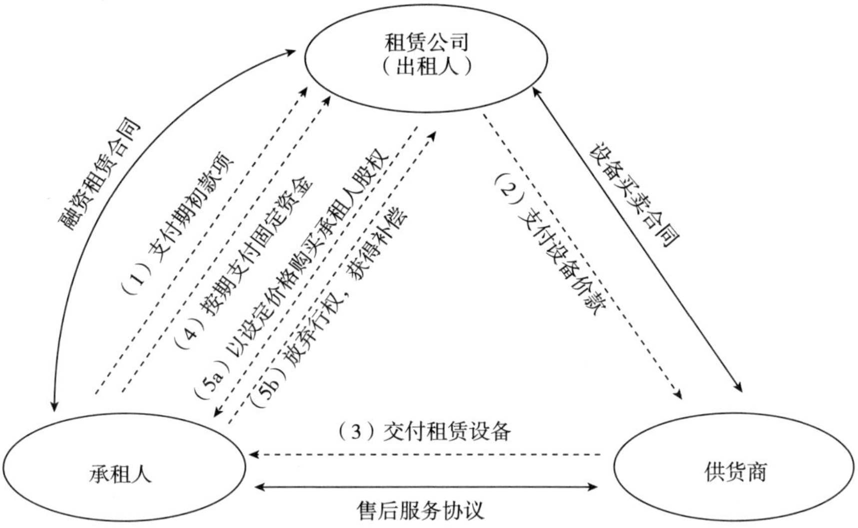

图 4－10　直租式风险租赁交易结构

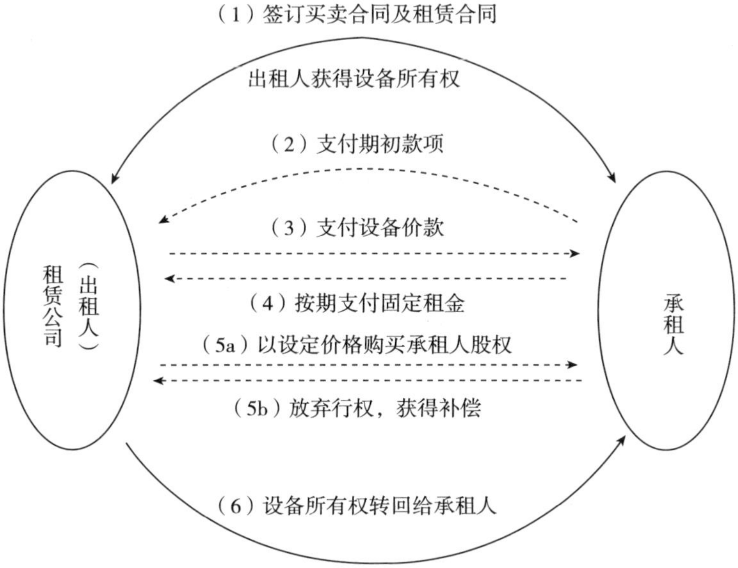

图 4－11　售后回租式风险租赁交易结构

不难看出，风险租赁业务模式与上节所讲的结构化共享式租赁模式有一个非常相似之处，即出租人的收益均由相对固定的收益（固定租金及设备残值）和风险收益两部分构成。这两种租赁模式的主要区别在于：风险租赁的风险收益部分是以期权（或者放弃行权时的相应经济补偿）的形式存在的，而结构化共享式租赁的风险收益部分则是以项目未来收入或利润分成的形式存在的。

风险租赁业务模式通常适用于高科技、高风险、成长速度较快的产业。

下面以直租式的风险租赁业务为例，讲解本租赁模式的操作要领。

直租式的风险租赁业务的具体操作步骤为：

（一）承租人根据自身生产经营所需，选择要租赁的设备和供货商（厂家或经销商）；

（二）承租人向租赁公司（出租人）提出融资租赁业务申请；

（三）出租人、承租人、供货商进行技术和商务谈判；

（四）出租人与供货商签订租赁设备的《买卖合同》，同时，出租人和承租人签订租赁设备的《融资租赁合同》，承租人与供货方签订租赁设备的《售后服务协议》；

（五）出租人按照合同约定向承租人收取一定比例的首付款、保证金及服务费等期初款项后，将货款支付给供货商；

（六）供货商按照合同约定向承租人交付租赁物；

（七）承租人按照合同约定分期向出租人支付固定部分的租金（一般为全部投资的50%），其余部分则按照双方的约定，出租人可以在一定时间内以约定好的价格购买承租人的股权，也可以放弃行使这一权利而获得一定的补偿；

（八）租赁期满，且在承租人完成还款的情况下，双方按照事先约定的方式对租赁物件的归属进行处置（设备残值通常不超过设备原价的25%）。

二、案例

A科技公司是一家处于快速成长期的高科技企业。根据企业发展需要，A科技公司拟通过融资租赁的形式增购一批实验器材。为此，A科技公司向专业从事融资租赁业务的 B 租赁公司提出了融资需求。

B 租赁公司在考察过 A 科技公司后，认为 A 科技公司发展前景非常好，于是就提出了用风险租赁业务模式为 A 科技公司购买其所需的前述实验器材，并得到了 A 科技公司的认可。

随后，双方与 A 科技公司已经选定的该类实验器材的供应商 C 器材公司进行了沟通和商谈。经商谈，三方确定了所要采购器材的价格为 10000000.00 元。

一切确定后，B 租赁公司与 A 科技公司签订了《融资租赁合同》，B 租赁公司与 C 器材公司签订了《买卖合同》，C 器材公司与 A 科技公司签订了《售后服务协议》。

合同约定：该笔融资租赁业务的项目金额为 10000000.00 元，无首付款，无保证金，服务费 500000.00 元，租赁期 5 年，设备残值 2000000.00 元；按季支付租金，期末支付，每期固定租金 250000.00 元（不分本息）。同时，还特别约定：租赁期内，B 租赁公司随时可以 6.00 元/股的价格购买 A 科技公司普通股权 1000000 股；若租赁期内 B 租赁公司放弃行权，则在租赁期满时 A 科技公司需补偿给 B 租赁公司 6200000.00 元。

合同生效后，A 科技公司向 B 租赁公司支付了 500000.00 元服务费，B 租赁公司将 10000000.00 元货款支付给 C 器材公司，C 器材公司收到货款后，向 B 租赁公司开具了增值税专用发票，并将实验器材交付给 A 科技公司使用。至此，该融资租赁项目买卖环节结束，进入租赁环节。

本租赁项目的详细融资租赁方案见表 4 – 11。

表 4 – 11　风险租赁方案

申请金额（设备金额）	10000000.00	期初/期末支付	期末支付
租赁期限（年）	5	每年还租期数	4
服务费比率（%）	5.00	服务费	500000.00
期末残值（或名义留购价）	2000000.00	金额单位	元
固定租金部分			
期次	当期租金		
1	250000.00		
2	250000.00		

续表

申请金额（设备金额）	10000000.00	期初/期末支付	期末支付
3	250000.00		
4	250000.00		
5	250000.00		
……	……		
18	250000.00		
19	250000.00		
20	250000.00		
合计	5000000.00		
股权收益部分（出租人可以选择行权或者放弃行权得到补偿）			
租赁期内，B 租赁公司随时可以 6.00 元/股的价格购买 A 科技公司普通股权 1000000 股。若租赁期内 B 租赁公司放弃行权，则租赁期满时 A 科技公司补偿给其 6200000.00 元。			

按照表 4－11，租赁开始后每满 3 个月，A 科技公司都要向 B 租赁公司支付 250000.00 元租金。5 年内（共 20 期），A 科技公司共向 B 租赁公司支付租金 5000000.00 元。

租赁期满后，A 科技公司再向 B 租赁公司支付 2000000.00 元设备残值款，并取得该租赁设备的所有权。

本案例中，B 租赁公司支付了 10000000.00 元为 A 科技公司购买实验器材；在整个租赁期间，B 租赁公司向 A 科技公司收取租金 5000000.00 元、设备残值款 2000000.00 元以及服务费 500000.00 元，此三项共计 7500000.00 元。单从这方面来看，B 租赁公司似乎收不抵支。但事实上，B 租赁公司在租赁开始后第三年就行使了认购期权，以 6.00 元/股（当时市价为 13.10 元/股）购买了 A 科技公司 1000000 股的股份，并于次月以 13.75 元/股的价格将该项股份转让给第三方，盈利 7750000.00 元。综合折算下来，B 租赁公司的综合年利率超过了 16%，明显高于大多数标准的直接融资租赁模式的收益水平。显然，这所体现出来的正是投融资项目中“高风险高收益”的基本规律。

当然，B 租赁公司在购买 A 科技公司股权后，也可以选择不再转让给第三方，而是长期持有，等待按期分红。而如果 B 租赁公司放弃购买 A 科技公司的股权，在租赁结束时，则可以按照合同约定从 A 科技公司那里得到一笔

6200000.00 元的经济补偿。

另外，售后回租式的风险租赁在实务中的运用相对较少，其交易结构与标准的售后回租业务类似，而出租人的受益原理则与本例相似，只是其相关方只有出租人和承租人，而不涉及供货商，相对更为简单。这里不再另举案例。

三、优缺点分析

（一）优点

风险租赁是对传统融资租赁业务模式的一大突破，为租赁交易双方带来了其他租赁模式所不具备的好处，从而满足了各自对风险和收益的不同偏好。

对出租人而言，风险租赁模式的优点有：

1. 假如承租人后续经营状况良好，则出租人可以得到可观的股东权益溢价收益，综合收益水平往往会明显高于其他租赁模式；

2. 出租人可以卖出其从承租人那里获得的认股权，也可以继续持有股权以获得股利，还可以通过放弃行权而直接获得经济补偿；

3. 即便承租人因经营不善破产，出租人也可以通过处置租赁设备获得一定的补偿；

4. 可以有效拓宽出租人的业务范围，增强其市场竞争力，提升其业界知名度，进而不断扩大其市场份额。

对承租人而言，风险租赁模式的优点有：

1. 由于风险企业的经营历史一般较短、未来不确定性因素较多等原因，承租方一般难以获得银行贷款，融资渠道相对较少，而风险租赁模式可以为其“雪中送炭”；

2. 如果采用抵押贷款方式从银行进行融资，银行往往会要求其以公司全部或大部分资产做抵押（也就是说“抵押率”相对较低），一旦公司还款困难，其生存甚至难以保证；而风险租赁克服了这一弊端，因为承租人将股东权益部分风险转嫁给了出租人，无论后者最终能否通过股权分红获益（这要看承租人的盈利状况），其也无权要求额外的补偿；至于租金的支付义务，也完全可以由租赁标的物进行兜底，承租人所面临的风险相对较小；

3. 相对于传统的风险投资，风险租赁的出租人并不寻求对承租人的高度控制，即使向承租人派出代表，也不会过多地谋求投票权。

（二）缺点

除了类似于标准的直接融资租赁模式或售后回租模式的缺点外，对于出租人而言，风险租赁模式的缺点还有：

1. 由于承租人多为新成立的企业，往往没有租赁或信用交易记录，因而承租人的违约风险相对较高；

2. 以股东权益作为出租人投资回报的一部分，其后期收益具有很大的不确定性，一旦承租人经营不善，出租人这部分收益将难以得到有效保障。

除了类似于标准的直接融资租赁模式或售后回租模式的缺点外，对于承租人而言，风险租赁模式的缺点还有：

1. 与其他融资租赁业务模式相比，整体融资成本往往偏高；

2. 由于通常会涉及到股权变更，因此，办理程序相对更加繁琐。

第八节　捆绑式融资租赁

一、概念及操作步骤

捆绑式融资租赁（Bundled Lease），也是融资租赁业务模式创新的成果。它又被称为“三三融资租赁”，是指承租人向出租人支付不低于租赁标的物价款 1/3 的首付资金（期初款项中的首付款和保证金），而出租人向供货商支付的首批货款也是设备价款的 1/3 左右，其余 2/3 的设备价款则在一定时间内（通常不长于租期的一半）分批支付，而租赁公司的实际出资金额也相当于设备价款 1/3 左右。这样一来，相当于出租人、承租人和供货商平均承担了项目风险，三方的利益被“捆绑”在一起。

捆绑式融资租赁模式与标准的直接融资租赁大体相同，二者的差别主要体现在付款方式和付款比例上：一是捆绑式融资租赁要求承租人支付的首付资金的比例相对较高（通常是不低于租赁标的物价款的 1/3），而标准的直接融资租赁项目的首付资金比例没有相对固定的标准且大多达不到这种水平；二是捆绑式融资租赁中出租人对供货商的付款方式类似于部分赊销（1/3 现付，2/3 分批延付），而标准的直接融资租赁则一般不会有如此大比例资金的延付，能够延付的资金往往也就是设备的质保金，通常为设备价款的5% ~10%。

捆绑式融资租赁的交易结构如图 4 – 12 所示。

结合图 4 – 12，捆绑式融资租赁业务的具体操作步骤为：

（一）承租人根据自身生产经营所需，选择要租赁的设备和供货商（厂家或经销商）；

（二）承租人向融资租赁公司（出租人）提出融资租赁业务申请；

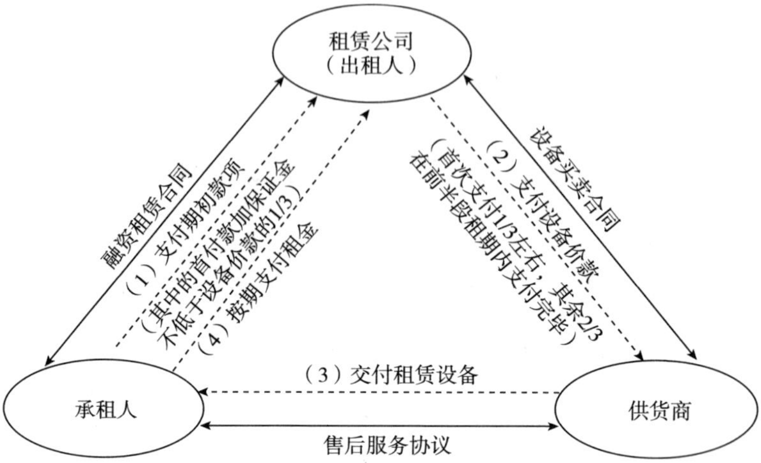

图 4－12　捆绑式融资租赁交易结构

（三）出租人、承租人、供货商进行技术和商务谈判；

（四）出租人与供货商签订租赁设备的《买卖合同》，同时，出租人和承租人签订租赁设备的《融资租赁合同》，承租人与供货方签订租赁设备的《售后服务协议》；

（五）出租人按照合同约定向承租人收取一定比例的首付款、保证金及服务费等期初款项，其中，首付款和保证金之和不低于设备价款的 1/3；

（六）出租人向供货商支付设备价款的 1/3 左右；

（七）供货商按照合同要求向承租人交付租赁设备；

（八）承租人按照合同约定分期向出租人支付租金；

（九）出租人在不超过整个租赁期一半的时间内向供货商支付其余 2/3 的设备价款，支付方式由双方事先约定，可以分期支付，也可以一次性支付；

（十）租赁期满，且在承租人完成还款的情况下，双方对租赁物件进行处置。通常的做法是，出租人按照双方事先在合同中的约定，向承租人象征性地收取少量资金（设备残值或名义留购价）后，将租赁物的所有权让渡给承租人。

二、案例

为便于对比理解，我们仍沿用前文“直接融资租赁”的案例，并加以适当变更和调整。

A 建筑公司是一家中型的国有工程施工企业，近年来发展势头良好。为扩大业务规模，承揽更多的工程项目，A 建筑公司需要增购一批工程施工机械。为此，A 建筑公司联系了该类施工机械的生产及供货厂商 B 机械公司。双方就设备的相关技术标准及设备价款等进行了商谈与沟通，并初步达成了供需意向。

但根据 A 建筑公司当时的资金状况，其并无能力直接购买上述所需设备。为此，A 建筑公司向专业开展融资租赁业务的 C 租赁公司提出了融资租赁申请。

C 租赁公司遂对 A 建筑公司的经营状态及财务状况进行了相关的调查和了解。

C 租赁公司调查后认为，该融资租赁项目风险可控，具备较好的可行性。于是，A 建筑公司与 C 租赁公司及 B 机械公司进行了全面的技术及商务谈判。

三方谈判后确认，作为租赁标的设备的该批工程施工机械，其技术及质量标准均符合国家的相关要求以及 A 建筑公司的实际需要，设备总价款为 10000000.00 元。由 C 租赁公司向 B 机械公司付款购买（付款方法见后文《买卖合同》），然后再由 B 机械公司将设备直接交付给 A 建筑公司使用。

随后，C 租赁公司与 A 建筑公司签订了《融资租赁合同》，合同约定：该融资租赁项目金额为 10000000.00 元，年利率为 8.00%，首付款 2400000.00 元（项目金额的 24.00%），保证金 1000000.00 元（项目金额的 10.00%），服务费 100000.00 元（项目金额的 1%），租赁期为 3 年，按季支付租金，共 12 期，期末支付，等额本息，每期租金 718653.00 元，设备残值款 100 元。合同生效后，承租人 A 建筑公司即先向出租人 C 租赁公司支付前述期初款项（首付款、保证金及服务费），共计 3500000.00 元。

同时，C 租赁公司与 B 机械公司签订了《买卖合同》。按照合同约定：C 租赁公司收到 A 建筑公司支付的前述期初款项 3500000.00 元后，即向供货商

B 机械公司支付全部设备款的 34.00%，即 3400000.00 元，而 B 机械公司则向 C 租赁公司开具了 10000000.00 元的增值税专用发票，并将设备交付给 A 建筑公司。显然，在这一环节，C 租赁公司实际上并未动用自身资金，其向 B 机械公司支付的 3400000.00 元货款，完全可以被其从 A 建筑公司收取的期初款项所覆盖。

《买卖合同》同时还约定：该批租赁设备其余 66% 的价款即 6600000.00 元，在接下来的 18 个月内由 C 租赁公司向 B 机械公司分期支付，每满 3 个月支付一期，每期支付 1100000.00 元，共 6 期。

至此，该融资租赁项目买卖第一环节结束，进入租赁环节。

本项目融资租赁详细方案及货款分期支付方案分别见表 4－12 和表 4－13。

表 4－12　融资租赁方案（捆绑式融资租赁）

申请金额（设备金额）	10000000.00	租金概算本金	7600000.00
租赁期限（年）	3.00	每年还租期数	4
首付款比率（%）	24.00	租赁首付款	2400000.00
保证金比率（%）	10.00	租赁保证金	1000000.00
服务费比率（%）	1.00	服务费	100000.00
租赁年利率（%）	8.00	期初/期末支付	期末支付
期末残值（或名义留购价）	100.00	金额单位	元
期次	租金明细		
	当期租金	其中含本金	其中含利息
1	718653.00	566652.93	152000.07
2	718653.00	577985.99	140667.01
3	718653.00	589545.71	129107.29
4	718653.00	601336.63	117316.37
5	718653.00	613363.36	105289.64
6	718653.00	625630.63	93022.37
……	……	……	……
10	718653.00	677202.71	41450.29
11	718653.00	690746.77	27906.23
12	718653.00	704561.70	14091.30
合计	8623836.00	7600000.00	1023836.00

表 4－13　设备分期付款方案

设备金额	10000000.00	期初付款金额	3400000.00
余款分期期限（年）	1.5	设备余款	6600000.00
每年付款期数	4	每期付款金额：	1100000.00
期初/期末支付：	期末支付	金额单位：	元

从表 4－12 和表 4－13 可以看出，租赁开始后的前 18 个月内，每满 3 个月，A 建筑公司向 C 租赁公司支付 718653.00 元租金，6 期共支付租金 4311918.00 元。同时，每满 3 个月，C 租赁公司向厂家 B 机械公司支付 1100000.00 元设备余款，6 期共支付货款 6600000.00 元，至此，设备余款结清。

之后，在所剩余的 18 个月（6 期）租赁期里，A 建筑公司需继续向 C 租赁公司每期支付 718653.00 元租金，6 期共支付 4311918.00 元。

租赁期满时，按照合同约定，A 建筑公司需再向 C 租赁公司象征性地支付 100 元，并由此获得租赁设备的所有权。至此，该项捆绑式融资租赁业务结束。

在这个项目中，C 租赁公司共获得毛利为：服务费 100000.00 元＋各期租息合计 1023836.00 元＋设备残值款 100 元＝1123936.00 元。而其实际动用自身资金为：设备款 10000000.00 元－租赁期初款项 3500000.00 元－前 6 期租金 4311918.00 元＝2188082.00 元，不到项目金额的 22%。

需要指出的是，在捆绑式融资租赁业务中，除承租人首付资金外，租赁利率的高低，也是决定租赁公司动用自身资金多少的关键因素。文中数次提及的“1/3”，仅是一个参考尺度，并非绝对严格的标准，只要相关各方意见一致，项目就可以实施。

三、优缺点分析

（一）优点

对于厂商而言，这种类似于部分“赊销”的业务模式，可以迅速扩大产品销路，占领更大的市场份额。

除了标准直接融资租赁业务模式的优点外，对于出租人而言，捆绑式融资租赁优点还有：

1. 可以动用较少自有资金，启动较大项目；

2. 由于承租人支付的期初款项所占项目资金的比例较高，因而项目整体风险较低。

对承租人而言，捆绑式租赁的优点类似于标准的直接融资租赁业务模式。

（二）缺点

对于厂商而言，这种类似于部分“赊销”的业务模式，因货款延付，损失了相应的时间价值，同时也增加了资金回收风险。

对于出租人而言，捆绑式租赁的缺点类似于标准的直接融资租赁业务模式。

对于承租人而言，除了类似于标准的直接融资租赁模式的缺点外，捆绑式租赁模式的缺点还有：首付资金（保证金和首付款）的比例较其他融资租赁模式偏高；再加上服务费，承租人的前期资金压力较大。

第九节　项目融资租赁

一、概念及操作步骤

项目融资租赁（Project Finance Lease），是一种外延式的融资租赁，是融资租赁行业发展到一定阶段的必然产物。它是指承租人与出租人签订以项目财产和项目效益作保证的项目融资租赁合同，而后续租金的收取方案也是以该项目所预测的未来的现金流和效益来确定的。而出租人对承租人所拥有的该项目以外的财产和收益通常是没有追索权的。

项目融资租赁是在传统融资租赁基础上发展起来的一种项目融资模式，其租赁对象已由传统融资租赁业务中的机械设备等有形动产延伸到了整个工程项目建成后所形成的固定资产。从融资属性上来讲，传统的融资租赁属于公司融资的范畴，而项目融资租赁则属于项目融资的范畴。二者的主要区别体现在两个方面：一是传统融资租赁的租赁对象（设备资产）一般都具有较好的通用性、可移动性和可转换性，而项目融资租赁的租赁对象（项目资产）往往具有比较明显的专用性，其可移动性和可转换性较差，甚至根本无法移动；二是传统融资租赁的租金偿还通常是由承租企业整体的经济效益来承担，而项目融资租赁的租金偿还则是由该项目未来的收益和项目资产本身的价值来保证的。因此，相对于传统融资租赁来说，项目融资租赁中出租人所面临的风险往往更大，当然，与之相对应地，出租人在这类项目中的综合收益水平也往往会更高。

项目融资租赁模式的产生，表明随着市场竞争的加剧，为了提高自身竞争力和对优质客户的吸引力，租赁公司正在凭借自身的专业判断，更多地承担租赁项目本身的风险，而不再要求承租人以其整体效益或第三方信用为保证来实现回收租金的目的。

由于项目融资租赁的租赁对象是整个工程建设项目，因此，该租赁模式的参与主体比较多，实施步骤比较繁琐，业务程序也比较复杂。通常来说，除了出租人、承租人和主设备供应商以外，项目融资租赁的参与主体还会包括参与该租赁项目建设的设计方、施工方、监理方以及提供贷款的金融机构。相应地，此类项目的实施过程也会包括融资、建设、租赁和移交等几个阶段。

项目融资租赁的交易结构如图 4 – 13 所示。

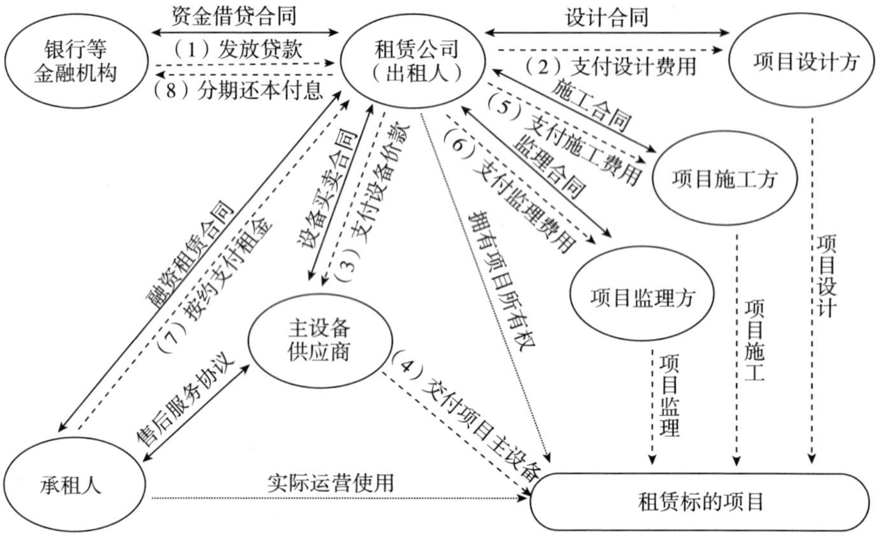

图 4 – 13　项目融资租赁交易结构

项目融资租赁模式可以广泛应用于以永久性工程设备投资为主体的经营性基础设施建设的融资中，包括城市燃气、热力和供排水的管网设备的融资租赁，城市地铁、轻轨等公共交通项目的融资租赁，城市污水、垃圾处理厂、危险废物处理厂（焚烧厂、填埋场等）及环境污染治理设施的融资租赁，以及通讯设施系统、整套的大型医疗设施的融资租赁。

结合图 4 – 13，项目融资租赁业务的具体操作步骤为：

（一）承租人根据自身生产经营所需，设定拟建设项目，并选择项目主设备及其供应商（厂家或经销商）；

（二）承租人向融资租赁公司（出租人）提出融资租赁业务申请，但租赁标的物不仅仅是上述主设备，而是包括主设备在内的整个建设项目所形成的资产；

（三）由于项目所需资金较大，出租人往往需要一部分贷款资金的支持，为此，出租人需要寻找有意向合作的银行等金融机构，达成合作意向后，双方签订《资金借贷合同》；

（四）资金落实后，出租人与主设备供应商签订主设备的《买卖合同》；

（五）在做好项目预算的基础上，出租人与承租人签订《融资租赁合同》；

（六）出租人与项目设计机构签订项目《设计合同》，设计机构可由承租人指定，也可由出租人按照承租人的相关要求选定；设计完成后，通常需要先支付大部分或全部设计费用；

（七）出租人与项目施工机构和监理机构（如有）分别签订项目《施工合同》《监理合同》，施工机构和监理机构可由承租人指定，也可由出租人按照承租人的相关要求选定；在签订过合同后，有时可能需要按照约定先支付一部分施工费用及监理费用，这完全由各相关方商议确定；

（八）基础设施建成后，出租人按照《买卖合同》的约定向项目主设备供应商支付主设备价款；

（九）主设备供应商将项目主设备交付至项目；

注：根据建设项目的特点，主设备可能是在基础设施建成后交付安装，也可能是在设施建设过程中交付安装。

（十）项目验收合格后（这一过程由承租人主导），出租人分别向设计机构、施工机构和监理机构支付或结清（如果前期已经支付部分费用的话）设计费用、施工费用和监理费用；

（十一）承租人按照《融资租赁合同》的约定，分期向出租人支付租金；

（十二）出租人按照《资金借贷合同》的约定，分期向提供贷款的金融机构支付贷款本息；

（十三）租赁期满，出租人与承租人对包括项目主设备在内的整个租赁项目的资产按照事先的约定进行处置。

二、案例

A 电子公司是一家专业生产大型通讯设备的厂家，但该类通讯设备需要安装在与之相配套的基座上方能投入使用。

B 租赁公司是一家专业的融资租赁企业，可以为承租人提供多种形式的融资租赁服务，并且与 A 电子公司曾有过多次成功合作的经历，合作模式是与 A 电子公司的一些客户开展项目融资租赁业务。

C 信息公司是一家在国内较有影响力的大型通讯企业，同时也是 A 电子公司一个非常重要的优质客户。C 信息公司近期需要建设一座大型通讯基站，基站中所需要的通讯设备拟从 A 电子公司采购。为了建设该座通讯基站，除上述通讯设备（基站的主设备）外，还需建设一台基座及配套机房，用于安放该通讯设备。经 A 电子公司引荐，C 信息公司向 B 租赁公司提出了项目融资租赁申请。

B 租赁公司经过认真考察后，认为该项目可行。于是，便制订了一个项目融资租赁方案，并与 C 信息公司及 A 电子公司进行了及时沟通。

经过认真商谈，C 信息公司与 B 租赁公司最终达成一致意见：由 B 租赁公司出资建设该通讯基站，基站的全部开支（包括通讯设备、基座、配套机房及其他相关费用）均由 B 租赁公司承担，其中，通讯设备由 B 租赁公司按照 C 信息公司的要求从 A 电子公司采购；基站建成后，由 B 租赁公司（出租人）将其出租给 C 信息公司（承租人）使用。

由于建设基座及配套机房需要专业的设计、施工和监理，于是，B 租赁公司又先后和具有相关资质的 D 设计公司、E 建设公司、F 监理公司达成了合作意向。

同时，由于当时 B 租赁公司新开展的融资租赁业务较多，其自有资金有些吃紧，为了筹齐该通讯基站项目所需要的资金，B 租赁公司决定从其他金融机构举借部分款项。经坦诚沟通和深入谈判后，B 租赁公司最终与 G 银行达成了资金借贷合作意向。

在上述各项工作均已谈妥的基础上，B 租赁公司与 A 电子公司签订了上述通讯设备的《买卖合同》，与 C 信息公司签订了《融资租赁合同》，与 D 设计公司签订了《工程设计合同》，与 E 建设公司签订了《工程施工合同》，与 F 监理公司签订了《工程监理合同》，与 G 银行签订了《资金借贷合同》；同时，A 电子公司与 C 信息公司签订了设备的《售后服务协议》。

前述《买卖合同》约定：前述通讯设备价款为 90000000.00 元，由 B 租赁公司从 A 电子公司采购，交货时间为 C 信息公司所需基站的基座及机房建成验收之日，货款由 B 租赁公司在交货时向 A 电子公司一次性付清；

《工程设计合同》约定：D 设计公司负责设计前述基座及机房，设计费为 3000000.00 元，项目竣工验收后由 B 租赁公司向其一次性付清；

《工程施工合同》约定：E 建设公司负责基座及机房的施工及所需一切材料物品（除前述向 A 电子公司采购的通讯主设备外）的采购，所需资金先由 E 建设公司垫付，施工及材料费用共计 24000000.00 元，项目竣工验收后由 B 租赁公司向其一次性付清；

《工程监理合同》约定：F 监理公司负责该项基座及机房工程的质量监理，监理费 3000000.00 元，项目竣工验收后由 B 租赁公司向其一次付清；

《资金借贷合同》约定：G 银行向 B 租赁公司提供一笔额度为 80000000.00 元、期限为 5 年的贷款，于基座及机房建成验收当日款项到位并开始计息，贷款年利率为 7.00%，每 3 个月还款一次，共 20 期，等额本息，每期还款额为 4775298.00 元，期末还款；除此之外，无其他费用。

从上述内容可以看出，该通讯基站项目的成本费用总额为 120000000.00 元，包括通信设备价款 90000000.00 元、项目设计费 3000000.00 元、施工及材料费 24000000.00 元以及监理费 3000000.00 元。

基于此，《融资租赁合同》约定：该项目设备安装完毕且通过竣工验收后，B 租赁公司将其以融资租赁的方式出租给 C 信息公司使用，租赁本金为 120000000.00 元（主设备价款加上工程设计费、施工材料费及监理费），租赁年利率为 9.00%，租赁期为 8 年，无首付款和保证金，服务费为 9600000.00 元（项目金额的 8%，须在购买主设备前支付），每 3 个月支付一期租金，共 32 期，期末支付，每期租金 5300898.00 元，项目全部资产的期末残值约定为 1000000.00 元。同时，合同还特别约定：项目租金仅以该通讯项目运营后的实际收益作为保障，出租人 B 租赁公司对承租人 C 信息公司所拥有的该项目以外的财产和收益无追索权；如果项目未来收益不足以支付相应期间的租金金额，则将该收益先全部用于支付当期租金，不足部分待下期连同下期租金一起支付并加计一定的滞纳金，以此类推。

本项目贷款及融资租赁详细方案分别见表 4－14 和表 4－15。

表 4－14　贷款方案

贷款金额	80000000.00	年利率（%）	7.00
贷款期限（年）	5	每年还款次数	4
期初/期末支付	期末支付	金额单位	元
期次	还款明细		
	当期还款	其中含本金	其中含利息
1	4775298.00	3375297.96	1400000.04
2	4775298.00	3434365.68	1340932.32
3	4775298.00	3494467.08	1280830.92
4	4775298.00	3555620.25	1219677.75
5	4775298.00	3617843.61	1157454.39
6	4775298.00	3681155.87	1094142.13
……	……	……	……
18	4775298.00	4533120.06	242177.94
19	4775298.00	4612449.66	162848.34
20	4775298.00	4693167.53	82130.47
合计	95505960.00	80000000.00	15505960.00

表 4－15　融资租赁方案（项目融资租赁）

申请金额（项目金额）	120000000.00	租金概算本金	120000000.00
租赁期限（年）	8	每年还租期数	4
服务费比率（%）	8.00	服务费	9600000.00
租赁年利率（%）	9.00	期初/期末支付	期末支付
期末残值（或名义留购价）	1000000.00	金额单位	元
期次	租金明细		
	当期租金	其中含本金	其中含利息
1	5300898.00	2600897.92	2700000.08

续表

申请金额（项目金额）	120000000.00	租金概算本金	120000000.00
2	5300898.00	2659418.12	2641479.88
3	5300898.00	2719255.03	2581642.97
4	5300898.00	2780438.27	2520459.73
5	5300898.00	2842998.13	2457899.87
6	5300898.00	2906965.59	2393932.41
……	……	……	……
30	5300898.00	4958604.74	342293.26
31	5300898.00	5070173.34	230724.66
32	5300898.00	5184252.24	116645.76
合计	169628736.00	120000000.00	49628736.00

对于贷款方案和融资租赁方案的设计，均是以该通讯基站项目的预期收益为基础的。从出租人 B 租赁公司的角度来看，在正常情况下，该基站项目未来相应期间的收益可以满足对租金的偿付需求；从贷款人 G 银行的角度来看，为了降低时间风险，一般不愿将贷款期限设置过长，但同时还应考虑每期还本付息金额与当期租金金额的合理匹配，以每期租金能够覆盖当期应偿还的贷款本息为好，这样就不会发生出租人垫还贷款本息的情况。因此，本案例中各相关方将该项目的贷款期限最终设定为 5 年，而将租赁期限设定为 8 年。

两个月后，基座及配套机房建设完毕，并已具备安装通讯主设备的条件。按照合同约定，C 信息公司向 B 租赁公司支付了租赁服务费 9600000.00 元，与此同时，G 银行向 B 租赁公司所发放的贷款 80000000.00 元也支付到位，B 租赁公司遂向 A 电子公司支付了该通讯设备价款 90000000.00 元，A 电子公司也将该设备交付到基站项目上进行安装、调试。

设备安装完毕后，经调试一切正常，基站工程顺利完成竣工验收。于是，B 租赁公司按照约定向 D 设计公司、E 建设公司、F 监理公司分别支付了设计费、施工费及材料费、监理费共计 30000000.00 元。自此，该项目正式进入租赁期。

假设项目实际投入运营后，收益状况符合预期，能够保障对各期租金的按时支付。

从表 4－14 和表 4－15 可以看出，租赁期开始后，每满 3 个月，C 信息公司即向 B 租赁公司支付租金 5300898. 00 元；B 租赁公司将其中的 4775298. 00 元作为当期的贷款本息支付给 G 银行，其余的 525600. 00 元则留给自己。

5 年后，贷款期满，B 租赁公司向 G 银行归还贷款本息共计 95505960. 00 元，其中，贷款本金 80000000. 00 元，贷款利息 15505960. 00 元。而在这 5 年里，C 信息公司共向 B 租赁公司支付租金 106017960. 00 元。

在剩余的 3 年租赁期里，C 信息公司继续按照合同约定按期向 B 租赁公司支付租金，共又支付 63610776. 00 元。连同之前 5 年支付的租金，C 信息公司在 8 年租赁期内，累计向 B 租赁公司支付租金 169628736. 00 元，其中，租赁本金共计 120000000. 00 元，租赁利息共计 49628736. 00 元。

租赁期满后，C 信息公司按照合同约定又向 B 租赁公司支付了项目残值款 1000000. 00 元，并获得了该项目全部资产的所有权。至此，该项目融资租赁业务圆满结束。

在本项目中，B 租赁公司实际动用自身资金 30400000. 00 元（项目总成本 120000000. 00 元减去贷款资金 80000000. 00 元及服务费 9600000. 00 元），而其实际毛利为：服务费 9600000. 00 元＋各期租息合计 49628736. 00 元－各期贷款利息合计 15505960. 00 元＋项目残值款 1000000. 00 元＝ 44722776. 00 元。这一收益水平，相对于 B 租赁公司所动用的自有资金规模而言，显然已经是非常高了。当然，由于项目融资租赁业务租期一般较长，项目未来收益不确定性因素较多，且对承租人 C 信息公司的其他财产及收益没有追索权，因此，B 租赁公司所承担的项目风险也是很高的。这其实又是一个遵循“高风险高收益”规则的现实案例。

需要说明的是，上面所讲的这笔项目融资租赁业务是属于直租性质的，它是在传统的直接融资租赁模式基础上延伸而来的。事实上，售后回租式的项目融资租赁业务在实务中也有应用，此类租赁项目与传统的售后回租业务在实施程序上并无太大差别，只是租赁标的物的范围不再局限于机械设备等有形动产，而是扩大到了承租人已经投入运营的包括土建设施在内的整个项目的固定资产；其交易参与方也主要是出租人和承租人，有时还会涉及提供贷款的金融机构，但由于租赁标的物是已经建成的项目，所以不会再涉及建设项目的设计方、施工方、监理方等其他机构。显然，相对于直租式的项目融资租赁业务，售后回租式的项目融资租赁业务要简单很多。鉴于此，这里也就无须另行举例详述了。

三、优缺点分析

（一）优点

对于贷款人而言，项目融资租赁的优点有：

1. 可以“借船出海”，利用债务方（出租人）的资质，开展自身原本不能开展的融资租赁业务，拓宽营利渠道；

2. 即使承租人不能如期支付租金，出租人也必须按期偿还贷款；有了承租人和出租人的双重还款保障，贷款资金风险通常会低于常规的信贷业务。

对于出租人而言，项目融资租赁的优点有：

1. 出租人参与度高，对项目的风险把控能力强；

2. 可以较容易地获得银行等金融机构的贷款，在减轻自身资金压力的情况下，往往还可以额外赚取差价收益；

3. 有利于快速拓宽市场空间，提升公司的竞争力。

对于承租人而言，项目融资租赁的优点有：

1. 可以将项目打包融资，减少在融资方面所花费的时间和精力；

2. 还租方式灵活，可以每期按具体金额还款（如本例），也可以将项目收益的一定比例抵租金。

（二）缺点

对于出租人而言，由于项目整体的可变现性差及对租金还款来源的限定，因此，项目风险较高。

对于承租人而言，由于项目的特殊性，融资准入门槛往往较高。

此外，相对于其他融资租赁模式，项目融资租赁还有一个缺点就是参与方可能较多，相关手续和法律关系复杂，容易产生各种纠纷。

第十节　销售式租赁

一、概念及操作步骤

销售式租赁（Firm Lease），是指生产厂商或者其流通部门通过自己所属或控股的融资租赁公司采用融资租赁方式促销自己的产品，从形式上来看，有点类似于产品的分期付款。由于所属关系，供货商和租赁公司（出租人）实际上是一个利益共同体，但是分别属于两个独立的法人。租赁公司作为一个集融资、贸易和信用于一体的中介性机构，需要自主承担租金回收方面的风险。

销售式租赁无论是从交易结构还是从实施流程上，都与标准的直接融资租赁业务没有根本性区别，只是租赁公司与设备厂家（供货商）之间的协作关系更为密切、利益一致性更强。同时，销售式租赁往往还有一个非常显著的特点：租赁物的通用性较强，价值相对较低，客户群体也较为广泛。

销售式租赁的交易结构如图 4－14 所示。

结合图 4－14，销售式租赁业务的具体操作步骤为：

（一）承租人根据自身生产经营所需，选择要租赁的设备和供货商；

（二）承租人向出租人（系供货商所属或控股的融资租赁公司）提出融资租赁业务申请；

（三）出租人、承租人、供货商进行技术和商务谈判；

（四）出租人与供货商签订租赁设备的《买卖合同》，同时，出租人和承租人签订租赁设备的《融资租赁合同》，承租人与供货方签订租赁设备的《售后服务协议》；

（五）出租人按照合同约定向承租人收取一定比例的首付款、保证金及服

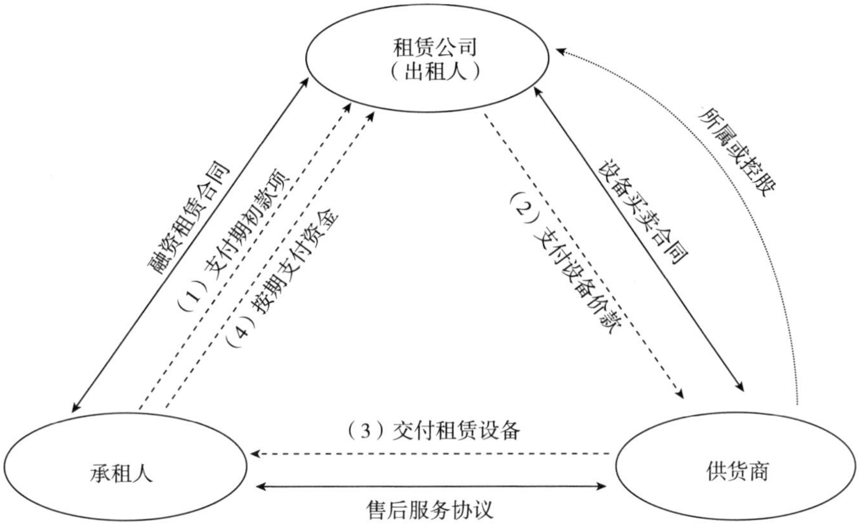

图 4-14　销售式租赁交易结构

务费等期初款项后，将货款支付给供货商；

（六）供货商按照合同要求向承租人交付租赁物；

（七）承租人按照合同约定分期向出租人支付租金；

（八）租赁期满，且在承租人完成还款的情况下，双方按照合同约定的方式对租赁物件进行处置。

二、案例

A 租赁公司是 B 汽车集团所属的全资子公司，其主要业务是为 B 汽车集团的客户提供融资服务，以促进 B 汽车集团所生产车辆的销售。

C 运输公司是一家正常经营的物流企业。由于近期市场需求不断增加，C 运输公司为提高运输能力，计划新增 5 辆货车，并打算购买 B 汽车集团所生产的车辆。经议价确认，5 辆货车的总价（含车价、购置税、牌照费等）为 3000000.00 元。

但 C 运输公司当时的资金比较紧张，没有全款购车的能力。经 B 汽车集团建议，C 运输公司同意与 A 租赁公司合作，由 A 租赁公司以融资租赁方式从 B 汽车集团购买该批车辆，再将其出租给 C 运输公司使用。

经过必要的调查后，A 租赁公司与 C 运输公司最终达成一致意见，并签订了《融资租赁合同》。合同约定：本融资租赁项目金额为 3000000.00 元，首付款为 1200000.00 元（即车辆价款的 40.00%），无保证金，服务费为 90000.00 元，租赁年利率为 10.00%，租赁期限为 2 年，按月支付租金，共 24 期，期末支付，每期租金 83061.00 元，车辆残值款共 10000.00 元。此外，由于车辆需经常上路使用，这就很有可能发生各类事故并引发纠纷，而车辆的“主人”自然也就难免其责。基于这一特殊现实，在车辆融资租赁业务中，租赁公司通常会在购买新车时就将车辆登记在承租人名下而非本租赁公司名下。根据已有法律判例，这不会影响租赁公司拥有租赁车辆的所有权。同时，在融资租赁合同中，依然会按照惯例，明确表明租赁期间车辆的所有权归租赁公司。本例也是采用了业内这一较为通用的做法。但是，作为 A 租赁公司一项重要的风险控制措施，在租赁期间，C 运输公司须将前述 5 辆货车的所有权暂时抵押给 A 租赁公司。

同时，A 租赁公司与 B 汽车集团签订了《买卖合同》。

本项目详细融资租赁方案见表 4－16。

表 4－16　融资租赁方案（销售式租赁）

申请金额（设备金额）	3000000.00	租金概算本金	1800000.00
租赁期限（年）	2	每年还租期数	12
首付款比率（%）	40.00	租赁首付款	1200000.00
服务费比率（%）	3.00	服务费	90000.00
租赁年利率（%）	10.00	期初/期末支付	期末支付
期末残值（或名义留购价）	10000.00	金额单位	元
期次	租金明细		
	当期租金	其中含本金	其中含利息
1	83061.00	68060.87	15000.13
2	83061.00	68628.04	14432.96
3	83061.00	69199.94	13861.06
4	83061.00	69776.61	13284.39
5	83061.00	70358.08	12702.92
6	83061.00	70944.40	12116.60

续表

申请金额（设备金额）	3000000.00	租金概算本金	1800000.00
……	……	……	……
22	83061.00	81018.48	2042.52
23	83061.00	81693.63	1367.37
24	83061.00	82374.41	686.59
合计	1993464.00	1800000.00	193464.00

从表4－16可以看出，C运输公司需先向A租赁公司支付首付款及服务费共计1290000.00元，A租赁公司再向B汽车集团支付全部货款3000000.00元，随后，B汽车集团向C运输公司交付车辆，租赁期由此开始。

此后，每满1个月，C运输公司向A租赁公司支付租金83061.00元。

2年后，租赁期满，C运输公司共向A租赁公司支付租金1993464.00元，其中，租赁本金1800000.00元，租赁利息193464.00元。租赁期满后，C运输公司再向A租赁公司支付10000.00元车辆残值款，并获得车辆的所有权。至此，该融资租赁项目圆满结束。

三、优缺点分析

（一）优点

对于出租人（及厂商）而言，销售式租赁的优点有：

1. 对自身所生产的产品有充分的了解，可以合理设计还款周期；

2. 有利于拓宽产品销路，提高市场竞争力。

对于承租人而言，销售式租赁的优点与直接融资租赁相同。

（二）缺点

相对于其他融资租赁模式，销售式租赁的主要缺点是：

对于承租人而言，设备首付款比例往往较高。

第十一节　联合租赁

一、概念及操作步骤

联合租赁（Joint Lease），是指两家或多家具有融资租赁业务资质的租赁公司对同一个融资租赁项目提供租赁融资服务，并由其中一家租赁公司作为牵头人，负责签订与该项目相关的《买卖合同》和《融资租赁合同》。

联合租赁实际上是信托业务同融资租赁业务的结合运用。其业务逻辑是，由一家融资租赁公司（牵头租赁公司）作为出租人，与承租人开展融资租赁交易，但是，该租赁公司并不提供项目所需的全部资金，而只是提供项目所需资金的一部分，其余部分资金则由其他的一家或多家融资租赁公司提供。牵头的租赁公司与其他租赁公司的关系是资金受托人和委托人的关系。这其实是融资租赁公司之间在承办融资规模较大的项目时的一种利益共享和风险共担的合作方式。

在实务操作中，其他各家租赁公司同牵头租赁公司先签订体现资金信托关系的《联合租赁协议》。各家租赁公司根据协议约定，按照各自所提供的租赁融资额的比例，享有该融资租赁项目的收益并分担该融资租赁项目的风险。而作为出租人的牵头租赁公司同供货商签订的买卖合同以及同承租人签订的融资租赁合同，跟传统的直接融资租赁或售后回租业务中的同类合同毫无差别，相关的操作步骤也与传统融资租赁业务模式基本相同。

细心的读者朋友可能已经发现，联合租赁与本章第三节所介绍的“委托租赁”看起来非常相似。从某种程度上来说，的确如此。这两种业务模式中都存在出租人之外的相关方为项目提供所需融资服务，并由此形成了出租人与相关资金提供方之间的资金受托和委托关系。但事实上，这两种业务模式之间还是存在明显差别的，这主要体现在两个方面：一是联合租赁的出租人（牵头租赁公司）需要提供部分项目资金，并借此分享相应的收益及分担相应的风险；而委托租赁的出租人完全是受托行事，既不需要为租赁项目出资，又不分享项目收益和承担项目风险，只是向委托方收取适当的佣金。二是联合租赁的资金委托方也是有资质的融资租赁公司，各自都可以单独开展租赁业务，只是为了共同实施某个大型租赁项目才进行了同行间的“联合”作业；而委托租赁的资金委托方则是没有融资租赁业务资质的机构，其与出租人合作的最根本原因，是为了“借船出海”，利用出租人的融资租赁资质，开展其原本所不能直接开展的业务。这一点，请读者朋友认真比较、体会。

我们再回到联合租赁。

从前文不难看出，与传统的租赁业务模式相比，联合租赁只是将项目的实际出资人由一家租赁公司变成了两家或多家租赁公司（并由其中一家负责牵头）；而对于承租人而言，这跟传统租赁模式并无实质性的差别。因此，联合租赁的业务既可以是直租性质的，也可以是售后回租性质的。

直租式的联合租赁和售后回租式的联合租赁业务的交易结构，分别如图4－15和图4－16所示。

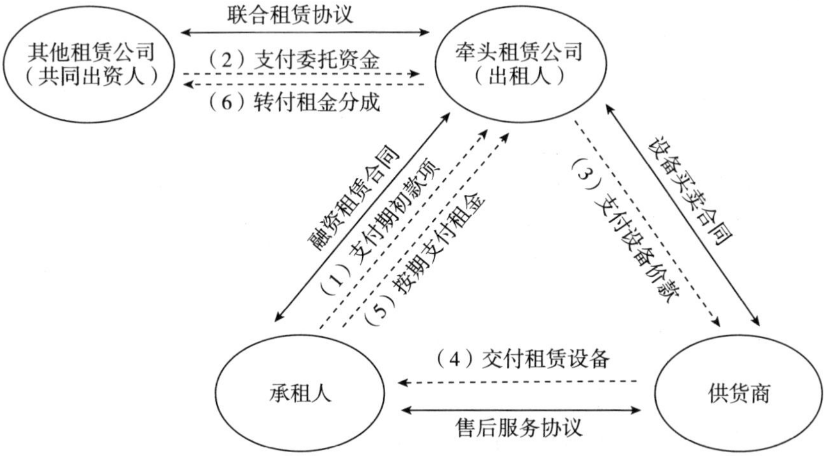

图4－15　直租式联合租赁交易结构

由图4－15，我们可以看出直租式的联合租赁业务的具体操作步骤为：

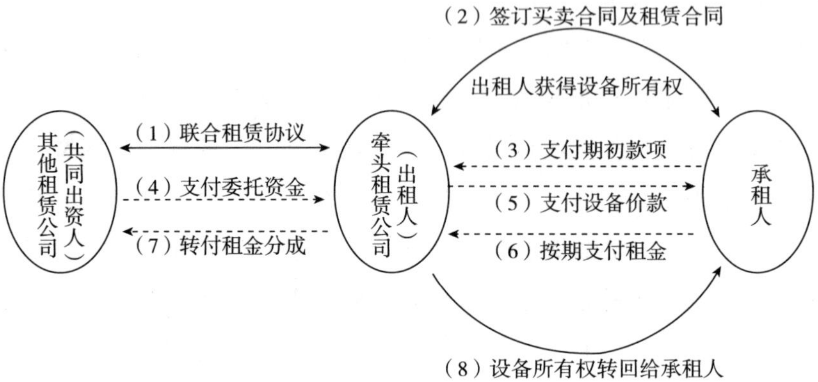

图4-16　售后回租式联合租赁交易结构

（一）承租人根据自身生产经营所需，选择要租赁的设备和供货商（厂家或经销商）；

（二）承租人向出租人（租赁牵头人）提出融资租赁业务申请；

（三）出租人、承租人、供货商进行技术和商务谈判；

（四）出租人与其他租赁公司（共同出资人）签订《联合租赁协议》，协议中明确约定各自的出资比例及金额，作为将来享受项目收益分成及承担项目风险的重要依据；

（五）出租人与供货商签订租赁设备的《买卖合同》，同时，出租人和承租人签订租赁设备的《融资租赁合同》，承租人与供货方签订租赁设备的《售后服务协议》；

（六）出租人按照合同约定向承租人收取一定比例的首付款、保证金及服务费等期初款项，并在收到其他租赁公司所委托的项目资金后，将货款支付给供货商；

（七）供货商按照合同要求向承租人交付租赁设备；

（八）承租人按照合同约定分期向出租人支付租金；

（九）出租人收到租金后，按照《联合租赁协议》所约定的比例或金额，留下自己应得的部分后，将其余租金转付给共同出资的其他租赁公司；

（十）租赁期满，且在承租人完成还款的情况下，双方对租赁设备共同进行处置，通常的做法是，出租人按照双方事先在合同中的约定，向承租人象征性地收取少量资金作为设备残值（或名义留购价），将租赁物的所有权让渡给承租人。

需要注意的是，本业务模式中的设备残值款及前期收取的服务费等，可以由出租人独享，也可以由各出资方共享，这要以《联合租赁协议》中所约定的条款为准。

售后回租式的联合租赁业务操作步骤与此同理，并与传统的售后回租业务流程大体相似，这里就不再详细阐述了。

二、案例

我们举一个直租式联合租赁业务的例子，来讲解本业务模式的实务操作方法。

A 建筑公司是一家国有的大型建筑工程施工企业，近年来该企业发展势头良好。

为了扩大业务规模，承揽更多大型的工程项目，A 建筑公司需要采购一批先进的工程施工机械。为此，A 建筑公司联系了该类工程施工机械的生产及供货厂商 B 机械公司。双方就设备的相关技术标准及设备价款等进行了商谈与沟通，并初步达成了供需意向。其中，前述施工机械的全部价款为 100000000.00 元。

但根据 A 建筑公司当时的资金状况，其并无能力直接购买上述所需设备。为此，A 建筑公司向专业开展融资租赁业务的 C 租赁公司提出了融资租赁申请。

C 租赁公司对该项目进行初步了解后，认为具有一定的可行性，并安排尽调人员对项目进行了认真的尽职调查。

在完成尽职调查工作的基础上，C 租赁公司在综合评审后认为，该融资租赁项目还款很有保障，并且项目风险可控，于是决定实施该项目。但是，由于该项目所需资金规模较大，为了控制所动用的自身资金规模，同时也为了分散项目风险，C 租赁公司遂计划以联合租赁的方式推进该项目。

经认真沟通后，C 租赁公司最终说服一直与其有着良好合作关系的同行 D

租赁公司和 E 租赁公司参与到本项目中来，三家租赁公司以联合租赁的方式共同实施该融资租赁项目，并由 C 租赁公司作为牵头租赁公司（出租人）。

随后，A 建筑公司与 C 租赁公司一起和 B 机械公司进行了全面的技术及商务谈判，并对设备金额进行了最终确认，即设备的全部价款为 100000000. 00 元。

各方达成一致意见后，开始实质性地推进该项目的实施，并签订了相关的合同和协议。具体为：C 租赁公司与 D 租赁公司及 E 租赁公司签订了《联合租赁协议》，C 租赁公司与 B 机械公司签订了租赁设备的《买卖合同》，C 租赁公司与 A 建筑公司签订了《融资租赁合同》，B 机械公司与 A 建筑公司签订了相关的《售后服务协议》。

《联合租赁协议》约定：三家租赁公司共同承担该融资租赁项目的设备采购价款 100000000. 00 元，其中，负责牵头的 C 租赁公司出资 50000000. 00 元，D 租赁公司和 E 租赁公司分别出资 30000000. 00 元和 20000000. 00 元。三方以各自出资的比例，共享项目收益，共担项目风险。C 租赁公司在收到每期租金后，须按照 5∶3∶2 的比例对租金进行分配，并将 D 租赁公司和 E 租赁公司应得的租金分成及时转付给这两家公司。此外还约定：项目服务费由牵头人 C 租赁公司独自享有，但设备残值款需按各自出资比例由三方出资人共享。

《买卖合同》约定：设备价款 100000000. 00 元需由 C 租赁公司向 B 机械公司一次性全部支付；收到货款后，B 机械公司要立即向 A 建筑公司直接发货。

《融资租赁合同》约定：该融资租赁项目金额为 100000000. 00 元，无首付款，保证金为 10000000. 00 元（项目金额的 10. 00%），服务费为 3000000. 00 元，租赁年利率为 9. 60%，租赁期限 3 年，每 3 个月还租一次，共 12 期，每期租金为 9689782. 00 元，每期期末支付。同时还约定：租赁设备的期末残值为 4000000. 00 元，待租期结束且各方履行好各自义务的情况下，由 A 建筑公司向 C 租赁公司一次性支付该残值款，设备所有权也随之转移给 A 建筑公司。

前述合同生效后，承租人 A 建筑公司需先向出租人 C 租赁公司支付上述保证金及服务费，共计 13000000. 00 元。同时，D 租赁公司和 E 租赁公司也分别将各自的出资款 30000000.00 元和 20000000.00 元支付给了 C 租赁公司。

C 租赁公司收到上述款项后，向供货方 B 机械公司支付了设备的全款 100000000.00 元。B 机械公司收到货款后，立即安排向 A 建筑公司发货。至此，该融资租赁项目买卖环节结束，正式进入租赁期。

该联合租赁项目的详细融资租赁方案见表 4－17。从表中不难看出，这与传统的直接融资租赁方案其实并无差别。

表 4－17　融资租赁方案（联合租赁）

申请金额（设备金额）	100000000.00	租金概算本金	100000000.00
租赁期限（年）	3	每年还租期数	4
保证金比率（%）	10.00	租赁保证金	10000000.00
服务费比率（%）	3.00	服务费	3000000.00
租赁年利率（%）	9.60	期初/期末支付	期末支付
期末残值（或名义留购价）	4000000.00	金额单位	元
期次	租金明细		
	当期租金	其中含本金	其中含利息
1	9689782.00	7289781.04	2400000.96
2	9689782.00	7464735.78	2225046.22
3	9689782.00	7643889.44	2045892.56
4	9689782.00	7827342.79	1862439.21
5	9689782.00	8015199.01	1674582.99
6	9689782.00	8207563.79	1482218.21
……	……	……	……
10	9689782.00	9024311.82	665470.18
11	9689782.00	9240895.31	448886.69
12	9689782.00	9462676.79	227105.21
合计	116277384.00	100000000.00	16277384.00

根据表 4－17 所示，该融资租赁项目进入租赁期后，每满 3 个月，A 建筑公司需向 C 租赁公司支付租金 9689782.00 元。而 C 租赁公司在收到每笔租金后，即将其按照 5∶3∶2 的比例分成三部分，分别为：4844891.00 元、2906934.60 元、1937956.40 元。其中，4844891.00 元为 C 租赁公司自己的租金分成，2906934.60 元和 1937956.40 元分别为 D 租赁公司和 E 租赁公司的分

成，C租赁公司应及时将其转付给后两家公司。

在3年租赁期内，A建筑公司共向C租赁公司支付12期租金，金额共计116277384.00元，其中，100000000.00元为租赁本金，16277384.00元为租赁利息。当然，这些租金均由C租赁公司、D租赁公司和E租赁公司按照各自的出资比例（5:3:2）进行分成。

租赁期满后，C租赁公司按照合同约定，向A建筑公司收取4000000.00元作为设备残值款，并将租赁设备的所有权让渡给了A建筑公司。按照《联合租赁协议》，设备残值款不能由C租赁公司独享，而应按照各自出资比例由三家租赁公司分享。于是，C租赁公司将上述设备残值款4000000.00元中的2000000.00元留给了自己，将另外的1200000.00元转付给了D租赁公司、800000.00元转付给了E租赁公司。

至此，该联合租赁项目圆满结束。在这个项目中，尽管租金和设备残值款均由三家租赁公司严格按照出资比例共同分享，但与另外两家租赁公司相比，作为牵头人的C租赁公司还独享了项目的服务费，以及由项目保证金所产生的时间价值，因此，其综合收益水平显然会高于另外两家租赁公司。

三、优缺点分析

（一）优点

对于出租人而言，除了具有类似于传统直租或售后回租业务的优点外，联合租赁模式的优点还有：

1. 可以在动用较少自身资金的情况下，开展较大的融资租赁项目；

2. 可以有效分散项目风险，仅以自身出资比例承担相应风险即可；

3. 可以借助其他租赁同行的资金“做大”项目规模，进而获得并独享非常可观的服务费等收益。

对于承租人而言，联合租赁模式的优点和传统直租或售后回租业务相同。

对于共同出资的租赁公司而言，联合租赁模式的优点有：

1. 可以在动用较少自身资金的情况下，参与到较大的租赁项目中；

2. 由于项目多由牵头租赁公司负责开发、调查和实施，因此，可以“坐享其成”，轻松分得项目收益。

（二）缺点

除类似于传统直租或售后回租业务的缺点外，联合租赁还有一个缺点就是：相关方较多，相关的发票传递环节也较多，容易产生纠纷。

我国融资租赁行业除了前面所讲的最主要的11种业务模式外，目前在融资租赁实务操作领域还存在诸如合成租赁、融资性经营租赁等其他一些业务模式。但是，这些业务模式只是在租赁公司对承租人的服务范围或者业务相关方的会计处理方式方面进行了一些创新或变通，而从交易结构的本质逻辑上来看，尚无法称为真正独立的融资租赁模式，或者说，这些业务模式基本上都可以被涵盖于本书所讲解的11种业务模式之中。关于这方面的相关情况，是无法在一本书中悉数罗列的。读者朋友只要真正掌握了本书所讲解的这11种主要业务模式，再加上适当的灵活性和变通能力，就足以应对目前市场上几乎所有的融资租赁业务了。

最后，对于本章的有关内容，再补充说明非常重要的几点：

一是本章前述各节在列举案例时，几乎每个项目都是以诸如“承租人向出租人提出融资申请”开始的，而没有过多提及租赁公司业务人员对项目的开发工作。但这仅仅是为了简化表述和突出重点的需要。承租人向出租人提出融资申请，固然是融资租赁业务中的一个必要环节（本书第三章“融资租赁业务基本实施流程”中的“项目受理”环节），但在此之前，往往需要租赁公司的业务人员先行主动去寻找或开发相关的项目（“项目开发”环节）。不能因为本章案例中未提及相关内容，就忽略了项目开发工作的重要性和必要性。事实上，真正的好项目几乎都需要业务人员去努力开发，甚至要同其他竞争对手进行激烈的“争抢”才能拿到，很少有哪个好项目会由承租人主动送进租赁公司的大门。

二是本章所列举的各个案例中的利率水平只是举例所需，不能机械地将其理解为我国融资租赁业务的固有水平。在实务中，由于不同的租赁公司对盈利水平的偏好、租赁公司自身的融资成本、承租人对资金成本的接受能力，以及项目本身的特点可能存在很大差别，因而相应地，对具体融资租赁项目利率水平的设定往往会有很大的波动空间。

三是根据《中华人民共和国合同法》第二百三十八条“融资租赁合同”的释义，对于直租类的融资租赁项目，租赁标的物的《买卖合同》通常是由出租人与供货商两方签订的，本章所列举的直租类案例也均是以此作为统一规则。但在实务中，《买卖合同》既可以由出租人与供货商两方签订，也可以由出租人、供货商和承租人三方共同签订。只要《买卖合同》中对与该项融资租赁业务相关的核心要义和内容进行了清晰表述和约定，明确了与相关《融资租赁合同》的关联和相互印证关系，该《买卖合同》由两方签订或三方签订均不影响该合同的合法有效性。

四是本章仅在第一节“直接融资租赁”案例中谈到为租赁物件办理相关保险的事宜，在其他租赁模式中均未提及，这主要是为了突出讲解的重点，避免不必要的重复。事实上，在融资租赁实务中，几乎所有的项目均可为租赁标的物投保。根据租赁物件的种类特性及出租人或债权人的不同要求，可能需要办理的与租赁物件相关的保险主要有财产保险、财产一切险、机器损坏险、营运中断险及盗窃险等。至于最终是否要给租赁物件办理保险以及办理何种保险，则需由出租人、承租人等相关方根据项目实际情况协商确定。

五是在实务操作中，作为出租人（及相关债权人，若有）的重要风险控制措施，除了可以由厂家提供设备回购担保（部分直租类项目）或由专门的担保公司提供信用担保（当然需要支付担保费）以外，对于绝大多数的融资租赁项目来说，出租人（或债权人）均可要求承租方的股东、法定代表人、实际控制人等相关利益方提供连带责任担保。而且，相较于外方提供的担保，此种做法通常不会额外增加承租方的资金成本。由于这一点几乎已经成为目前融资租赁行业的通用惯例，因而在本章中列举诸案例进行实务操作讲解时，没有再提及，在此一并说明。

六是为了便于讲解和理解，本书中所列举的相关案例，均是以固定利率作为租赁利率的。而在实务中，租赁利率采用浮动利率的案例也是比较常见的。

七是在某些租赁标的物比较特殊的租赁项目（如本章第五节所列举的飞机租赁项目）中，对租赁物的购买可能会涉及国际贸易。而与国际贸易相关的内容比较繁杂，通常会涉及准备进口资料、申请商检备案、安排中检、出通关单、报关、审价、出税单、缴税、海关现场查货、提货放行等一系列工作程序，采购方需要到商务、海关等部门办理多项手续，并且，相关手续的办理效率还会直接影响整个融资租赁项目后续的实施进度。但基于写作本书的根本目的是为了让读者朋友了解融资租赁实务操作方面更加核心的内容，因而书中对与国际贸易有关的内容未做展开阐述，而只是简要提及，点到为止。事实上，融资租赁业务中的国际贸易行为与其他任何行业的国际贸易行为都是大体相同的操作程序，有兴趣或有需要的朋友可以另行详细了解国际贸易的相关知识。

第十二节　融资租赁各主要业务模式优缺点归纳

本章所重点论述的11种主要业务模式是目前我国融资租赁市场上较为流行的租赁模式。其中，直接融资租赁、售后回租、委托租赁、转租赁、杠杆租赁、联合租赁是相对基本的6种业务模式，尤其是直接融资租赁和售后回租是融资租赁中最基本的业务模式，而其他5种业务模式则带有更多的创新意味，这是根据市场需求不断演化而来的结果。

但无论如何创新和演化，任何一种业务模式都脱离不了融资租赁的最根本内涵。每一种业务模式都有与其相适应的市场需求及其自身的独到优势，但同时，也没有哪一种业务模式是绝对完美的，相比较而言，也都各自有其自身缺点或不够完美之处。

基于前文的讲解，现将我国融资租赁11种主要业务模式的优缺点归纳起来，以便于从业人员在开展融资租赁实务过程中能够更加全面地进行比较和选择。需要指出的是，各业务模式的优缺点都是相对而言的，在许多情况下，并无绝对严格的界线。

归纳结果见表4－18。

表 4 – 18　融资租赁各主要业务模式优缺点归纳

序号	融资租赁业务模式	优点			缺点		
		对出租人	对承租人	对其他相关方	对出租人	对承租人	对其他相关方
1	直接融资租赁	1. 可以比较直接地掌握设备的价值，从而免去对设备现值的评估工作，方便确定融资额度； 2. 可以收取首付款、保证金及服务费，有时还可以暂扣设备质保金，个别情况下甚至还有贸易佣金，减少自身资金占用额度，并有效增加项目收益； 3. 可以要求供货商做出回购担保承诺，有效降低项目风险	1. 对于设备选择的自主性强； 2. 与银行贷款等其他融资方式相比，手续相对简便，审批过程简单，且融资期限较长； 3. 可以在动用较少自有资金的情况下，获得价值较高的急需设备，迅速实现设备升级以及产能扩张的目标； 4. 还租方式灵活，可以减少还款压力； 5. 承租人可将服务费以及租金本息作为增值税进项进行抵扣，从而减轻增值税纳税负担，这是银行贷款等其他融资方式所不能实现的； 6. 承租人相当于加速计提了设备折旧，并最终减少了租赁期内的纳税负担		1. 与银行贷款相比，租赁期限往往较长，因此，资金风险也相应较高； 2. 对设备（尤其是刚刚研制推出的新型设备）后续的运营状况难以提前判断，技术层面上的风险较大	1. 相对于银行贷款，资金成本有时略高； 2. 相对于售后回租类的融资租赁项目，所垫付的前期资金更多； 3. 若让供货商提供设备回购担保，难度较大，且可能增加承租人负担	

续表

序号	融资租赁业务模式	优点			缺点		
		对出租人	对承租人	对其他相关方	对出租人	对承租人	对其他相关方
2	售后回租	1. 可以现场查看租赁标的物的实际运行情况，对承租人日后的生产状况做到心中有数； 2. 可以向承租人收取保证金、服务费，减少自有资金占用额度，并增加收益； 3. 对租赁标的设备实际上是在其净现值的基础上折价“购买”的，有效降低了项目风险	1. 对于所融资金的使用比较灵活，不再局限于采购某些特定物品； 2. 办理手续简便，比银行贷款等其他融资方式审批过程简单，且融资期限较长； 3. 动用较少自有资金、获得较大额度融资，有效补充生产经营所需的流动资金； 4. 还租方式灵活，可以有效缓解还款压力； 5. 承租人可以实现加速计提设备折旧，进而减少租赁期内的纳税负担		1. 对融资标的物的真正价值不好把握，存在承租人造假抬高设备价值的风险； 2. 若未建立资金共管账户，就难以有效控制资金用途，存在承租人将资金加息后转借或从事非法、高危活动的风险	1. 相对于银行贷款，资金成本往往会略高；而相对于直租类的业务模式，也缺少了增值税进项抵扣的优势； 2. 出租人经常会要求承租人提供额外担保，以降低项目风险，这往往会增加承租人的融资成本	

续表

序号	融资租赁业务模式	优点			缺点		
		对出租人	对承租人	对其他相关方	对出租人	对承租人	对其他相关方
3	委托租赁	1. 不需亲自调查分析承租人的经营状况和偿债能力，完全是受托行事，与自有项目相比，可以避免大量的人力和财力消耗； 2. 可以获得稳定的经济收益，同时又不需要承担项目风险	类似于标准的直接融资租赁或售后回租模式。	对于委托人而言，委托租赁优点有： 1. 可以利用受托方（出租人）的融资租赁业务资质“借船出海”，开展其自身原本不能开展的业务，拓宽营利渠道； 2. 其他方面，按照委托租赁的直租式或售后回租式实质，分别类似于标准的直租模式或售后回租业务模式对于出租人的优点	1. 手续相对繁琐，需要做好委托人和承租人之间的衔接工作； 2. 项目收益往往不会太高	1. 相对于银行贷款，资金成本往往会略高； 2. 委托人往往会要求承租人提供额外担保措施，以降低项目风险，这往往会增加承租人的融资成本	对于委托人，委托租赁的缺点有： 1. 需要向受托方（出租人）支付一定数额的服务费； 2. 其他方面，按照委托租赁的直租式或售后回租式实质，分别类似于标准的直租模式或售后回租业务模式对于出租人的缺点

续表

序号	融资租赁业务模式	优点			缺点		
		对出租人	对承租人	对其他相关方	对出租人	对承租人	对其他相关方
4	转租赁	除了类似于直租或售后回租模式优点外，对于第一出租人的优点是，可以将融资租赁标的物（名义上）出租给较有实力的同行，有利于控制项目风险； 对于第二出租人的优点有： 1. 可以借用第一出租人资金或特殊资质，采购并出租相关设备； 2. 可以在不动用自身资金的情况下，开展融资租赁项目； 3. 可以赚取差价收益，实现“空手套白狼”	对于第二承租人而言，转租赁的优点类似于直接融资租赁或售后回租		对于各相关方而言，转租赁业务最明显的缺点是： 1. 关联方较多，且连动性强，容易产生各种纠纷； 2. 与单纯的融资租赁业务相比，办理程序较为复杂； 3. 相关发票的开具和传递往往会遇到一些现实困难。 此外，对于第二承租人而言，由于两家租赁公司的利息累加，所以其承租成本相对较高		

续表

序号	融资租赁业务模式	优点			缺点		
		对出租人	对承租人	对其他相关方	对出租人	对承租人	对其他相关方
5	杠杆租赁	除了类似于直接融资租赁的优点外，本模式的优点还有： 1. 可以“以小博大”，以少量自身资金撬动大型项目，享受专业优势所带来的高额利润； 2. 由于出租人对贷款资金往往是无追索权的，因此出租人的信用风险相对较低； 3. 可以将贷款利息作为增值税进项，进行税前抵扣； 4. 租赁标的物的变现能力往往较强，项目风险较低； 5. 在复杂的业务中，单独成立特殊目的公司（SPV/SPC）可以有效规避系统性风险，即便该租赁项目失败，也不致于影响到整个租赁公司	类似于直接融资租赁。	对于贷款人来说，杠杆租赁的优点有： 1. 可以“借船出海”，利用受托方（出租人）的资质，拓宽营利渠道； 2. 比一般的信贷业务安全，资金风险相对较低； 3. 由于租赁标的物多为通用设备，设备的变现能力强，项目风险较低	1. 租赁物价值往往较高，一旦在租赁期出现意外，善后工作非常复杂； 2. 许多设备的采购往往会涉及国际贸易，办理手续也相应较为复杂； 3. 租赁期往往很长，项目时间性风险相应较高； 4. 对某些设备（如刚刚研制推出的新型大型成套设备）后续的运营状况难以提前判断，风险相应较大	1. 相对于银行贷款等，资金成本往往略高； 2. 由于租赁标的物的采购经常会涉及到国际贸易，手续相对较为复杂和繁琐	对于部分贷款人来说，有时难以向出租人提供符合税务要求的发票

续表

序号	融资租赁业务模式	优点			缺点		
		对出租人	对承租人	对其他相关方	对出租人	对承租人	对其他相关方
6	结构化共享式租赁	除了具有直租模式的优点外，本模式的优点还有： 1. 除了获得手续费及资金利息外，还可以得到项目收益分成； 2. 项目收益预期一般比较稳定，项目后续经营风险相对较低； 3. 此类项目较易通过银行保理或资产证券化等方式为出租人进行再融资，进而发挥资金杠杆作用	除了具有直接融资租赁模式的优点外，本模式的优点还有： 1. 项目期限一般较长，还租压力相对较小； 2. 承租人议价能力往往较强，可以通过提高每期租金中收益分成比例的方式降低服务费及固定租金水平，以减少期初资金压力并降低自身风险		除了具有直租模式的缺点外，本模式的缺点还有： 1. 租赁期限一般较长，因此项目后续风险相应较大，收益分成的不确定性较强； 2. 承租人议价能力往往较强，经常会通过提高每期租金中收益分成比例的方式降低期初的服务费，出租人的项目前期收益一般较低	除了具有直租模式的缺点外，本模式的缺点还有： 1. 除了需要支付服务费及资金利息外，还须拿出预计项目收益中的一部分，作为共享收益分配给出租人； 2. 对于后续经营效益良好的项目，所要支付给出租人的利益分成金额也会相应较大，进而会导致整体资金成本比较高	

续表

序号	融资租赁业务模式	优点			缺点		
		对出租人	对承租人	对其他相关方	对出租人	对承租人	对其他相关方
7	风险租赁	1. 若承租人后续经营状况良好，出租人则可得到股东权益溢价收益，故综合收益水平往往会很高； 2. 出租人可以卖出其从承租人那里获得的认股权，也可以继续持有股权以获得股利，还可以通过放弃行权而直接获得经济补偿； 3. 即便承租人因经营不善破产，出租人也可以通过处置租赁设备获得一定的补偿； 4. 可以有效拓展出租人的业务范围，增强其市场竞争力，提升其业界知名度，进而不断扩大其市场份额	1. 承租方一般难以获得银行贷款，融资渠道相对较少，而本模式可以为其"雪中送炭"； 2. 避免了采用抵押贷款方式从银行进行融资在无力偿还贷款时可能造成的生存风险； 3. 相比于传统的风险投资，风险租赁的出租人并不寻求对承租人的高度控制		除了类似于标准的直接融资租赁模式或售后回租模式的缺点外，对出租人而言，风险租赁模式的缺点还有： 1. 由于承租人多为新设立企业，往往没有租赁或信用交易记录，因而承租人的违约风险相对较高； 2. 权益分成具有很大的不确定性，一旦承租人经营不善，出租人这部分收益将难以得到有效保障	除了类似于标准的直接融资租赁模式或售后回租模式的缺点外，对于承租人而言，风险租赁模式的缺点还有： 1. 与其他融资租赁业务模式相比，整体融资成本往往偏高； 2. 由于通常会涉及股权变更，因此，办理程序相对更加繁琐	

续表

序号	融资租赁业务模式	优点			缺点		
		对出租人	对承租人	对其他相关方	对出租人	对承租人	对其他相关方
8	捆绑式融资租赁	除了具有标准的直接融资租赁的优点外，本模式优点还有： 1. 可以动用较少自有资金，启动较大项目； 2. 由于承租人支付的期初款项所占项目资金的比例较高，因而项目整体风险较低	类似于标准的直接融资租赁业务模式	对于厂商而言，这种类似于部分“赊销”的业务模式，可以迅速扩大产品销路，占领更大的市场份额	类似于标准的直接融资租赁业务模式	除了类似于标准的直接融资租赁模式的缺点外，风险租赁模式的缺点还有：首付资金（保证金和首付款）的比例较其他融资租赁模式偏高；再加上服务费，承租人的前期资金压力较大	对于厂商而言，这种类似于部分“赊销”的业务模式，因货款延付，损失了相应的时间价值，同时也增加了资金回收风险

续表

<table>
<tr><th rowspan="2">序号</th><th rowspan="2">融资租赁业务模式</th><th colspan="3">优点</th><th colspan="3">缺点</th></tr>
<tr><th>对出租人</th><th>对承租人</th><th>对其他相关方</th><th>对出租人</th><th>对承租人</th><th>对其他相关方</th></tr>
<tr><td rowspan="2">9</td><td rowspan="2">项目融资租赁</td><td rowspan="2">1. 出租人参与度高，对项目的风险把控能力强；
2. 可以较容易地获得银行等金融机构的贷款，在减轻自身资金压力的情况下，往往还可以额外赚取差价收益；
3. 有利于快速拓宽市场空间，提升公司的竞争力</td><td rowspan="2">1. 可以将项目打包融资，减少在融资方面所花费的时间和精力；
2. 还租方式灵活，可以每期按具体金额还款，也可以将项目收益的一定比例抵租金</td><td rowspan="2">对于贷款人来说，项目融资租赁的优点有：
1. 可以“借船出海”，利用债务方（出租人）的资质，开展自身原本不能开展的融资租赁业务，拓宽营利渠道；
2. 即使承租人不能如期支付租金，出租人也必须按期归还贷款；有了承租人和出租人的双重还款保障，贷款资金风险通常会低于常规的信贷业务</td><td>由于项目整体的可变现性差以及对租金还款来源的限定，因此，项目风险较高</td><td>由于项目的特殊性，融资准入门槛往往较高</td><td></td></tr>
<tr><td colspan="3">相对于其他融资租赁模式，项目融资租赁还有一个缺点就是参与方可能较多，相关手续和法律关系复杂，容易产生各种纠纷</td></tr>
<tr><td>10</td><td>销售式租赁</td><td>1. 对自身产品有充分的了解，可以合理设计还款周期；
2. 有利于协助厂商（股东）拓宽产品销路，提高市场竞争力</td><td>与直接融资租赁类似</td><td>有利于拓宽产品销路，提高市场竞争力</td><td></td><td>设备首付款比例往往较高</td><td></td></tr>
</table>

续表

序号	融资租赁业务模式	优点			缺点		
		对出租人	对承租人	对其他相关方	对出租人	对承租人	对其他相关方
11	联合租赁	除了具有类似于传统直租或售后回租业务的优点外，联合租赁业务模式的优点还有： 1. 可以在动用较少自身资金的情况下，开展较大的融资租赁项目； 2. 可以有效分散项目风险，仅以自身出资比例承担相应风险即可； 3. 可以借助其他租赁同行的资金“做大”项目规模，进而获得并独享非常可观的服务费等收益	类似于传统直租或售后回租业务	对于共同出资的租赁公司，联合租赁业务模式的优点有： 1. 可以在动用较少自身资金的情况下，参与到较大的租赁项目中； 2. 由于项目多由牵头租赁公司负责开发、调查和实施，因此可以“坐享其成”，轻松分得项目收益	除了类似于传统直租或售后回租业务的缺点外，联合租赁还有一个缺点就是：相关方较多，相关的发票传递环节也较多，容易产生纠纷		

第五章

租赁公司自身的融资

前面第三章和第四章分别讲解了融资租赁业务的基本操作流程和我国融资租赁的主要业务模式。

在认真阅读完之前内容后，相信读者朋友已经对我国融资租赁实务操作层面上的情况有了比较全面的了解和掌握。对于融资租赁公司来说，如何开发优质项目并做好项目的风险控制工作，进而合理地创造利润，显然是其生存和发展的头等大事，前面两章所解决的也正是这个问题。

然而，除了要积极开发优质项目之外，融资租赁公司还有另一项同样重要的工作要做，那就是其自身的融资问题。对于任何一家融资租赁公司而言，如果仅靠其原有的资本金开展业务、然后等资金回流后再拓展新的业务，那它就很难真正发展起来，也发挥不了其应有的资金杠杆作用。因此，为了快速发展业务，租赁公司自身也需要不断地从外部进行融资。

从本质上来讲，融资租赁公司应该不断地进行资金筹集和资金投放，这和其他金融机构的基本运营原理并无二致。资金筹集和资金投放都是融资租赁公司的核心工作，是租赁公司得以稳健前行的“左腿”和“右腿”，二者相辅相成，缺一不可。可以毫不夸张地说，不论是有资金没项目，或者是有项目没资金，都会直接影响并严重制约租赁公司的持续、健康发展。

前面两章所讲解的融资租赁实务操作方面的内容，所要解决的其实就是租赁公司如何进行资金投放的问题。本章则要专门介绍租赁公司资金筹集即租赁公司自身的融资问题。

需要特别指出的是，尽管“商务系”的租赁公司和“金融系”的租赁公司在开展具体融资租赁业务时基本上没有差别，但在进行自身再融资时，却因为各自的主管部门不同和现行的一些具体规定，这两类租赁公司还是有一些明显不同之处。关于这一点，在后文将会明确提及，请读者朋友在阅读时留意比较。

本章主要涉及两个方面的内容：租赁公司自身融资的相关政策和具体的融资方式。

一、相关政策解读

和其他金融机构或类金融机构一样，融资租赁公司所从事的是高风险的金融业务。为了防范市场风险、系统风险和操作风险，行业相关主管部门对租赁公司的（相对）业务规模有明文规定，要求租赁公司必须保持合理的资本充足率，以具备应有的抵御风险的能力。由于不同类型租赁公司的行业主管部门不同，因此，这些相关的规定在表述上也存在一些差别。详细情况分别如下：

商务部出台的《融资租赁企业监督管理办法》（商流通发〔2013〕337号）第二十二条规定：“融资租赁企业的风险资产（租赁资产余额减去项目保证金后的金额，下同）不得超过净资产总额的10倍”。

商务部出台的《外商投资租赁业管理办法》（中华人民共和国商务部令2005年第5号）第十六条规定：“为防范风险，保障经营安全，外商投资融资租赁公司的风险资产一般不得超过净资产总额的10倍”。

银监会出台的《金融租赁公司管理办法》（中国银监会令2014年第3号）第四十八条规定：“金融租赁公司资本净额与风险加权资产的比例不得低于银监会的最低监管要求”。而按照银监会的相关最低监管要求（资本充足率不低于8%）推算，金融租赁公司的风险加权资产最高可以达到其资本净额的12.5倍。

上述三项规定，释放出两方面的信号：一是为了发挥自身应有的资金杠杆作用，租赁公司应积极进行再融资以便开展更多的租赁业务，而不应该仅依靠其原有的资本金或净资产开展业务、维持生存；二是为了防范行业的系统性风险，租赁公司的风险资产规模相对于其资本金或净资产的倍数不能超过规定标准。换句话说，这些规定其实是一种审慎性的鼓励政策。

《国务院办公厅关于加快融资租赁业发展的指导意见》（国办发〔2015〕68号）提出：“鼓励银行、保险、信托、基金等各类金融机构在风险可控前提下加大对融资租赁公司的支持力度。积极鼓励融资租赁公司通过债券市场募集资金，支持符合条件的融资租赁公司通过发行股票和资产证券化等方式筹措资金。支持内资融资租赁公司利用外债，调整内资融资租赁公司外债管理政策。简化程序，放开回流限制，支持内资融资租赁公司发行外债试行登记制管理。支持融资租赁公司开展人民币跨境融资业务。支持融资租赁公司利用外汇进口先进技术设备，鼓励商业银行利用外汇储备委托贷款支持跨境融资租赁项目。研究保险资金投资融资租赁资产。支持设立融资租赁产业基金，引导民间资本加大投入。”

《国务院办公厅关于促进金融租赁行业健康发展的指导意见》（国办发〔2015〕69号）提出：“允许符合条件的金融租赁公司上市和发行优先股、次级债，丰富金融租赁公司资本补充渠道。允许符合条件的金融租赁公司通过发行债券和资产证券化等方式多渠道筹措资金。研究保险资金投资金融租赁资产。适度放开外债额度管理要求，简化外债资金审批程序。支持金融租赁公司开展跨境人民币业务，给予金融租赁公司跨境人民币融资额度。积极运用外汇储备委托贷款等多种方式，加大对符合条件金融租赁公司的支持力度。建立形式多样的租赁产业基金，为金融租赁公司提供长期稳定资金来源。”

这是国务院为促进融资租赁行业快速发展而提出的非常明确的指导意见，充分体现了国家层面对租赁类公司在自身融资渠道拓宽和多元化探索方面所持的鼓励和支持态度。

二、融资方式

目前，我国租赁公司的主要融资方式有股权融资和债权融资两大类，这里面又分别包括股东增资、上市融资、银行信贷、债市融资、信托融资、租赁资产证券化、海外融资，以及通过业务模式创新进行融资等不同的具体融资方式。

（一）股权融资

股权融资，是指租赁公司原有股东通过对公司进行直接增资，或者原有股东愿意让出部分股权进而通过对公司增资的方式引进新的股东进行融资的方式，其最终目的是使租赁公司的总股本得到有效增加。对于通过股权融资所获得的资金，租赁公司无须还本付息，但新股东将有权与老股东一起按照各自持股比例分享公司的盈利与成长。

在实务中，我国租赁公司股权融资的具体方式有：

1. 原有股东直接增资

即租赁公司原有的股东对租赁公司追加一定数额的资本金。如果原有股东不只一方，则各方股东既可按照各自持股比例进行同比例增资（增资后各股东方持股比例不变），也可以不按持股比例进行增资（增资后各股东方持股比例会有相应变动）。

股东增资的作用有两个：一是可以通过增资缓解租赁公司的短期资金缺口；二是通过股东增资，可以按照监管部门所规定的杠杆倍数（如前文，商务部规定的“净资产的10倍”或者银监会规定的“资本净额的12.5倍”），开展更多的租赁业务。事实上，股东增资的第二个作用更为重要也更具有长远意义。

股东增资的方式，在各类租赁公司都很常见，尤其在金融系租赁公司即金融租赁公司更为普遍。这是因为，金融租赁公司资产规模近几年增长更为迅速，很多公司的业务规模（风险资产规模）在达到了银监会规定的杠杆倍数上限后，为了开展更多业务，这些公司就会通过股东增资来扩大资本金（及净资产）规模，进而合规地获得更大的租赁业务规模空间。

2. 上市融资

上市融资，指将公司股票在公开资本市场上按照相关交易规则发行出售，从而获取相应的资金。

上市融资是近几年我国多家租赁公司一直在积极尝试的新型融资方式，并且已经取得了一些成功的经验。融资场所可以是境内的主板或者新三板等股票交易市场，也可以是境外的资本市场。如业内发展规模较大的渤海租赁、远东租赁等公司都已经成功实现上市融资，这为业内其他公司树立了很好的榜样。

3. 引入保险资金等作为战略投资者

如前文《国务院办公厅关于加快融资租赁业发展的指导意见》所鼓励和倡导的那样，租赁公司应积极探索、尝试以合适的方式引入保险资金等作为战略投资者，在不断优化公司股权结构的同时，进一步增厚公司的资本金。这种做法比较符合国家的相关政策导向，并且也已经出现成功案例。同时，相比于上市融资，引入战略投资者的程序相对要简单很多，相信将来一定能够发展成为一种比较主流的融资渠道。

（二）债权融资

所谓债权融资，是指租赁公司为了解决营运资金短缺的问题，通过借钱的方式从外部进行融资的行为。债权融资属于传统型的融资方式，在实务中较为普遍。若以这种方式进行融资，租赁公司不仅要按照约定日期向债权人到期归还本金，同时还要承担所融资金的相应利息。

就目前情况来看，租赁公司进行债权融资的具体方式主要有以下几类：

1. 银行信贷融资

（1）流动资金贷款

和其他各种类型的企业一样，直接向银行申请流动资金贷款是租赁公司最为常见的融资方式。

“商务系”的融资租赁公司多是通过由相关合作银行向其直接授信的方式进行流动资金贷款，当然，贷款期限和还款方式需由双方根据实际情况进行约定。

而根据银监会的相关监管要求，“金融系”中以银行作为发起人的金融租赁公司不能从其母行（作为该租赁公司大股东或控股股东的银行）直接获得信贷融资，因而在实际运作中，各金融租赁公司的母行多是通过互相交叉为他行下属的租赁公司进行授信的方式，进而在授信权限下为这些租赁公司开展中长期的流动资金贷款业务。但是，“金融系”租赁公司可以吸收其非银行股东 3 个月（含）以上的定期存款。

此外，还有一些跨国公司所设立的外资融资租赁公司，会利用某些外资银行开拓中国市场的需求，加之这些外资银行与其母公司有较为广泛的业务往来，进而通过与外资银行合作，开展中长期贷款融资业务。此类融资的成本往往较低，有时甚至会低于基准利率。但在我国目前还不算太宽松的金融市场中，银行对此限制较多，所以在实务中运用的比例尚不算高。

（2）银行保理

所谓银行保理，是指租赁公司将其现在或将来的基于其与承租人订立的融资租赁合同所产生的应收租金转让给银行，银行借此为其提供一笔相应额度信贷资金的融资模式。银行保理业务又可分为有追索权保理和无追索权保理。

①有追索权保理，指保理银行不负责为承租人核定信用额度和提供坏账担保的义务，仅向其提供以融资为主的其他服务。无论应收租金因何种原因不能按期收回，保理银行都有权向租赁公司索回已支付的融资款项。按照我国现行市场，有追索权保理是目前各家银行对租赁公司运用较多的金融产品。

通过有追索权保理，租赁公司可以有效地防范流动性风险，实现租金收入现金流与还款现金流的匹配，避免短借长投的风险。同时，由于保理融资被界定为贸易背景下的融资，系银监会和中国人民银行所鼓励的金融品种，因此，银行在此品种下往往会有较大的头寸和规模。

②无追索权保理，指保理银行凭借应收租金转让向租赁公司融通资金后，即放弃对该租赁公司追索的权力，保理银行独自承担承租人拒绝付款或无力

付款的风险。

由于无追索权保理业务对于银行来说风险很高，因此，能够以自身所开发的融资租赁项目向银行进行无追索权保理的租赁公司少之又少。

在实务中，无追索权保理业务大多是这样开展的：融资租赁项目由银行事先选定，租赁公司在项目运作上仅仅作为业务通道或平台，项目做成后当即完成无追索权保理，实际出资人仍为银行。这实际上是银行规避监管限制，通过租赁公司放贷的一种变通。从交易模式上来看，这比较类似于委托租赁业务，即银行相当于“委托人”，租赁公司相当于“受托人”及“出租人”。但它又不属于委托租赁业务，因为委托租赁业务的租赁合同中会明确指出银行与租赁公司之间的资金委托与受托关系，而本段中所谈的这种业务模式的租赁合同中是不体现银行这一角色的。所以，在一定程度上，我们可以将这种无追索权保理业务理解为“明保理、暗委托”。

（3）同业拆借

同业拆借，又称同业拆放，是指金融机构之间进行短期、临时性资金头寸调剂的行为。金融租赁公司可以通过同业拆借市场开展短期流动资金拆借（拆借期限为 3 ~ 12 个月，实务中多为 3 个月），将其用于融资租赁项目上。虽然存在资金周期错配的风险，但由于其成本通常会远低于其他融资方式，因而出于利润方面的考虑，金融租赁公司仍会较多采用此种方式进行融资，有时候，同业拆借资金甚至可占其全部融资的 80% ~ 90%。国有商业银行控股的金融租赁公司尤其偏爱此种融资方式。

需要说明的一点是，由于监管部门不同以及监管办法等方面的差异，金融系的金融租赁公司可以直接开展同业拆借业务，而商务系的融资租赁公司则必须先要经过相关部门批准后方可进行同业拆借，在程序上自然也会繁琐一些。

（4）银团贷款

银团贷款，指由两家或两家以上的银行，基于相同的贷款条件，并依据同一贷款协议，按照约定的时间和比例，通过代理行向租赁公司提供的本外币贷款或授信业务。银团贷款规模一般较大，而且贷款期限较长，它是各相关银行基于资金额度和风险共担方面的考虑而开展的特殊信贷模式。

需要注意的是，这里所说的银团贷款和本书第四章第五节在介绍“杠杆租赁”业务模式时所说的银团贷款是有区别的。这里所说的银团贷款是银行与租赁公司之间一种单纯的借贷业务，只是参与提供贷款资金的银行不再是传统意义中的一家，而是两家或者多家，且该类贷款对租赁公司是有全部追索权的，相关银行也不会参与到租赁公司所开展的具体项目中；而在介绍“杠杆租赁”业务模式时所说的银团贷款尽管在名义上也是银行与租赁公司之间形成的资金借贷关系，但与此同时，相关银行也深度参与到了所开展的融资租赁项目之中，并且该类贷款对租赁公司通常是没有追索权的，贷款本息的偿还主要是以承租人所支付的租金作为第一资金保障。

（5）银行理财融资

所谓银行理财融资，指租赁公司通过将租赁资产注入银行理财资产池发行结构化产品来进行融资的方式。

出于成本方面的考虑，金融租赁公司采用此种方式融资所发行的理财产品期限一般都不会超过90天，因而仍然存在资金周期错配的风险。而其他类型的租赁公司发行此类理财产品的期限最长可达3年，可以更好地与租赁业务进行资金匹配。

2. 债市融资

（1）金融债券

金融债券是金融机构作为筹资主体，为筹措资金而面向个人发行的一种有价证券，是表明债权债务关系的一种凭证。它属于相关金融机构的主动负债。金融债券按照法定程序发行，并承诺按照约定利率定期支付利息、到期偿还本金。

自2009年中国人民银行与银监会联合发布公告，允许符合条件的金融租赁公司和汽车金融公司发行金融债券以来，金融债券已经成为金融租赁公司的又一新型融资渠道。但限于目前国内公众对租赁资产的认可程度、债券的存续期、相关监管要求以及流动性因素等，金融租赁公司发行的金融债券在用款时效、规模、成本等方面仍然存在诸多局限。如按照银监会的相关规定，金融租赁公司若要发行金融债券，其最近3年必须连续盈利，并且最近1年的利润率必须不低于行业平均水平，最近1年的不良资产率必须低于行业平均水平。而在实务中，金融租赁公司常常只能满足其中的部分条件，因此，金融债券较难获批。

还要说明的一点是，由于发行金融债券的主体必须是金融机构，所以租赁公司中只有金融系的金融租赁公司可以发行金融债券，而商务系的租赁公司因为没有金融许可证（从名分上说还不能算作金融机构），因而无法发行金融债券。

（2）“点心债”

所谓的“点心债”，其实就是香港的离岸人民币债券。

香港人把粤式点心的概念挪用到金融产品市场上，创造出了“点心债”这一俏皮的特有金融词汇，用来指称近年来所兴起的香港离岸人民币债券。之所以获得此名，主要原因是此类型债券的发行体量一般较小，平均每笔债券的融资规模仅有10亿元人民币，这对于大型的机构投资者而言，显然属于“迷你型”债券，就像一块小小的“点心”一样。

自2007年国家开发银行首次发行这种以人民币定价并以人民币结算的债券以来，几乎所有的“点心债”都获得了超额认购，常常是被一抢而空。

近几年来，已有国内融资租赁公司（或者通过其母公司）在香港成功发行“点心债”。如2011年5月，远东租赁曾通过其母公司远东宏信有限公司在香港发行了一笔2014年到期的规模为12.5亿元的人民币债券，年利率为3.9%。

“点心债”因其具有融资成本低、融资期限能够较好地匹配租赁期限等独特优势，也日益成为许多有外资背景的租赁公司的重要融资渠道。这些租赁公司依托其母公司在全球的品牌知名度以及在全球金融市场上融资的便利性，常常开展“点心债”融资。如卡特彼得公司继2010年11月在香港发行10亿元人民币债券后，又于2011年7月再度赴港发行人民币“点心债”，发行“点心债”所融资金的主要用途就是开展融资租赁业务。此外，三井住友、欧力士等融资租赁公司也曾通过此种方式进行融资。

（3）中期票据

中期票据，指具有法人资格的非金融企业在银行间债券市场按照计划分期发行的、约定在一定期限内还本付息的债务融资工具。中期票据的期限通常在5~10年。

目前，一些实力较强的融资租赁公司已经成功发行过中期票据。如2014年9月，远东租赁成功发行了一期15亿元的5年期中期票据。该期票据由国家开发银行主承销，中国工商银行联席主承销。这是商务系融资租赁公司首次在国内债务资本市场发债融资，是继银团贷款、“点心债”之后，租赁企业所打通的又一个引入长期资金的融资渠道，同时也为其他租赁公司开展多元化融资提供了示范、树立了榜样。

3. 信托融资

信托融资，指委托人（公众投资者）基于对信托投资公司的信任，将自己合法拥有的资金委托给信托投资公司，再由信托投资公司按照委托人的意愿并以该信托投资公司自己的名义，将资金运用于受益人（租赁公司）所开展的融资租赁业务之中的行为。

与银行信贷不同，信托融资由于面向的是公众投资者，因此，从理论上来讲其业务规模受货币政策的影响相对较小。但是，就目前的市场情况而言，信托融资的成本依然较高，这就要求融资租赁项目必须要有足够高的收益率来进行成本覆盖，因此，租赁公司通过信托模式进行融资的做法在我国尚未真正形成规模。

4. 资产证券化

租赁资产证券化，指租赁公司将其拥有的缺乏流动性但具有可预期收入的融资租赁资产（应收租金），通过一系列的资产结构安排，对资产中风险与收益要素进行分离与重组，将其转换为在资本市场上可以出售和流通的租赁资产支持证券，进而获取融资以最大程度地提高资产流动性的过程。

2012年11月，“工银租赁专项资产管理计划”获证监会通过，成为国内金融租赁企业首支获准发行的资产证券化产品。此后，多家不同类型的租赁公司也陆续成功实现了租赁资产的证券化。

租赁资产证券化计划可以较好地和项目租赁期限进行匹配，且融资成本相对合理，它是一种新型的也是被实践证明行之有效的增强租赁公司资产流动性的手段。但其不足之处是时效性较差，从计划设立到实际发行用时往往较长，而且监管部门目前对此仍持较为谨慎的态度，不易批复。

5. 境外融资

境外融资又称海外融资，顾名思义，指租赁公司在中国国境之外的国家或地区进行融资的行为。从目前的实务来看，此种融资方式只有外资融资租赁公司可以开展。

外资融资租赁公司依据中国大陆对外债管理的相关规定，通过与海外银行开展应收租金保理、银行贷款等方式进行融资。若公司在中国大陆被界定为外商投资企业，按照现行有关外债管理规定，此类企业所借用的外债规模不得超出其“投注差”，即外商投资企业借用的短期外债余额、中长期外债发生额以及境外机构保证项下的履约余额之和不得超过其投资总额与注册资本的差额。据此，符合条件的外资融资租赁公司可以根据注册资本与借用外债的关系，从境外进行融资。

进行境外融资的根本目的是为了获得比国内成本更低的资金。目前，除了原有的外资融资租赁公司之外，许多内资租赁公司也已经通过联合合适的外资企业成立合资的融资租赁子公司的方式，打开了从境外进行融资的渠道。

6. 通过业务模式创新进行融资

除了上述各种融资渠道外，租赁公司可以作为转租人开展转租赁业务，作为受托人开展委托租赁业务，而对于某些合适的项目，还可以开展杠杆租赁及联合租赁等，从本质上来说，这些都属于租赁公司通过对业务模式的不断创新而实现的变相融资方式。当然，其中部分方式尚不能算作严格意义上的独立融资模式，如杠杆租赁业务中向银行或财团的融资，实际就是租赁公司通过租赁业务模式创新而实现的资金借贷，它依然属于债权融资的范畴，只不过在部分条款安排上有异于常规的信贷业务而已（如杠杆租赁中的债权方通常对作为出租人的租赁公司无追索权，而只能以承租人支付的租金及租赁项目资产作为其所出资金的还款来源和保障）。

综上不难看出，在租赁公司的各种主要融资方式中，股权融资的效用是双重的：一是能够直接获得资金面上的支持；二是能够在融资后通过法定杠杆比率扩大业务规模的理论空间。而其他各种债权性质的融资方式则通常只有第一种功能，即单纯地获得资金。从某种意义上来说，股权融资方式更多的是为扩大租赁公司的业务规模提供理论上的可能性，而其他各种融资方式则是为把这种可能性转化成现实而添砖加瓦。各种融资方式相辅相成、相得益彰，租赁公司应根据自身的实际发展状况有选择、有重点地进行积极尝试。

一般来说，各家发展成熟的租赁公司都会设有专门的融资部门并配备相应的人员，专职负责本公司从外部进行融资的相关工作。但在具体的融资过程中，往往还需要公司其他部门的相关人员给予必要的协助和配合。比如，租赁公司若要开展应收租金银行保理或者租赁资产证券化工作，就离不开具体负责相关融资租赁项目的业务人员的深度参与和积极配合。

至此，本书将关乎租赁公司生存和发展的两项重要内容——融资租赁项目的实务操作和租赁公司的自身融资——全部讲解完毕。从长远发展的角度来看，租赁公司的融资工作也可以算作其实务的一部分，因为资金筹集和资金投放工作本身就是无法完全割裂的，二者是一种互相成全、互相促进的关系。租赁公司只有很好地同时解决了项目开发和持续融资的问题，才有可能实现快速、稳健、持久的发展。

最后，必须明确指出的一点是，对于融资租赁从业人员来说，要想真正成为本行业的成熟人才甚至行家里手，光靠书面知识是远远不够的。从业人员还必须积极参与到具体的租赁项目中去，将从本书及其他相关书籍中所学习和掌握的知识灵活运用到实务中，在一次次的实战中，不断总结经验，不断吸取教训，进而全面提升自己的综合业务技能。

此外，为方便读者朋友（尤其是融资租赁从业人员）更好地了解我国融资租赁行业相关的政策法律环境，本书专门对我国融资租赁行业的“四大支柱”（法律法规、行业监管、会计准则、税收政策）及其他与本行业密切相关的重要政策文件进行了梳理和选编，并将其作为本书的附录，附于本章之后。建议读者朋友认真阅读。

附　录

融资租赁相关主要法律法规及政策文件

《中华人民共和国合同法》第十四章“融资租赁合同”

第二百三十七条 融资租赁合同是出租人根据承租人对出卖人、租赁物的选择，向出卖人购买租赁物，提供给承租人使用，承租人支付租金的合同。

第二百三十八条 融资租赁合同的内容包括租赁物名称、数量、规格、技术性能、检验方法、租赁期限、租金构成及其支付期限和方式、币种、租赁期间届满租赁物的归属等条款。融资租赁合同应当采用书面形式。

第二百三十九条 出租人根据承租人对出卖人、租赁物的选择订立的买卖合同，出卖人应当按照约定向承租人交付标的物，承租人享有与受领标的物有关的买受人的权利。

第二百四十条 出租人、出卖人、承租人可以约定，出卖人不履行买卖合同义务的，由承租人行使索赔的权利。承租人行使索赔权利的，出租人应当协助。

第二百四十一条 出租人根据承租人对出卖人、租赁物的选择订立的买卖合同，未经承租人同意，出租人不得变更与承租人有关的合同内容。

第二百四十二条 出租人享有租赁物的所有权。承租人破产的，租赁物不属于破产财产。

第二百四十三条 融资租赁合同的租金，除当事人另有约定的以外，应当根据购买租赁物的大部分或者全部成本以及出租人的合理利润确定。

第二百四十四条 租赁物不符合约定或者不符合使用目的的，出租人不承担责任，但承租人依赖出租人的技能确定租赁物或者出租人干预选择租赁物的除外。

第二百四十五条 出租人应当保证承租人对租赁物的占有和使用。

第二百四十六条 承租人占有租赁物期间，租赁物造成第三人的人身伤害或者财产损害的，出租人不承担责任。

第二百四十七条 承租人应当妥善保管、使用租赁物。承租人应当履行占有租赁物期间的维修义务。

第二百四十八条 承租人应当按照约定支付租金。承租人经催告后在合理期限内仍不支付租金的，出租人可以要求支付全部租金也可以解除合同，收回租赁物。

第二百四十九条 当事人约定租赁期间届满租赁物归承租人所有，承租人已经支付大部分租金，但无力支付剩余租金，出租人因此解除合同收回租赁物的，收回的租赁物的价值超过承租人欠付的租金以及其他费用的，承租人可以要求部分返还。

第二百五十条 出租人和承租人可以约定租赁期间届满租赁物的归属。对租赁物的归属没有约定或者约定不明确，依照本法第六十一条的规定仍不能确定的，租赁物的所有权归出租人。

最高人民法院关于审理融资租赁合同纠纷案件适用法律问题的解释

（2013 年 11 月 25 日最高人民法院审判委员会第 1597 次会议通过）

为正确审理融资租赁合同纠纷案件，根据《中华人民共和国合同法》《中华人民共和国物权法》《中华人民共和国民事诉讼法》等法律的规定，结合审判实践，制定本解释。

一、融资租赁合同的认定及效力

第一条　人民法院应当根据合同法第二百三十七条的规定，结合标的物的性质、价值、租金的构成以及当事人的合同权利和义务，对是否构成融资租赁法律关系作出认定。

对名为融资租赁合同，但实际不构成融资租赁法律关系的，人民法院应按照其实际构成的法律关系处理。

第二条　承租人将其自有物出卖给出租人，再通过融资租赁合同将租赁物从出租人处租回的，人民法院不应仅以承租人和出卖人系同一人为由认定不构成融资租赁法律关系。

第三条　根据法律、行政法规规定，承租人对于租赁物的经营使用应当取得行政许可的，人民法院不应仅以出租人未取得行政许可为由认定融资租赁合同无效。

第四条　融资租赁合同被认定无效，当事人就合同无效情形下租赁物归属有约定的，从其约定；未约定或者约定不明，且当事人协商不成的，租赁物应当返还出租人。但因承租人原因导致合同无效，出租人不要求返还租赁物，或者租赁物正在使用，返还出租人后会显著降低租赁物价值和效用的，人民法院可以判决租赁物所有权归承租人，并根据合同履行情况和租金支付情况，由承租人就租赁物进行折价补偿。

二、合同的履行和租赁物的公示

第五条 出卖人违反合同约定的向承租人交付标的物的义务，承租人因下列情形之一拒绝受领租赁物的，人民法院应予支持：

（一）租赁物严重不符合约定的；

（二）出卖人未在约定的交付期间或者合理期间内交付租赁物，经承租人或者出租人催告，在催告期满后仍未交付的。

承租人拒绝受领租赁物，未及时通知出租人，或者无正当理由拒绝受领租赁物，造成出租人损失，出租人向承租人主张损害赔偿的，人民法院应予支持。

第六条 承租人对出卖人行使索赔权，不影响其履行融资租赁合同项下支付租金的义务，但承租人以依赖出租人的技能确定租赁物或者出租人干预选择租赁物为由，主张减轻或者免除相应租金支付义务的除外。

第七条 承租人占有租赁物期间，租赁物毁损、灭失的风险由承租人承担，出租人要求承租人继续支付租金的，人民法院应予支持。但当事人另有约定或者法律另有规定的除外。

第八条 出租人转让其在融资租赁合同项下的部分或者全部权利，受让方以此为由请求解除或者变更融资租赁合同的，人民法院不予支持。

第九条 承租人或者租赁物的实际使用人，未经出租人同意转让租赁物或者在租赁物上设立其他物权，第三人依据物权法第一百零六条的规定取得租赁物的所有权或者其他物权，出租人主张第三人物权权利不成立的，人民法院不予支持，但有下列情形之一的除外：

（一）出租人已在租赁物的显著位置作出标识，第三人在与承租人交易时知道或者应当知道该物为租赁物的；

（二）出租人授权承租人将租赁物抵押给出租人并在登记机关依法办理抵押权登记的；

（三）第三人与承租人交易时，未按照法律、行政法规、行业或者地区主管部门的规定在相应机构进行融资租赁交易查询的；

（四）出租人有证据证明第三人知道或者应当知道交易标的物为租赁物的其他情形。

第十条　当事人约定租赁期间届满后租赁物归出租人的，因租赁物毁损、灭失或者附合、混同于他物导致承租人不能返还，出租人要求其给予合理补偿的，人民法院应予支持。

三、合同的解除

第十一条　有下列情形之一，出租人或者承租人请求解除融资租赁合同的，人民法院应予支持：

（一）出租人与出卖人订立的买卖合同解除、被确认无效或者被撤销，且双方未能重新订立买卖合同的；

（二）租赁物因不可归责于双方的原因意外毁损、灭失，且不能修复或者确定替代物的；

（三）因出卖人的原因致使融资租赁合同的目的不能实现的。

第十二条　有下列情形之一，出租人请求解除融资租赁合同的，人民法院应予支持：

（一）承租人未经出租人同意，将租赁物转让、转租、抵押、质押、投资入股或者以其他方式处分租赁物的；

（二）承租人未按照合同约定的期限和数额支付租金，符合合同约定的解除条件，经出租人催告后在合理期限内仍不支付的；

（三）合同对于欠付租金解除合同的情形没有明确约定，但承租人欠付租金达到两期以上，或者数额达到全部租金百分之十五以上，经出租人催告后在合理期限内仍不支付的；

（四）承租人违反合同约定，致使合同目的不能实现的其他情形。

第十三条　因出租人的原因致使承租人无法占有、使用租赁物，承租人请求解除融资租赁合同的，人民法院应予支持。

第十四条　当事人在一审诉讼中仅请求解除融资租赁合同，未对租赁物的归属及损失赔偿提出主张的，人民法院可以向当事人进行释明。

第十五条　融资租赁合同因租赁物交付承租人后意外毁损、灭失等不可归责于当事人的原因而解除，出租人要求承租人按照租赁物折旧情况给予补偿的，人民法院应予支持。

第十六条　融资租赁合同因买卖合同被解除、被确认无效或者被撤销而解除，出租人根据融资租赁合同约定，或者以融资租赁合同虽未约定或约定不明，但出卖人及租赁物系由承租人选择为由，主张承租人赔偿相应损失的，人民法院应予支持。

出租人的损失已经在买卖合同被解除、被确认无效或者被撤销时获得赔偿的，应当免除承租人相应的赔偿责任。

四、违约责任

第十七条 出租人有下列情形之一，影响承租人对租赁物的占有和使用，承租人依照合同法第二百四十五条的规定，要求出租人赔偿相应损失的，人民法院应予支持：

（一）无正当理由收回租赁物；

（二）无正当理由妨碍、干扰承租人对租赁物的占有和使用；

（三）因出租人的原因导致第三人对租赁物主张权利；

（四）不当影响承租人对租赁物占有、使用的其他情形。

第十八条 出租人有下列情形之一，导致承租人对出卖人索赔逾期或者索赔失败，承租人要求出租人承担相应责任的，人民法院应予支持：

（一）明知租赁物有质量瑕疵而不告知承租人的；

（二）承租人行使索赔权时，未及时提供必要协助的；

（三）怠于行使融资租赁合同中约定的只能由出租人行使对出卖人的索赔权的；

（四）怠于行使买卖合同中约定的只能由出租人行使对出卖人的索赔权的。

第十九条 租赁物不符合融资租赁合同的约定且出租人实施了下列行为之一，承租人依照合同法第二百四十一条、第二百四十四条的规定，要求出租人承担相应责任的，人民法院应予支持：

（一）出租人在承租人选择出卖人、租赁物时，对租赁物的选定起决定作用的；

（二）出租人干预或者要求承租人按照出租人意愿选择出卖人或者租赁物的；

（三）出租人擅自变更承租人已经选定的出卖人或者租赁物的。

承租人主张其系依赖出租人的技能确定租赁物或者出租人干预选择租赁物的，对上述事实承担举证责任。

第二十条　承租人逾期履行支付租金义务或者迟延履行其他付款义务，出租人按照融资租赁合同的约定要求承租人支付逾期利息、相应违约金的，人民法院应予支持。

第二十一条　出租人既请求承租人支付合同约定的全部未付租金又请求解除融资租赁合同的，人民法院应告知其依照合同法第二百四十八条的规定作出选择。

出租人请求承租人支付合同约定的全部未付租金，人民法院判决后承租人未予履行，出租人再行起诉请求解除融资租赁合同、收回租赁物的，人民法院应予受理。

第二十二条　出租人依照本解释第十二条的规定请求解除融资租赁合同，同时请求收回租赁物并赔偿损失的，人民法院应予支持。

前款规定的损失赔偿范围为承租人全部未付租金及其他费用与收回租赁物价值的差额。合同约定租赁期间届满后租赁物归出租人所有的，损失赔偿范围还应包括融资租赁合同到期后租赁物的残值。

第二十三条　诉讼期间承租人与出租人对租赁物的价值有争议的，人民法院可以按照融资租赁合同的约定确定租赁物价值；融资租赁合同未约定或者约定不明的，可以参照融资租赁合同约定的租赁物折旧以及合同到期后租赁物的残值确定租赁物价值。

承租人或者出租人认为依前款确定的价值严重偏离租赁物实际价值的，可以请求人民法院委托有资质的机构评估或者拍卖确定。

五、其他规定

第二十四条　出卖人与买受人因买卖合同发生纠纷，或者出租人与承租人因融资租赁合同发生纠纷，当事人仅对其中一个合同关系提起诉讼，人民法院经审查后认为另一合同关系的当事人与案件处理结果有法律上的利害关系的，可以通知其作为第三人参加诉讼。

承租人与租赁物的实际使用人不一致，融资租赁合同当事人未对租赁物的实际使用人提起诉讼，人民法院经审查后认为租赁物的实际使用人与案件处理结果有法律上的利害关系的，可以通知其作为第三人参加诉讼。

承租人基于买卖合同和融资租赁合同直接向出卖人主张受领租赁物、索赔等买卖合同权利的，人民法院应通知出租人作为第三人参加诉讼。

第二十五条 当事人因融资租赁合同租金欠付争议向人民法院请求保护其权利的诉讼时效期间为两年，自租赁期限届满之日起计算。

第二十六条 本解释自 2014 年 3 月 1 日起施行。《最高人民法院关于审理融资租赁合同纠纷案件若干问题的规定》（法发〔1996〕19 号）同时废止。

本解释施行后尚未终审的融资租赁合同纠纷案件，适用本解释；本解释施行前已经终审，当事人申请再审或者按照审判监督程序决定再审的，不适用本解释。

银保监会关于印发
融资租赁公司监督管理暂行办法的通知

（银保监发〔2020〕22号）

各省、自治区、直辖市、计划单列市人民政府，新疆生产建设兵团：

2017年全国金融工作会议确定，融资租赁公司等机构由中央制定统一规则，地方负责实施监管，强化属地风险处置责任。为进一步加强融资租赁公司监督管理，规范经营行为，防范化解风险，促进融资租赁行业规范有序发展，根据有关法律法规和全国金融工作会议确定的职责分工，中国银保监会制定了《融资租赁公司监督管理暂行办法》，现印送你们，请认真组织实施。

银保监会

2020年5月26日

融资租赁公司监督管理暂行办法

第一章　总则

第一条　为落实监管责任，规范监督管理，引导融资租赁公司合规经营，促进融资租赁行业规范发展，根据有关法律法规，制定本办法。

第二条　本办法所称融资租赁公司，是指从事融资租赁业务的有限责任公司或者股份有限公司（不含金融租赁公司）。

本办法所称融资租赁业务，是指出租人根据承租人对出卖人、租赁物的选择，向出卖人购买租赁物，提供给承租人使用，承租人支付租金的交易活动。

第三条　从事融资租赁活动应当遵守法律法规，遵循诚实信用原则和公平原则，不得损害国家利益、社会公共利益和他人合法权益。

第四条　鼓励各地加大政策扶持力度，引导融资租赁公司在推动装备制造业发展、企业技术升级改造、设备进出口等方面发挥重要作用，更好地服务实体经济，实现行业高质量发展。

第二章　经营规则

第五条　融资租赁公司可以经营下列部分或全部业务：

（一）融资租赁业务；

（二）租赁业务；

（三）与融资租赁和租赁业务相关的租赁物购买、残值处理与维修、租赁交易咨询、接受租赁保证金；

（四）转让与受让融资租赁或租赁资产；

（五）固定收益类证券投资业务。

第六条　融资租赁公司的融资行为必须符合相关法律法规规定。

第七条　适用于融资租赁交易的租赁物为固定资产，另有规定的除外。

融资租赁公司开展融资租赁业务应当以权属清晰、真实存在且能够产生收益的租赁物为载体。融资租赁公司不得接受已设置抵押、权属存在争议、已被司法机关查封、扣押的财产或所有权存在瑕疵的财产作为租赁物。

第八条　融资租赁公司不得有下列业务或活动：

（一）非法集资、吸收或变相吸收存款；

（二）发放或受托发放贷款；

（三）与其他融资租赁公司拆借或变相拆借资金；

（四）通过网络借贷信息中介机构、私募投资基金融资或转让资产；

（五）法律法规、银保监会和省、自治区、直辖市（以下简称省级）地方金融监管部门禁止开展的其他业务或活动。

第九条　融资租赁公司进口租赁物涉及配额、许可等管理的，由租赁物购买方或产权所有方按有关规定办理手续，另有约定的除外。

融资租赁公司经营业务过程中涉及外汇管理事项的，应当遵守国家外汇管理有关规定。

第十条　融资租赁公司应当建立完善以股东或股东（大）会、董事会（执行董事）、监事（会）、高级管理层等为主体的组织架构，明确职责分工，保证相互之间独立运行、有效制衡，形成科学高效的决策、激励和约束机制。

第十一条　融资租赁公司应当按照全面、审慎、有效、独立原则，建立健全内部控制制度，保障公司安全稳健运行。

第十二条　融资租赁公司应当根据其组织架构、业务规模和复杂程度，建立全面风险管理体系，识别、控制和化解风险。

第十三条　融资租赁公司应当建立关联交易管理制度，其关联交易应当遵循商业原则，独立交易、定价公允，以不优于非关联方同类交易的条件进行。

融资租赁公司在对承租人为关联企业的交易进行表决或决策时，与该关联交易有关联关系的人员应当回避。融资租赁公司的重大关联交易应当经股东（大）会、董事会或其授权机构批准。

融资租赁公司与其设立的控股子公司、项目公司之间的交易，不适用本办法对关联交易的监管要求。

第十四条　融资租赁公司应当合法取得租赁物的所有权。

第十五条　按照国家法律法规规定租赁物的权属应当登记的，融资租赁公司须依法办理相关登记手续。若租赁物不属于需要登记的财产类别，融资租赁公司应当采取有效措施保障对租赁物的合法权益。

第十六条 融资租赁公司应当在签订融资租赁合同或明确融资租赁业务意向的前提下，按照承租人要求购置租赁物。特殊情况下需要提前购置租赁物的，应当与自身现有业务领域或业务规划保持一致，且与自身风险管理能力和专业化经营水平相符。

第十七条 融资租赁公司应当建立健全租赁物价值评估和定价体系，根据租赁物的价值、其他成本和合理利润等确定租金水平。

售后回租业务中，融资租赁公司对租赁物的买入价格应当有合理的、不违反会计准则的定价依据作为参考，不得低值高买。

第十八条 融资租赁公司应当重视租赁物的风险缓释作用，密切监测租赁物价值对融资租赁债权的风险覆盖水平，制定有效的风险应对措施。

第十九条 融资租赁公司应当加强租赁物未担保余值管理，定期评估未担保余值是否存在减值，及时按照会计准则的要求计提减值准备。

第二十条 融资租赁公司应当加强对租赁期限届满返还或因承租人违约而取回的租赁物的风险管理，建立完善的租赁物处置制度和程序，降低租赁物持有期风险。

第二十一条 融资租赁公司对转租赁等形式的融资租赁资产应当分别管理，单独建账。转租赁应当经出租人同意。

第二十二条 融资租赁公司应当严格按照会计准则等相关规定，真实反映融资租赁资产转让和受让业务的实质和风险状况。

第二十三条 融资租赁公司应当建立资产质量分类制度和准备金制度。在准确分类的基础上及时足额计提资产减值损失准备，增强风险抵御能力。

第二十四条 融资租赁公司按照有关规定可以向征信机构提供和查询融资租赁相关信息。

第二十五条 融资租赁公司和承租人应对与融资租赁业务有关的担保、保险等事项进行充分约定，维护交易安全。

第三章 监管指标

第二十六条 融资租赁公司融资租赁和其他租赁资产比重不得低于总资

产的 60%。

第二十七条　融资租赁公司的风险资产总额不得超过净资产的 8 倍。风险资产总额按企业总资产减去现金、银行存款和国债后的剩余资产确定。

第二十八条　融资租赁公司开展的固定收益类证券投资业务，不得超过净资产的 20%。

第二十九条　融资租赁公司应当加强对重点承租人的管理，控制单一承租人及承租人为关联方的业务比例，有效防范和分散经营风险。融资租赁公司应当遵守以下监管指标：

（一）单一客户融资集中度。融资租赁公司对单一承租人的全部融资租赁业务余额不得超过净资产的 30%。

（二）单一集团客户融资集中度。融资租赁公司对单一集团的全部融资租赁业务余额不得超过净资产的 50%。

（三）单一客户关联度。融资租赁公司对一个关联方的全部融资租赁业务余额不得超过净资产的 30%。

（四）全部关联度。融资租赁公司对全部关联方的全部融资租赁业务余额不得超过净资产的 50%。

（五）单一股东关联度。对单一股东及其全部关联方的融资余额，不得超过该股东在融资租赁公司的出资额，且同时满足本办法对单一客户关联度的规定。

银保监会可以根据监管需要对上述指标作出调整。

第四章　监督管理

第三十条　银保监会负责制定融资租赁公司的业务经营和监督管理规则。

第三十一条　省级人民政府负责制定促进本地区融资租赁行业发展的政策措施，对融资租赁公司实施监督管理，处置融资租赁公司风险。省级地方金融监管部门具体负责对本地区融资租赁公司的监督管理。

第三十二条　地方金融监管部门应当根据融资租赁公司的经营规模、风险状况、内控管理等情况，对融资租赁公司实施分类监管。

第三十三条　地方金融监管部门应当建立非现场监管制度，利用信息系统对融资租赁公司按期分析监测，重点关注相关指标偏高、潜在经营风险较大的公司。省级地方金融监管部门应当于每年 4 月 30 日前向银保监会报送上一年度本地区融资租赁公司发展情况以及监管情况。

第三十四条 地方金融监管部门应当建立现场检查制度，对融资租赁公司的检查包括但不限于下列措施：

（一）进入融资租赁公司以及有关场所进行现场检查；

（二）询问有关单位或者个人，要求其对有关检查事项作出说明；

（三）查阅、复制有关文件资料，对可能被转移、销毁、隐匿或者篡改的文件资料，予以先行登记保存；

（四）检查相关信息系统。

进行现场检查，应当经地方金融监管部门负责人批准。现场检查时，检查人员不得少于 2 人，并应当出示合法证件和检查通知书。有关单位和个人应当配合地方金融监管部门依法进行监督检查，如实提供有关情况和文件、资料，不得拒绝、阻碍或者隐瞒。

第三十五条 地方金融监管部门根据履行职责需要，可以与融资租赁公司的董事、监事、高级管理人员进行监督管理谈话，要求其就融资租赁公司业务活动和风险管理的重大事项作出说明。

第三十六条 地方金融监管部门应当建立融资租赁公司重大风险事件预警、防范和处置机制，制定融资租赁公司重大风险事件应急预案。

融资租赁公司发生重大风险事件的，应当立即采取应急措施，并及时向地方金融监管部门报告，地方金融监管部门应当及时处置。

第三十七条 地方金融监管部门应当建立融资租赁公司及其主要股东、董事、监事、高级管理人员违法经营融资租赁业务行为信息库，如实记录相关违法行为信息；给予行政处罚的，应当依法向社会公示。

第三十八条 融资租赁公司应定期向地方金融监管部门和同级人民银行分支机构报送信息资料。

第三十九条 融资租赁公司应当建立重大事项报告制度，下列事项发生后 5 个工作日内向地方金融监管部门报告：重大关联交易，重大待决诉讼、仲裁及地方金融监管部门规定需要报送的其他重大事项。

第四十条 地方金融监管部门应当与有关部门建立监督管理协调机制和

信息共享机制，研究解决辖内融资租赁行业重大问题，加强监管联动，形成监管合力。

第四十一条　地方金融监管部门应当加强监管队伍建设，按照监管要求和职责配备专职监管员，专职监管员的人数、能力要与被监管对象数量相匹配。

第四十二条　融资租赁行业协会是融资租赁行业的自律组织，是社会团体法人。

依法成立的融资租赁行业协会按照章程发挥沟通协调和行业自律作用，履行协调、维权、自律、服务职能，开展行业培训、理论研究、纠纷调解等活动，配合地方金融监管部门，引导融资租赁公司诚信经营、公平竞争、稳健运行。

第四十三条　地方金融监管部门要通过信息交叉比对、实地走访、接受信访投诉等方式，准确核查辖内融资租赁公司经营和风险状况，按照经营风险、违法违规情形划分为正常经营、非正常经营和违法违规经营等三类。

第四十四条　正常经营类是指依法合规经营的融资租赁公司。地方金融监管部门要对正常经营类融资租赁公司按其注册地审核营业执照、公司章程、股东名单、高级管理人员名单和简历、经审计的近两年资产负债表、利润表、现金流量表及规定的其他资料。

对于接受并配合监管、在注册地有经营场所且如实完整填报信息的企业，省级地方金融监管部门要在报银保监会同意后及时纳入监管名单。

第四十五条　非正常经营类主要是指“失联”和“空壳”等经营异常的融资租赁公司。

“失联”是指满足以下条件之一的融资租赁公司：无法取得联系；在企业登记住所实地排查无法找到；虽然可以联系到企业工作人员，但其并不知情也不能联系到企业实际控制人；连续3个月未按监管要求报送监管信息。

“空壳”是指满足以下条件之一的融资租赁公司：未依法通过国家企业信用信息公示系统报送并公示上一年度年度报告；近6个月监管信息显示无经营；近6个月无纳税记录或“零申报”；近6个月无社保缴纳记录。

地方金融监管部门要督促非正常经营类企业整改。非正常经营类企业整改验收合格的，可纳入监管名单；拒绝整改或整改验收不合格的，纳入非正常经营名录，劝导其申请变更企业名称和业务范围、自愿注销。

第四十六条 违法违规经营类是指经营行为违反法律法规和本办法规定的融资租赁公司。违法违规情节较轻且整改验收合格的，可纳入监管名单；整改验收不合格或违法违规情节严重的，地方金融监管部门要依法处罚、取缔或协调市场监管部门依法吊销其营业执照；涉嫌违法犯罪的及时移送公安机关依法查处。

第四十七条 省级地方金融监管部门要与市场监管部门建立会商机制，严格控制融资租赁公司及其分支机构的登记注册。融资租赁公司变更公司名称、组织形式、公司住所或营业场所、注册资本、调整股权结构等，应当事先与省级地方金融监管部门充分沟通，达成一致意见。

第五章 法律责任

第四十八条 融资租赁公司违反法律法规和本办法规定，有关法律法规有处罚规定的，依照其规定给予处罚；有关法律法规未作处罚规定的，地方金融监管部门可以采取监管谈话、出具警示函、责令限期改正、通报批评等监管措施；构成犯罪的，依法追究刑事责任。

第四十九条 依照法律法规对融资租赁公司进行处罚的，地方金融监管部门可以根据具体情形对有关责任人员采取通报批评、责令改正、纳入警示名单或违法失信名单等监管措施；法律法规有处罚规定的，依照法律法规予以处罚；构成犯罪的，依法追究刑事责任。

第五十条 融资租赁公司吸收或变相吸收公众存款以及以其他形式非法集资的，依照法律、行政法规和国家有关规定给予处罚；构成犯罪的，依法追究刑事责任。

第六章 附则

第五十一条 省级人民政府应当依据本办法制定本辖区融资租赁公司监督管理实施细则，视监管实际情况，对租赁物范围、特定行业的集中度和关联度要求进行适当调整，并报银保监会备案。

第五十二条 本办法施行前已经设立的融资租赁公司，应当在省级地方金融监管部门规定的过渡期内达到本办法规定的各项要求，原则上过渡期不超过三年。省级地方金融监管部门可以根据特定行业的实际情况，适当延长过渡期安排。

第五十三条　本办法中下列用语的含义：

（一）关联方可依据《企业会计准则第 36 号关联方披露》的规定予以认定。

（二）重大关联交易是指融资租赁公司与一个关联方之间单笔交易金额占融资租赁公司净资产 5% 以上，或者融资租赁公司与一个关联方发生交易后融资租赁公司与该关联方的交易余额占融资租赁公司净资产 10% 以上的交易。

第五十四条　本办法由银保监会负责解释。

第五十五条　本办法自印发之日起施行。本办法施行前有关规定与本办法不一致的，以本办法为准。

中国银监会令

（2014 年第 3 号）

《金融租赁公司管理办法》已经中国银监会 2013 年第 24 次主席会议通过。现予公布，自公布之日起施行。

主席：尚福林

2014 年 3 月 13 日

金融租赁公司管理办法

第一章　总则

第一条　为促进融资租赁业务发展，规范金融租赁公司的经营行为，根据《中华人民共和国银行业监督管理法》、《中华人民共和国公司法》等法律法规，制定本办法。

第二条　本办法所称金融租赁公司，是指经银监会批准，以经营融资租赁业务为主的非银行金融机构。

金融租赁公司名称中应当标明“金融租赁”字样。未经银监会批准，任何单位不得在其名称中使用“金融租赁”字样。

第三条　本办法所称融资租赁，是指出租人根据承租人对租赁物和供货人的选择或认可，将其从供货人处取得的租赁物按合同约定出租给承租人占有、使用，向承租人收取租金的交易活动。

第四条　适用于融资租赁交易的租赁物为固定资产，银监会另有规定的除外。

第五条　本办法所称售后回租业务，是指承租人将自有物件出卖给出租人，同时与出租人签订融资租赁合同，再将该物件从出租人处租回的融资租赁形式。售后回租业务是承租人和供货人为同一人的融资租赁方式。

第六条　银监会及其派出机构依法对金融租赁公司实施监督管理。

第二章　机构设立、变更与终止

第七条　申请设立金融租赁公司，应当具备以下条件：

（一）有符合《中华人民共和国公司法》和银监会规定的公司章程；

（二）有符合规定条件的发起人；

（三）注册资本为一次性实缴货币资本，最低限额为 1 亿元人民币或等值的可自由兑换货币；

（四）有符合任职资格条件的董事、高级管理人员，并且从业人员中具有金融或融资租赁工作经历3年以上的人员应当不低于总人数的50%；

（五）建立了有效的公司治理、内部控制和风险管理体系；

（六）建立了与业务经营和监管要求相适应的信息科技架构，具有支撑业务经营的必要、安全且合规的信息系统，具备保障业务持续运营的技术与措施；

（七）有与业务经营相适应的营业场所、安全防范措施和其他设施；

（八）银监会规定的其他审慎性条件。

第八条　金融租赁公司的发起人包括在中国境内外注册的具有独立法人资格的商业银行，在中国境内注册的、主营业务为制造适合融资租赁交易产品的大型企业，在中国境外注册的融资租赁公司以及银监会认可的其他发起人。

银监会认可的其他发起人是指除符合本办法第九条至第十一条规定的发起人以外的其他境内法人机构和境外金融机构。

第九条　在中国境内外注册的具有独立法人资格的商业银行作为金融租赁公司发起人，应当具备以下条件：

（一）满足所在国家或地区监管当局的审慎监管要求；

（二）具有良好的公司治理结构、内部控制机制和健全的风险管理体系；

（三）最近1年年末总资产不低于800亿元人民币或等值的可自由兑换货币；

（四）财务状况良好，最近2个会计年度连续盈利；

（五）为拟设金融租赁公司确定了明确的发展战略和清晰的盈利模式；

（六）遵守注册地法律法规，最近2年内未发生重大案件或重大违法违规行为；

（七）境外商业银行作为发起人的，其所在国家或地区金融监管当局已经与银监会建立良好的监督管理合作机制；

（八）入股资金为自有资金，不得以委托资金、债务资金等非自有资金入股；

（九）承诺5年内不转让所持有的金融租赁公司股权、不将所持有的金融租赁公司股权进行质押或设立信托，并在拟设公司章程中载明；

（十）银监会规定的其他审慎性条件。

第十条 在中国境内注册的、主营业务为制造适合融资租赁交易产品的大型企业作为金融租赁公司发起人，应当具备以下条件：

（一）有良好的公司治理结构或有效的组织管理方式；

（二）最近1年的营业收入不低于50亿元人民币或等值的可自由兑换货币；

（三）财务状况良好，最近2个会计年度连续盈利；

（四）最近1年年末净资产不低于总资产的30%；

（五）最近1年主营业务销售收入占全部营业收入的80%以上；

（六）为拟设金融租赁公司确定了明确的发展战略和清晰的盈利模式；

（七）有良好的社会声誉、诚信记录和纳税记录；

（八）遵守国家法律法规，最近2年内未发生重大案件或重大违法违规行为；

（九）入股资金为自有资金，不得以委托资金、债务资金等非自有资金入股；

（十）承诺5年内不转让所持有的金融租赁公司股权、不将所持有的金融租赁公司股权进行质押或设立信托，并在拟设公司章程中载明；

（十一）银监会规定的其他审慎性条件。

第十一条 在中国境外注册的具有独立法人资格的融资租赁公司作为金融租赁公司发起人，应当具备以下条件：

（一）具有良好的公司治理结构、内部控制机制和健全的风险管理体系；

（二）最近1年年末总资产不低于100亿元人民币或等值的可自由兑换货币；

（三）财务状况良好，最近2个会计年度连续盈利；

（四）遵守注册地法律法规，最近2年内未发生重大案件或重大违法违规行为；

（五）所在国家或地区经济状况良好；

（六）入股资金为自有资金，不得以委托资金、债务资金等非自有资金入股；

（七）承诺 5 年内不转让所持有的金融租赁公司股权、不将所持有的金融租赁公司股权进行质押或设立信托，并在拟设公司章程中载明；

（八）银监会规定的其他审慎性条件。

第十二条 金融租赁公司至少应当有一名符合第九条至第十一条规定的发起人，且其出资比例不低于拟设金融租赁公司全部股本的 30%。

第十三条 其他境内法人机构作为金融租赁公司发起人，应当具备以下条件：

（一）有良好的公司治理结构或有效的组织管理方式；

（二）有良好的社会声誉、诚信记录和纳税记录；

（三）经营管理良好，最近 2 年内无重大违法违规经营记录；

（四）财务状况良好，且最近 2 个会计年度连续盈利；

（五）入股资金为自有资金，不得以委托资金、债务资金等非自有资金入股；

（六）承诺 5 年内不转让所持有的金融租赁公司股权，不将所持有的金融租赁公司股权进行质押或设立信托，并在公司章程中载明；

（七）银监会规定的其他审慎性条件；

其他境内法人机构为非金融机构的，最近 1 年年末净资产不得低于总资产的 30%；

其他境内法人机构为金融机构的，应当符合与该类金融机构有关的法律、法规、相关监管规定要求。

第十四条 其他境外金融机构作为金融租赁公司发起人，应当具备以下条件：

（一）满足所在国家或地区监管当局的审慎监管要求；

（二）具有良好的公司治理结构、内部控制机制和健全的风险管理体系；

（三）最近 1 年年末总资产原则上不低于 10 亿美元或等值的可自由兑换货币；

（四）财务状况良好，最近 2 个会计年度连续盈利；

（五）入股资金为自有资金，不得以委托资金、债务资金等非自有资金入股；

（六）承诺5年内不转让所持有的金融租赁公司股权、不将所持有的金融租赁公司股权进行质押或设立信托，并在公司章程中载明；

（七）所在国家或地区金融监管当局已经与银监会建立良好的监督管理合作机制；

（八）具有有效的反洗钱措施；

（九）所在国家或地区经济状况良好；

（十）银监会规定的其他审慎性条件。

第十五条 有以下情形之一的企业不得作为金融租赁公司的发起人：

（一）公司治理结构与机制存在明显缺陷；

（二）关联企业众多、股权关系复杂且不透明、关联交易频繁且异常；

（三）核心主业不突出且其经营范围涉及行业过多；

（四）现金流量波动受经济景气影响较大；

（五）资产负债率、财务杠杆率高于行业平均水平；

（六）其他对金融租赁公司产生重大不利影响的情况。

第十六条 金融租赁公司发起人应当在金融租赁公司章程中约定，在金融租赁公司出现支付困难时，给予流动性支持；当经营损失侵蚀资本时，及时补足资本金。

第十七条 金融租赁公司根据业务发展的需要，经银监会批准，可以设立分公司、子公司。设立分公司、子公司的具体条件由银监会另行制定。

第十八条 金融租赁公司董事和高级管理人员实行任职资格核准制度。

第十九条 金融租赁公司有下列变更事项之一的，须报经银监会或其派出机构批准。

（一）变更公司名称；

（二）变更组织形式；

（三）调整业务范围；

（四）变更注册资本；

（五）变更股权或调整股权结构；

（六）修改公司章程；

（七）变更公司住所或营业场所；

（八）变更董事和高级管理人员；

（九）合并或分立；

（十）银监会规定的其他变更事项。

第二十条　金融租赁公司变更股权及调整股权结构，拟投资入股的出资人需符合本办法第八条至第十六条规定的新设金融租赁公司发起人条件。

第二十一条　金融租赁公司有以下情况之一的，经银监会批准可以解散：

（一）公司章程规定的营业期限届满或者公司章程规定的其他解散事由出现；

（二）股东决定或股东（大）会决议解散；

（三）因公司合并或者分立需要解散；

（四）依法被吊销营业执照、责令关闭或者被撤销；

（五）其他法定事由。

第二十二条　金融租赁公司有以下情形之一的，经银监会批准，可以向法院申请破产：

（一）不能支付到期债务，自愿或债权人要求申请破产的；

（二）因解散或被撤销而清算，清算组发现财产不足以清偿债务，应当申请破产的。

第二十三条　金融租赁公司不能清偿到期债务，并且资产不足以清偿全部债务或者明显缺乏清偿能力的，银监会可以向人民法院提出对该金融租赁公司进行重整或者破产清算的申请。

第二十四条　金融租赁公司因解散、依法被撤销或被宣告破产而终止的，其清算事宜，按照国家有关法律法规办理。

第二十五条　金融租赁公司设立、变更、终止和董事及高管人员任职资格核准的行政许可程序，按照银监会相关规定执行。

第三章　业务范围

第二十六条　经银监会批准，金融租赁公司可以经营下列部分或全部本外币业务：

（一）融资租赁业务；

（二）转让和受让融资租赁资产；

（三）固定收益类证券投资业务；

（四）接受承租人的租赁保证金；

（五）吸收非银行股东3个月（含）以上定期存款；

（六）同业拆借；

（七）向金融机构借款；

（八）境外借款；

（九）租赁物变卖及处理业务；

（十）经济咨询。

第二十七条　经银监会批准，经营状况良好、符合条件的金融租赁公司可以开办下列部分或全部本外币业务：

（一）发行债券；

（二）在境内保税地区设立项目公司开展融资租赁业务；

（三）资产证券化；

（四）为控股子公司、项目公司对外融资提供担保；

（五）银监会批准的其他业务。

金融租赁公司开办前款所列业务的具体条件和程序，按照有关规定执行。

第二十八条　金融租赁公司业务经营中涉及外汇管理事项的，需遵守国家外汇管理有关规定。

第四章　经营规则

第二十九条　金融租赁公司应当建立以股东或股东（大）会、董事会、监事（会）、高级管理层等为主体的组织架构，明确职责划分，保证相互之间独立运行、有效制衡，形成科学高效的决策、激励和约束机制。

第三十条　金融租赁公司应当按照全面、审慎、有效、独立原则，建立健全内部控制制度，防范、控制和化解风险，保障公司安全稳健运行。

第三十一条　金融租赁公司应当根据其组织架构、业务规模和复杂程度建立全面的风险管理体系，对信用风险、流动性风险、市场风险、操作风险等各类风险进行有效的识别、计量、监测和控制，同时还应当及时识别和管理与融资租赁业务相关的特定风险。

第三十二条 金融租赁公司应当合法取得租赁物的所有权。

第三十三条 租赁物属于国家法律法规规定所有权转移必须到登记部门进行登记的财产类别，金融租赁公司应当进行相关登记。租赁物不属于需要登记的财产类别，金融租赁公司应当采取有效措施保障对租赁物的合法权益。

第三十四条 售后回租业务的租赁物必须由承租人真实拥有并有权处分。金融租赁公司不得接受已设置任何抵押、权属存在争议或已被司法机关查封、扣押的财产或所有权存在瑕疵的财产作为售后回租业务的租赁物。

第三十五条 金融租赁公司应当在签订融资租赁合同或明确融资租赁业务意向的前提下，按照承租人要求购置租赁物。特殊情况下需提前购置租赁物的，应当与自身现有业务领域或业务规划保持一致，且与自身风险管理能力和专业化经营水平相符。

第三十六条 金融租赁公司应当建立健全租赁物价值评估和定价体系，根据租赁物的价值、其他成本和合理利润等确定租金水平。

售后回租业务中，金融租赁公司对租赁物的买入价格应当有合理的、不违反会计准则的定价依据作为参考，不得低值高买。

第三十七条 金融租赁公司应当重视租赁物的风险缓释作用，密切监测租赁物价值对融资租赁债权的风险覆盖水平，制定有效的风险应对措施。

第三十八条 金融租赁公司应当加强租赁物未担保余值的估值管理，定期评估未担保余值，并开展减值测试。当租赁物未担保余值出现减值迹象时，应当按照会计准则要求计提减值准备。

第三十九条 金融租赁公司应当加强未担保余值风险的限额管理，根据业务规模、业务性质、复杂程度和市场状况，对未担保余值比例较高的融资租赁资产设定风险限额。

第四十条 金融租赁公司应当加强对租赁期限届满返还或因承租人违约而取回的租赁物的风险管理，建立完善的租赁物处置制度和程序，降低租赁物持有期风险。

第四十一条 金融租赁公司应当严格按照会计准则等相关规定，真实反映融资租赁资产转让和受让业务的实质和风险状况。

第四十二条 金融租赁公司应当建立健全集中度风险管理体系，有效防范和分散经营风险。

第四十三条 金融租赁公司应当建立严格的关联交易管理制度，其关联交易应当按照商业原则，以不优于非关联方同类交易的条件进行。

第四十四条 金融租赁公司与其设立的控股子公司、项目公司之间的交易，不适用本办法对关联交易的监管要求。

第四十五条 金融租赁公司的重大关联交易应当经董事会批准。

重大关联交易是指金融租赁公司与一个关联方之间单笔交易金额占金融租赁公司资本净额5%以上，或金融租赁公司与一个关联方发生交易后金融租赁公司与该关联方的交易余额占金融租赁公司资本净额10%以上的交易。

第四十六条 金融租赁公司所开展的固定收益类证券投资业务，不得超过资本净额的20%。

第四十七条 金融租赁公司开办资产证券化业务，可以参照信贷资产证券化相关规定。

第五章 监督管理

第四十八条 金融租赁公司应当遵守以下监管指标的规定：

（一）资本充足率。金融租赁公司资本净额与风险加权资产的比例不得低于银监会的最低监管要求。

（二）单一客户融资集中度。金融租赁公司对单一承租人的全部融资租赁业务余额不得超过资本净额的30%。

（三）单一集团客户融资集中度。金融租赁公司对单一集团的全部融资租赁业务余额不得超过资本净额的50%。

（四）单一客户关联度。金融租赁公司对一个关联方的全部融资租赁业务余额不得超过资本净额的30%。

（五）全部关联度。金融租赁公司对全部关联方的全部融资租赁业务余额不得超过资本净额的50%。

（六）单一股东关联度。对单一股东及其全部关联方的融资余额不得超过该股东在金融租赁公司的出资额，且应同时满足本办法对单一客户关联度的规定。

（七）同业拆借比例。金融租赁公司同业拆入资金余额不得超过资本净额的 100% 。

经银监会认可，特定行业的单一客户融资集中度和单一集团客户融资集中度要求可以适当调整。

银监会根据监管需要可以对上述指标做出适当调整。

第四十九条 金融租赁公司应当按照银监会的相关规定构建资本管理体系，合理评估资本充足状况，建立审慎、规范的资本补充、约束机制。

第五十条 金融租赁公司应当按照监管规定建立资产质量分类制度。

第五十一条 金融租赁公司应当按照相关规定建立准备金制度，在准确分类的基础上及时足额计提资产减值损失准备，增强风险抵御能力。未提足准备的，不得进行利润分配。

第五十二条 金融租赁公司应当建立健全内部审计制度，审查评价并改善经营活动、风险状况、内部控制和公司治理效果，促进合法经营和稳健发展。

第五十三条 金融租赁公司应当执行国家统一的会计准则和制度，真实记录并全面反映财务状况和经营成果等信息。

第五十四条 金融租赁公司应当按规定报送会计报表及银监会及其派出机构要求的其他报表，并对所报报表、资料的真实性、准确性和完整性负责。

第五十五条 金融租赁公司应当建立定期外部审计制度，并在每个会计年度结束后的 4 个月内，将经法定代表人签名确认的年度审计报告报送银监会或其派出机构。

第五十六条 金融租赁公司违反本办法有关规定的，银监会及其派出机构应当依法责令限期整改；逾期未整改的，或者其行为严重危及该金融租赁公司的稳健运行、损害客户合法权益的，可以区别情形，依照《中华人民共和国银行业监督管理法》等法律法规，采取暂停业务、限制股东权利等监管措施。

第五十七条 金融租赁公司已经或者可能发生信用危机，严重影响客户合法权益的，银监会依法对其实行托管或者督促其重组，问题严重的，有权予以撤销。

第五十八条 凡违反本办法有关规定的，银监会及其派出机构依照《中华人民共和国银行业监督管理法》等有关法律法规进行处罚。金融租赁公司对处罚决定不服的，可以依法申请行政复议或者向人民法院提起行政诉讼。

第六章 附则

第五十九条 除特别说明外，本办法中各项财务指标要求均为合并会计报表口径。

第六十条 本办法由银监会负责解释。

第六十一条 本办法自公布之日起施行，原《金融租赁公司管理办法》（中国银行业监督管理委员会令 2007 年第 1 号）同时废止。

商务部关于利用全国融资租赁企业管理信息系统进行租赁物登记查询等有关问题的公告

（商务部公告2014年第84号）

最高人民法院《关于审理融资租赁合同纠纷案件适用法律问题的解释》（法释〔2014〕3号，以下简称司法解释）已于2014年3月1日正式施行。为保护融资租赁交易当事人和第三人的合法权益，防范和规避企业经营风险，根据《中华人民共和国物权法》《中华人民共和国合同法》等法律和《融资租赁企业监督管理办法》，现将利用全国融资租赁企业管理信息系统进行租赁物登记查询等有关问题公告如下：

一、全国融资租赁企业管理信息系统（http：//leasing. mofcom. gov. cn）是商务部建立的综合性融资租赁服务平台，可为内资融资租赁试点企业、外商投资融资租赁企业及相关企业、组织和个人提供公共信息、租赁物登记公示查询、交流合作等服务。按照司法解释第9条有关规定，为避免租赁物权属冲突，商务部将全国融资租赁企业管理信息系统作为租赁物登记公示和查询平台。

二、各融资租赁企业在开展融资租赁业务时，可及时通过商务部统一配发的账号和密钥，在全国融资租赁企业管理信息系统进行租赁物登记，公示租赁物权利状况，规避租赁物被非法出售、抵押等风险。

融资租赁企业在进行租赁物登记时，可以按照要求在合同登记表中完整、准确地将融资租赁合同中载明的租赁物权属状况进行登记，并对登记内容的真实性、完整性、准确性和合法性负责。租赁物名称、型号、唯一识别码等信息应当明确、易于识别。

为保护融资租赁企业商业秘密，系统仅对与租赁物权属关系有关的信息提供公开查询服务，其他涉及企业商业秘密的信息予以保密，不提供公开查询服务。

三、各融资租赁企业在受让物权，办理抵押、质押等业务，特别是开展售后回租业务时，可以登陆全国融资租赁企业管理信息系统对标的物权属状态进行查询，避免产生权属冲突，防止“一物多融”，维护交易安全。

四、其他企业、经济组织和社会公众在受让物权，办理抵押、质押或进行其他物权变动交易时，可以登陆全国融资租赁企业管理信息系统查询已经登记的融资租赁企业名录和租赁物权属状态，防止租赁物恶意转卖，规避交易风险。

五、各省级商务主管部门应高度重视租赁物登记公示工作，及时通知、督促本地区融资租赁企业利用全国融资租赁企业管理信息系统进行租赁物登记公示，依法保护自身合法权益，防范交易风险，维护交易安全。

商务部

2014 年 12 月 4 日

注：由于行业转隶，对我国融资租赁行业的监管职能由商务部划转至银保监会。根据银保监会“普惠金融部便函〔2019〕114 号”，本文中所讲“全国融资租赁企业管理信息系统”已于 2019 年 12 月迁移至银保监会，系统的使用方法总体未变。

中国人民银行关于使用融资租赁登记公示系统进行融资租赁交易查询的通知

（银发〔2014〕93号）

中国人民银行上海总部，各分行、营业管理部，省会（首府）城市中心支行，副省级城市中心支行；国家开发银行，各政策性银行，国有商业银行，股份制商业银行，中国邮政储蓄银行：

为保护融资租赁交易当事人和第三人的合法权益，促进资产支持融资行业的健康发展，维护金融资产安全，降低信贷交易风险，根据《中华人民共和国物权法》、《中华人民共和国合同法》和《中华人民共和国商业银行法》等法律法规，现就使用融资租赁登记公示系统进行融资租赁交易查询的有关事项通知如下：

一、中国人民银行征信中心建立的融资租赁登记公示系统（http：//www. zhongdengwang. com），通过互联网为全国范围内的机构提供租赁物权利登记公示与查询服务。各单位要充分认识利用融资租赁登记公示系统进行融资租赁交易登记与查询在明确金融资产权属状况、预防交易风险、保护交易安全方面的积极意义。

二、融资租赁公司等租赁物权利人开展融资租赁业务时，可以在融资租赁登记公示系统办理融资租赁登记，公示融资租赁物权利状况，避免因融资租赁物占有与所有分离导致的租赁物权属冲突。

融资租赁公司等租赁物权利人，在融资租赁登记公示系统办理租赁物登记时，应按照中国人民银行征信中心发布的登记规则如实填写登记事项，公示融资租赁合同中载明的租赁物权属状况，并对登记内容的真实性、完整性和合法性负责。

三、银行等机构作为资金融出方在办理资产抵押、质押和受让等业务时，应当对抵押物、质物的权属和价值以及实现抵押权、质权的可行性进行严格审查，并登录融资租赁登记公示系统查询相关标的物的权属状况，以避免抵押物、质物为承租人不具有所有权的租赁物而影响金融债权的实现。

请中国人民银行分支机构将本通知转发至辖区内地方性金融机构，并加强组织协调，做好贯彻落实工作。执行过程中若发现问题，请及时报告中国人民银行。

中国人民银行

2014 年 3 月 20 日

国务院办公厅关于加快融资租赁业发展的指导意见

（国办发〔2015〕68号）

各省、自治区、直辖市人民政府，国务院各部委、各直属机构：

近年来，我国融资租赁业取得长足发展，市场规模和企业竞争力显著提高，在推动产业创新升级、拓宽中小微企业融资渠道、带动新兴产业发展和促进经济结构调整等方面发挥着重要作用。但总体上看，融资租赁对国民经济各行业的覆盖面和市场渗透率远低于发达国家水平，行业发展还存在管理体制不适应、法律法规不健全、发展环境不完善等突出问题。为进一步加快融资租赁业发展，更好地发挥融资租赁服务实体经济发展、促进经济稳定增长和转型升级的作用，经国务院同意，现提出以下意见。

一、总体要求

（一）指导思想。深入贯彻党的十八大和十八届二中、三中、四中全会精神，认真落实党中央、国务院的决策部署，充分发挥市场在资源配置中的决定性作用，完善法律法规和政策扶持体系，建立健全事中事后监管机制，转变发展方式，建立专业高效、配套完善、竞争有序、稳健规范、具有国际竞争力的现代融资租赁体系，引导融资租赁企业服务实体经济发展、中小微企业创业创新、产业转型升级和产能转移等，为打造中国经济升级版贡献力量。

（二）基本原则。坚持市场主导与政府支持相结合，着力完善发展环境，充分激发市场主体活力；坚持发展与规范相结合，引导企业依法合规、有序发展；坚持融资与融物相结合，提高专业化水平，服务实体经济发展；坚持国内与国外相结合，在服务国内市场的同时，大力拓展海外市场。

（三）发展目标。到2020年，融资租赁业务领域覆盖面不断扩大，融资租赁市场渗透率显著提高，成为企业设备投资和技术更新的重要手段；一批专业优势突出、管理先进、国际竞争力强的龙头企业基本形成，统一、规范、有效的事中事后监管体系基本建立，法律法规和政策扶持体系初步形成，融资租赁业市场规模和竞争力水平位居世界前列。

二、主要任务

（四）改革制约融资租赁发展的体制机制。

加快推进简政放权。进一步转变管理方式，简化工作流程，促进内外资融资租赁公司协同发展。支持自由贸易试验区在融资租赁方面积极探索、先行先试。对融资租赁公司设立子公司，不设最低注册资本限制。允许融资租赁公司兼营与主营业务有关的商业保理业务。

理顺行业管理体制。加强行业统筹管理，建立内外资统一的融资租赁业管理制度和事中事后监管体系，实现经营范围、交易规则、监管指标、信息报送、监督检查等方面的统一。引导和规范各类社会资本进入融资租赁业，支持民间资本发起设立融资租赁公司，支持独立第三方服务机构投资设立融资租赁公司，促进投资主体多元化。

完善相关领域管理制度。简化相关行业资质管理，减少对融资租赁发展的制约。进口租赁物涉及配额、许可证、自动进口许可证等管理的，在承租人已具备相关配额、许可证、自动进口许可证的前提下，不再另行对融资租赁公司提出购买资质要求。根据融资租赁特点，便利融资租赁公司申请医疗器械经营许可或办理备案。除法律法规另有规定外，承租人通过融资租赁方式获得设备与自行购买设备在资质认定时享受同等待遇。支持融资租赁公司依法办理融资租赁交易相关担保物抵（质）押登记。完善和创新管理措施，支持融资租赁业务开展。规范机动车交易和登记管理，简化交易登记流程，便利融资租赁双方当事人办理业务。完善船舶登记制度，进一步简化船舶出入境备案手续，便利融资租赁公司开展船舶租赁业务。对注册在中国（广东）自由贸易试验区、中国（天津）自由贸易试验区海关特殊监管区域内的融资租赁企业进出口飞机、船舶和海洋工程结构物等大型设备涉及跨关区的，在确保有效监管和执行现行相关税收政策的前提下，按物流实际需要，实行海关异地委托监管。按照相关规定，将有接入意愿且具备接入条件的融资租赁公司纳入金融信用信息基础数据库，实现融资租赁业务的信用信息报送及查询。

（五）加快重点领域融资租赁发展。

积极推动产业转型升级。鼓励融资租赁公司积极服务“一带一路”、京津冀协同发展、长江经济带、“中国制造 2025”和“新型城镇化建设”等国家重大战略。鼓励融资租赁公司在飞机、船舶、工程机械等传统领域做大做强，积极拓展新一代信息技术、高端装备制造、新能源、节能环保和生物等战略性新兴产业市场，拓宽文化产业投融资渠道。鼓励融资租赁公司参与城乡公用事业、污水垃圾处理、环境治理、广播通信、农田水利等基础设施建设。在公交车、出租车、公务用车等领域鼓励通过融资租赁发展新能源汽车及配套设施。鼓励融资租赁公司支持现代农业发展，积极开展面向种粮大户、家庭农场、农业合作社等新型农业经营主体的融资租赁业务，解决农业大型机械、生产设备、加工设备购置更新资金不足问题。积极稳妥地发展居民家庭消费品租赁市场，发展家用轿车、家用信息设备、耐用消费品等融资租赁，扩大国内消费。

加快发展中小微企业融资租赁服务。鼓励融资租赁公司发挥融资便利、期限灵活、财务优化等优势，提供适合中小微企业特点的产品和服务。支持设立专门面向中小微企业的融资租赁公司。探索发展面向个人创业者的融资租赁服务，推动大众创业、万众创新。推进融资租赁公司与创业园区、科技企业孵化器、中小企业公共服务平台等合作，加大对科技型、创新型和创业型中小微企业的支持力度，拓宽中小微企业融资渠道。

大力发展跨境租赁。鼓励工程机械、铁路、电力、民用飞机、船舶、海洋工程装备及其他大型成套设备制造企业采用融资租赁方式开拓国际市场，发展跨境租赁。支持通过融资租赁方式引进国外先进设备，扩大高端设备进口，提升国内技术装备水平。引导融资租赁公司加强与海外施工企业合作，开展施工设备的海外租赁业务，积极参与重大跨国基础设施项目建设。鼓励境外工程承包企业通过融资租赁优化资金、设备等资源配置，创新工程设备利用方式。探索在援外工程建设中引入工程设备融资租赁模式。鼓励融资租赁公司“走出去”发展，积极拓展海外租赁市场。鼓励融资租赁公司开展跨境人民币业务。支持有实力的融资租赁公司开展跨境兼并，培育跨国融资租赁企业集团，充分发挥融资租赁对我国企业开拓国际市场的支持和带动作用。

（六）支持融资租赁创新发展。

推动创新经营模式。支持融资租赁公司与互联网融合发展，加强与银行、保险、信托、基金等金融机构合作，创新商业模式。借鉴发达国家经验，引导融资租赁公司加快业务创新，不断优化产品组合、交易结构、租金安排、风险控制等设计，提升服务水平。在风险可控前提下，稳步探索将租赁物范围扩大到生物资产等新领域。支持融资租赁公司在自由贸易试验区、海关特殊监管区域设立专业子公司和特殊项目公司开展融资租赁业务。探索融资租赁与政府和社会资本合作（PPP）融资模式相结合。

加快发展配套产业。加快建立标准化、规范化、高效运转的租赁物与二手设备流通市场，支持建立融资租赁公司租赁资产登记流转平台，完善融资租赁资产退出机制，盘活存量租赁资产。支持设立融资租赁相关中介服务机构，加快发展为融资租赁公司服务的专业咨询、技术服务、评估鉴定、资产管理、资产处置等相关产业。

提高企业核心竞争力。引导融资租赁公司明确市场定位，集中力量发展具有比较优势的特定领域，实现专业化、特色化、差异化发展。支持各类融资租赁公司加强合作，实现优势互补。鼓励企业兼并重组。鼓励融资租赁公司依托适宜的租赁物开展业务，坚持融资与融物相结合，提高融资租赁全产业链经营和资产管理能力。指导融资租赁公司加强风险控制体系和内控管理制度建设，积极运用互联网、物联网、大数据、云计算等现代科学技术提升经营管理水平，建立健全客户风险评估机制，稳妥地发展售后回租业务，严格控制经营风险。

（七）加强融资租赁事中事后监管。

完善行业监管机制。落实省级人民政府属地监管责任。建立监管指标体系和监管评级制度，鼓励融资租赁公司进行信用评级。加强行业风险防范，利用现场与非现场结合的监管手段，强化对重点环节及融资租赁公司吸收存款、发放贷款等违法违规行为的监督，对违法违规融资租赁公司及时要求整改或进行处罚，加强风险监测、分析和预警，切实防范区域性、系统性金融风险。建立企业报送信息异常名录和黑名单制度，加强融资租赁公司信息报送管理，要求融资租赁公司通过全国融资租赁企业管理信息系统及时、准确报送信息，利用信息化手段加强事中事后监管。建立部门间工作沟通协调机制，加强信息共享与监管协作。

发挥行业组织自律作用。加快全国性行业自律组织建设，履行协调、维权、自律、服务职能，鼓励融资租赁公司加入行业自律组织。加强行业自我约束机制建设，鼓励企业积极承担社会责任，大力提升行业的国际影响力。

三、政策措施

（八）建设法治化营商环境。积极推进融资租赁立法工作，提高立法层级。研究出台融资租赁行业专门立法，建立健全融资租赁公司监管体系，完善租赁物物权保护制度。研究建立规范的融资租赁物登记制度，发挥租赁物登记的风险防范作用。规范融资租赁行业市场秩序，营造公平竞争的良好环境。推动行业诚信体系建设，引导企业诚实守信、依法经营。

（九）完善财税政策。为鼓励企业采用融资租赁方式进行技术改造和设备购置提供公平的政策环境。加大政府采购支持力度，鼓励各级政府在提供公共服务、推进基础设施建设和运营中购买融资租赁服务。通过融资租赁方式获得农机的实际使用者可享受农机购置补贴。鼓励地方政府探索通过风险补偿、奖励、贴息等政策工具，引导融资租赁公司加大对中小微企业的融资支持力度。落实融资租赁相关税收政策，促进行业健康发展。对开展融资租赁业务（含融资性售后回租）签订的融资租赁合同，按照其所载明的租金总额比照“借款合同”税目计税贴花。鼓励保险机构开发融资租赁保险品种，扩大融资租赁出口信用保险规模和覆盖面。

（十）拓宽融资渠道。鼓励银行、保险、信托、基金等各类金融机构在风险可控前提下加大对融资租赁公司的支持力度。积极鼓励融资租赁公司通过债券市场募集资金，支持符合条件的融资租赁公司通过发行股票和资产证券化等方式筹措资金。支持内资融资租赁公司利用外债，调整内资融资租赁公司外债管理政策。简化程序，放开回流限制，支持内资融资租赁公司发行外债试行登记制管理。支持融资租赁公司开展人民币跨境融资业务。支持融资租赁公司利用外汇进口先进技术设备，鼓励商业银行利用外汇储备委托贷款支持跨境融资租赁项目。研究保险资金投资融资租赁资产。支持设立融资租赁产业基金，引导民间资本加大投入。

（十一）完善公共服务。逐步建立统一、规范、全面的融资租赁业统计制度和评价指标体系，完善融资租赁统计方法，提高统计数据的准确性和及时性。依托企业信用信息公示系统等建立信息共享机制，加强统计信息交流。建立融资租赁业标准化体系，制订融资租赁交易等方面的标准，加强标准实施和宣传贯彻，提高融资租赁业标准化、规范化水平。研究制定我国融资租赁行业景气指数，定期发布行业发展报告，引导行业健康发展。

（十二）加强人才队伍建设。加强融资租赁从业人员职业能力建设，支持有条件的高校自主设置融资租赁相关专业。支持企业组织从业人员开展相关培训，采取措施提高从业人员综合素质，培养一批具有国际视野和专业能力的融资租赁人才。支持行业协会开展培训、教材编写、水平评测、经验推广、业务交流等工作。加大对融资租赁理念和知识的宣传与普及力度，不断提高融资租赁业的社会影响力和认知度，为行业发展营造良好的社会氛围。

各地区、各有关部门要充分认识加快融资租赁业发展的重要意义，加强组织领导，健全工作机制，强化部门协同和上下联动，协调推动融资租赁业发展。各地区要根据本意见，结合地方实际研究制定具体实施方案，细化政策措施，确保各项任务落到实处。有关部门要抓紧研究制定配套政策和落实分工任务的具体措施，为融资租赁业发展营造良好环境。商务部与银监会等相关部门要加强协调，密切配合，共同做好风险防范工作。商务部要做好融资租赁行业管理工作，会同相关部门对本意见的落实情况进行跟踪分析和督促指导，重大事项及时向国务院报告。

国务院办公厅

2015 年 8 月 31 日

国务院办公厅关于促进金融租赁行业健康发展的指导意见

（国办发〔2015〕69号）

各省、自治区、直辖市人民政府，国务院各部委、各直属机构：

金融租赁是与实体经济紧密结合的一种投融资方式，是推动产业创新升级、促进社会投资和经济结构调整的积极力量。近年来，我国金融租赁行业取得长足发展，综合实力显著提升，行业贡献与社会价值逐步体现。但总体上看，金融租赁行业对国民经济的渗透率和行业覆盖率仍然较低，外部环境不够完善，行业竞争力有待提高。为进一步促进金融租赁行业健康发展，创新金融服务，支持产业升级，拓宽中小微企业融资渠道，有效服务实体经济，经国务院同意，现提出以下意见。

一、加快金融租赁行业发展，发挥其对促进国民经济转型升级的重要作用

金融租赁公司是为具有一定生产技术和管理经验但生产资料不足的企业和个人提供融资融物服务的金融机构。通过设备租赁，可以直接降低企业资产负债率；通过实物转租，可以直接促进产能转移、企业重组和生产资料更新换代升级；通过回购返租，可以直接提高资金使用效率。

要充分认识金融租赁服务实体经济的重要作用，把金融租赁放在国民经济发展整体战略中统筹考虑。加快建设金融租赁行业发展长效机制，积极营造有利于行业发展的外部环境，进一步转变行业发展方式，力争形成安全稳健、专业高效、充满活力、配套完善、具有国际竞争力的现代金融租赁体系。充分发挥金融租赁提高资源配置效率、增强产业竞争能力和推动产能结构调整的引擎作用，努力将其打造成为优化资源配置、促进经济转型升级的有效工具。

二、突出金融租赁特色，增强公司核心竞争力

深化体制机制改革，引导各类社会资本进入金融租赁行业，支持民间资本发起设立风险自担的金融租赁公司，扩大服务覆盖面。引导金融租赁公司明确市场定位，突出融资和融物相结合的特色，根据自身发展战略、企业规模、财务实力以及管理能力，深耕具有比较优势的特定领域，实现专业化、特色化、差异化发展。支持金融租赁公司顺应“互联网＋”发展趋势，利用物联网、云计算、大数据等技术，提升金融服务水平。建立完善的公司治理结构和内部控制体系，推动有条件的金融租赁公司依法合规推进混合所有制改革，优化激励约束机制，形成权责明晰、制衡有效、激励科学、运转高效的内部治理体系。在风险可控前提下，鼓励金融租赁公司自主创新发展，加快专业化人才队伍培养，积极培育核心竞争力。

三、发挥产融协作优势，支持产业结构优化调整

鼓励金融租赁公司发挥扩大设备投资、支持技术进步、促进产品销售、增加服务集成等作用，创新业务协作和价值创造模式，积极服务“一带一路”、京津冀协同发展、长江经济带、“中国制造2025”等国家重大战略，推动大众创业、万众创新。积极支持新一代信息技术、高端装备制造、新能源、新材料、节能环保和生物等战略性新兴产业发展。加大对教育、文化、医药卫生等民生领域支持力度。在飞机、船舶、工程机械等传统领域培育一批具有国际竞争力的金融租赁公司。在公交车、出租车、公务用车等领域鼓励通过金融租赁发展新能源汽车及其配套设施。鼓励金融租赁公司利用境内综合保税区、自由贸易试验区现行税收政策和境外优惠政策，设立专业子公司开展金融租赁业务，提升专业化经营服务水平。支持金融租赁公司开拓国际市场，为国际产能和装备制造合作提供配套服务。鼓励通过金融租赁引入国外先进设备，提升国内技术装备水平，同时要注重支持使用国产设备。

四、提升金融租赁服务水平，加大对薄弱环节支持力度

支持设立面向“三农”、中小微企业的金融租赁公司。鼓励金融租赁公司发挥融资便利、期限灵活、财务优化等优势，开发适合“三农”特点、价格公允的产品和服务，积极开展大型农机具金融租赁试点，支持农业大型机械、生产设施、加工设备更新。探索将生物资产作为租赁物的可行性。允许符合条件的金融租赁公司享受财政贴息和财政奖励。允许租赁农机等设备的实际使用人按规定享受农机购置补贴。加大对科技型、创新型、创业型中小微企业支持力度。允许金融租赁公司使用地方人民政府建立的中小微企业信贷风险补偿基金，参与中小微企业信用体系建设。鼓励地方人民政府通过奖励、风险补偿等方式，引导金融租赁公司加大对“三农”、中小微企业融资支持力度。支持符合条件的金融租赁公司发行“三农”、中小微企业金融债券。适当提高中小微企业金融租赁业务不良资产容忍度。

五、加强基础设施建设，夯实行业发展基础

逐步完善金融租赁行业法律法规，研究建立具有法律效力的租赁物登记制度，发挥租赁物的风险保障作用，维护金融租赁公司的合法权益。落实金融租赁税收政策，切实促进行业健康发展。推动建设租赁物二手流通市场，拓宽租赁物处置渠道，丰富金融租赁公司盈利模式。加大政府采购支持力度，鼓励各级人民政府在提供公共服务、推进基础设施建设和运营中购买金融租赁服务。将通过金融租赁方式进行的企业技术改造和设备购置纳入鼓励政策适用范围。

六、完善配套政策体系，增强持续发展动力

允许符合条件的金融租赁公司上市和发行优先股、次级债，丰富金融租赁公司资本补充渠道。允许符合条件的金融租赁公司通过发行债券和资产证券化等方式多渠道筹措资金。研究保险资金投资金融租赁资产。适度放开外债额度管理要求，简化外债资金审批程序。支持金融租赁公司开展跨境人民币业务，给予金融租赁公司跨境人民币融资额度。积极运用外汇储备委托贷款等多种方式，加大对符合条件金融租赁公司的支持力度。建立形式多样的租赁产业基金，为金融租赁公司提供长期稳定资金来源。规范机动车交易和登记管理，简化交易登记流程，便利金融租赁公司办理业务。完善船舶登记制度，促进船舶金融租赁业务健康发展。

七、加强行业自律，优化行业发展环境

加强金融租赁行业自律组织建设，履行协调、维权、自律、服务职能，建立健全行业自我约束机制，积极承担社会责任，维护行业整体形象。加强对金融租赁理念、知识的宣传和普及，提升公众和企业认知度。强化信息披露，定期发布金融租赁行业数据。积极与高等院校等开展合作，培育专业化金融租赁人才。支持金融租赁行业共同组建市场化的金融租赁登记流转平台，为各类市场主体自愿参与提供服务，活跃金融租赁资产的交易转让，盘活存量金融租赁资产，更好服务实体经济。

八、完善监管体系，增强风险管理能力

全面加强金融租赁公司风险管理，强化实物资产处置能力。建立健全风险监测预警机制，深入排查各类风险隐患，完善风险应急预案。完善资产分类和拨备管理，增强风险抵御能力。加强合规体系建设，增强金融租赁行业合规经营意识，建立健全合规管理长效机制。落实简政放权、放管结合、优化服务工作要求，着力加强事中事后监管，优化监管资源配置，加强行业顶层制度建设。有关部门要加强协调配合，防止风险交叉传染。完善以风险为本、资本监管为核心，适合行业特点的监管体系，在风险可控前提下，促进金融租赁行业健康发展，守住不发生系统性区域性金融风险底线。

国务院办公厅

2015 年 9 月 1 日

企业会计准则第 21 号——租赁

第一条　为了规范租赁的确认、计量和相关信息的列报，根据《企业会计准则——基本准则》，制定本准则。

第一章　总则

第二条　租赁，是指在约定的期间内，出租人将资产使用权让与承租人，以获取租金的协议。

第三条　下列各项适用其他相关会计准则：

（一）出租人以经营租赁方式租出的土地使用权和建筑物，适用《企业会计准则第 3 号——投资性房地产》。

（二）电影、录像、剧本、文稿、专利和版权等项目的许可使用协议，适用《企业会计准则第 6 号——无形资产》。

（三）出租人因融资租赁形成的长期债权的减值，适用《企业会计准则第 22 号——金融工具确认和计量》。

第二章　租赁的分类

第四条　承租人和出租人应当在租赁开始日将租赁分为融资租赁和经营租赁。

租赁开始日，是指租赁协议日与租赁各方就主要租赁条款作出承诺日中的较早者。

第五条　融资租赁，是指实质上转移了与资产所有权有关的全部风险和报酬的租赁。其所有权最终可能转移，也可能不转移。

第六条　符合下列一项或数项标准的，应当认定为融资租赁：

（一）在租赁期届满时，租赁资产的所有权转移给承租人。

（二）承租人有购买租赁资产的选择权，所订立的购买价款预计将远低于行使选择权时租赁资产的公允价值，因而在租赁开始日就可以合理确定承租人将会行使这种选择权。

（三）即使资产的所有权不转移，但租赁期占租赁资产使用寿命的大部分。

（四）承租人在租赁开始日的最低租赁付款额现值，几乎相当于租赁开始日租赁资产公允价值；出租人在租赁开始日的最低租赁收款额现值，几乎相当于租赁开始日租赁资产公允价值。

（五）租赁资产性质特殊，如果不作较大改造，只有承租人才能使用。

第七条 租赁期，是指租赁合同规定的不可撤销的租赁期间。租赁合同签订后一般不可撤销，但下列情况除外：

（一）经出租人同意。

（二）承租人与原出租人就同一资产或同类资产签订了新的租赁合同。

（三）承租人支付一笔足够大的额外款项。

（四）发生某些很少会出现的或有事项。

承租人有权选择续租该资产，并且在租赁开始日就可以合理确定承租人将会行使这种选择权，不论是否再支付租金，续租期也包括在租赁期之内。

第八条 最低租赁付款额，是指在租赁期内，承租人应支付或可能被要求支付的款项（不包括或有租金和履约成本），加上由承租人或与其有关的第三方担保的资产余值。

承租人有购买租赁资产选择权，所订立的购买价款预计将远低于行使选择权时租赁资产的公允价值，因而在租赁开始日就可以合理确定承租人将会行使这种选择权的，购买价款应当计入最低租赁付款额。

或有租金，是指金额不固定、以时间长短以外的其他因素（如销售量、使用量、物价指数等）为依据计算的租金。

履约成本，是指租赁期内为租赁资产支付的各种使用费用，如技术咨询和服务费、人员培训费、维修费、保险费等。

第九条 最低租赁收款额，是指最低租赁付款额加上独立于承租人和出租人的第三方对出租人担保的资产余值。

第十条 经营租赁是指除融资租赁以外的其他租赁。

第三章　融资租赁中承租人的会计处理

第十一条　在租赁期开始日，承租人应当将租赁开始日租赁资产公允价值与最低租赁付款额现值两者中较低者作为租入资产的入账价值，将最低租赁付款额作为长期应付款的入账价值，其差额作为未确认融资费用。

承租人在租赁谈判和签订租赁合同过程中发生的，可归属于租赁项目的手续费、律师费、差旅费、印花税等初始直接费用，应当计入租入资产价值。

租赁期开始日，是指承租人有权行使其使用租赁资产权利的开始日。

第十二条　承租人在计算最低租赁付款额的现值时，能够取得出租人租赁内含利率的，应当采用租赁内含利率作为折现率；否则，应当采用租赁合同规定的利率作为折现率。承租人无法取得出租人的租赁内含利率且租赁合同没有规定利率的，应当采用同期银行贷款利率作为折现率。

第十三条　租赁内含利率，是指在租赁开始日，使最低租赁收款额的现值与未担保余值的现值之和等于租赁资产公允价值与出租人的初始直接费用之和的折现率。

第十四条　担保余值，就承租人而言，是指由承租人或与其有关的第三方担保的资产余值；就出租人而言，是指就承租人而言的担保余值加上独立于承租人和出租人的第三方担保的资产余值。

资产余值，是指在租赁开始日估计的租赁期届满时租赁资产的公允价值。

未担保余值，是指租赁资产余值中扣除就出租人而言的担保余值以后的资产余值。

第十五条　未确认融资费用应当在租赁期内各个期间进行分摊。

承租人应当采用实际利率法计算确认当期的融资费用。

第十六条　承租人应当采用与自有固定资产相一致的折旧政策计提租赁资产折旧。

能够合理确定租赁期届满时取得租赁资产所有权的，应当在租赁资产使用寿命内计提折旧。

无法合理确定租赁期届满时能够取得租赁资产所有权的，应当在租赁期与租赁资产使用寿命两者中较短的期间内计提折旧。

第十七条　或有租金应当在实际发生时计入当期损益。

第四章　融资租赁中出租人的会计处理

第十八条　在租赁期开始日，出租人应当将租赁开始日最低租赁收款额与初始直接费用之和作为应收融资租赁款的入账价值，同时记录未担保余值；将最低租赁收款额、初始直接费用及未担保余值之和与其现值之和的差额确认为未实现融资收益。

第十九条　未实现融资收益应当在租赁期内各个期间进行分配。

出租人应当采用实际利率法计算确认当期的融资收入。

第二十条　出租人至少应当于每年年度终了，对未担保余值进行复核。

未担保余值增加的，不作调整。

有证据表明未担保余值已经减少的，应当重新计算租赁内含利率，将由此引起的租赁投资净额的减少，计入当期损益；以后各期根据修正后的租赁投资净额和重新计算的租赁内含利率确认融资收入。

租赁投资净额是融资租赁中最低租赁收款额及未担保余值之和与未实现融资收益之间的差额。

已确认损失的未担保余值得以恢复的，应当在原已确认的损失金额内转回，并重新计算租赁内含利率，以后各期根据修正后的租赁投资净额和重新计算的租赁内含利率确认融资收入。

第二十一条　或有租金应当在实际发生时计入当期损益。

第五章　经营租赁中承租人的会计处理

第二十二条　对于经营租赁的租金，承租人应当在租赁期内各个期间按照直线法计入相关资产成本或当期损益；其他方法更为系统合理的，也可以采用其他方法。

第二十三条　承租人发生的初始直接费用，应当计入当期损益。

第二十四条　或有租金应当在实际发生时计入当期损益。

第六章　经营租赁中出租人的会计处理

第二十五条　出租人应当按资产的性质，将用作经营租赁的资产包括在资产负债表中的相关项目内。

第二十六条 对于经营租赁的租金，出租人应当在租赁期内各个期间按照直线法确认为当期损益；其他方法更为系统合理的，也可以采用其他方法。

第二十七条 出租人发生的初始直接费用，应当计入当期损益。

第二十八条 对于经营租赁资产中的固定资产，出租人应当采用类似资产的折旧政策计提折旧；对于其他经营租赁资产，应当采用系统合理的方法进行摊销。

第二十九条 或有租金应当在实际发生时计入当期损益。

第七章 售后租回交易

第三十条 承租人和出租人应当根据本准则第二章的规定，将售后租回交易认定为融资租赁或经营租赁。

第三十一条 售后租回交易认定为融资租赁的，售价与资产账面价值之间的差额应当予以递延，并按照该项租赁资产的折旧进度进行分摊，作为折旧费用的调整。

第三十二条 售后租回交易认定为经营租赁的，售价与资产账面价值之间的差额应当予以递延，并在租赁期内按照与确认租金费用相一致的方法进行分摊，作为租金费用的调整。但是，有确凿证据表明售后租回交易是按照公允价值达成的，售价与资产账面价值之间的差额应当计入当期损益。

第八章 列报

第三十三条 承租人应当在资产负债表中，将与融资租赁相关的长期应付款减去未确认融资费用的差额，分别长期负债和一年内到期的长期负债列示。

第三十四条 承租人应当在附注中披露与融资租赁有关的下列信息：

（一）各类租入固定资产的期初和期末原价、累计折旧额。

（二）资产负债表日后连续三个会计年度每年将支付的最低租赁付款额，以及以后年度将支付的最低租赁付款额总额。

（三）未确认融资费用的余额，以及分摊未确认融资费用所采用的方法。

第三十五条 出租人应当在资产负债表中，将应收融资租赁款减去未实现融资收益的差额，作为长期债权列示。

第三十六条 出租人应当在附注中披露与融资租赁有关的下列信息：

（一）资产负债表日后连续三个会计年度每年将收到的最低租赁收款额，以及以后年度将收到的最低租赁收款额总额。

（二）未实现融资收益的余额，以及分配未实现融资收益所采用的方法。

第三十七条 承租人对于重大的经营租赁，应当在附注中披露下列信息：

（一）资产负债表日后连续三个会计年度每年将支付的不可撤销经营租赁的最低租赁付款额。

（二）以后年度将支付的不可撤销经营租赁的最低租赁付款额总额。

第三十八条 出租人对经营租赁，应当披露各类租出资产的账面价值。

第三十九条 承租人和出租人应当披露各售后租回交易以及售后租回合同中的重要条款。

关于全面推开营业税改征增值税试点的通知

（财税〔2016〕36 号）

各省、自治区、直辖市、计划单列市财政厅（局）、国家税务局、地方税务局，新疆生产建设兵团财务局：

经国务院批准，自 2016 年 5 月 1 日起，在全国范围内全面推开营业税改征增值税（以下称营改增）试点，建筑业、房地产业、金融业、生活服务业等全部营业税纳税人，纳入试点范围，由缴纳营业税改为缴纳增值税。现将《营业税改征增值税试点实施办法》《营业税改征增值税试点有关事项的规定》《营业税改征增值税试点过渡政策的规定》和《跨境应税行为适用增值税零税率和免税政策的规定》印发你们，请遵照执行。

本通知附件规定的内容，除另有规定执行时间外，自 2016 年 5 月 1 日起执行。《财政部　国家税务总局关于将铁路运输和邮政业纳入营业税改征增值税试点的通知》（财税〔2013〕106 号）、《财政部　国家税务总局关于铁路运输和邮政业营业税改征增值税试点有关政策的补充通知》（财税〔2013〕121 号）、《财政部　国家税务总局关于将电信业纳入营业税改征增值税试点的通知》（财税〔2014〕43 号）、《财政部　国家税务总局关于国际水路运输增值税零税率政策的补充通知》（财税〔2014〕50 号）和《财政部　国家税务总局关于影视等出口服务适用增值税零税率政策的通知》（财税〔2015〕118 号），除另有规定的条款外，相应废止。

各地要高度重视营改增试点工作，切实加强试点工作的组织领导，周密安排，明确责任，采取各种有效措施，做好试点前的各项准备以及试点过程中的监测分析和宣传解释等工作，确保改革的平稳、有序、顺利进行。遇到问题请及时向财政部和国家税务总局反映。

附件 1：营业税改征增值税试点实施办法

2：营业税改征增值税试点有关事项的规定

3：营业税改征增值税试点过渡政策的规定

4：跨境应税行为适用增值税零税率和免税政策的规定

财政部 国家税务总局

2016 年 3 月 23 日

附件 1

营业税改征增值税试点实施办法

（节 选）

第一章　纳税人和扣缴义务人

第一条　在中华人民共和国境内（以下称境内）销售服务、无形资产或者不动产（以下称应税行为）的单位和个人，为增值税纳税人，应当按照本办法缴纳增值税，不缴纳营业税。

单位，是指企业、行政单位、事业单位、军事单位、社会团体及其他单位。

个人，是指个体工商户和其他个人。

第二条　单位以承包、承租、挂靠方式经营的，承包人、承租人、挂靠人（以下统称承包人）以发包人、出租人、被挂靠人（以下统称发包人）名义对外经营并由发包人承担相关法律责任的，以该发包人为纳税人。否则，以承包人为纳税人。

第三条　纳税人分为一般纳税人和小规模纳税人。

应税行为的年应征增值税销售额（以下称应税销售额）超过财政部和国家税务总局规定标准的纳税人为一般纳税人，未超过规定标准的纳税人为小规模纳税人。

年应税销售额超过规定标准的其他个人不属于一般纳税人。年应税销售额超过规定标准但不经常发生应税行为的单位和个体工商户可选择按照小规模纳税人纳税。

第四条　年应税销售额未超过规定标准的纳税人，会计核算健全，能够提供准确税务资料的，可以向主管税务机关办理一般纳税人资格登记，成为一般纳税人。

会计核算健全，是指能够按照国家统一的会计制度规定设置账簿，根据合法、有效凭证核算。

第五条 符合一般纳税人条件的纳税人应当向主管税务机关办理一般纳税人资格登记。具体登记办法由国家税务总局制定。

除国家税务总局另有规定外，一经登记为一般纳税人后，不得转为小规模纳税人。

第六条 中华人民共和国境外（以下称境外）单位或者个人在境内发生应税行为，在境内未设有经营机构的，以购买方为增值税扣缴义务人。财政部和国家税务总局另有规定的除外。

第七条 两个或者两个以上的纳税人，经财政部和国家税务总局批准可以视为一个纳税人合并纳税。具体办法由财政部和国家税务总局另行制定。

第八条 纳税人应当按照国家统一的会计制度进行增值税会计核算。

第二章 征税范围

第九条 应税行为的具体范围，按照本办法所附的《销售服务、无形资产、不动产注释》执行。

第十条 销售服务、无形资产或者不动产，是指有偿提供服务、有偿转让无形资产或者不动产，但属于下列非经营活动的情形除外：

（一）行政单位收取的同时满足以下条件的政府性基金或者行政事业性收费。

1. 由国务院或者财政部批准设立的政府性基金，由国务院或者省级人民政府及其财政、价格主管部门批准设立的行政事业性收费；

2. 收取时开具省级以上（含省级）财政部门监（印）制的财政票据；

3. 所收款项全额上缴财政。

（二）单位或者个体工商户聘用的员工为本单位或者雇主提供取得工资的服务。

（三）单位或者个体工商户为聘用的员工提供服务。

（四）财政部和国家税务总局规定的其他情形。

第十一条 有偿，是指取得货币、货物或者其他经济利益。

第十二条 在境内销售服务、无形资产或者不动产，是指：

（一）服务（租赁不动产除外）或者无形资产（自然资源使用权除外）的销售方或者购买方在境内；

（二）所销售或者租赁的不动产在境内；

（三）所销售自然资源使用权的自然资源在境内；

（四）财政部和国家税务总局规定的其他情形。

第十三条　下列情形不属于在境内销售服务或者无形资产：

（一）境外单位或者个人向境内单位或者个人销售完全在境外发生的服务。

（二）境外单位或者个人向境内单位或者个人销售完全在境外使用的无形资产。

（三）境外单位或者个人向境内单位或者个人出租完全在境外使用的有形动产。

（四）财政部和国家税务总局规定的其他情形。

第十四条　下列情形视同销售服务、无形资产或者不动产：

（一）单位或者个体工商户向其他单位或者个人无偿提供服务，但用于公益事业或者以社会公众为对象的除外。

（二）单位或者个人向其他单位或者个人无偿转让无形资产或者不动产，但用于公益事业或者以社会公众为对象的除外。

（三）财政部和国家税务总局规定的其他情形。

第三章　税率和征收率

第十五条　增值税税率：

（一）纳税人发生应税行为，除本条第（二）项、第（三）项、第（四）项规定外，税率为6%。

（二）提供交通运输、邮政、基础电信、建筑、不动产租赁服务，销售不动产，转让土地使用权，税率为11%。

（三）提供有形动产租赁服务，税率为17%。

（四）境内单位和个人发生的跨境应税行为，税率为零。具体范围由财政部和国家税务总局另行规定。

第十六条 增值税征收率为3%，财政部和国家税务总局另有规定的除外。

第四章 应纳税额的计算

第一节 一般性规定

第十七条 增值税的计税方法，包括一般计税方法和简易计税方法。

第十八条 一般纳税人发生应税行为适用一般计税方法计税。

一般纳税人发生财政部和国家税务总局规定的特定应税行为，可以选择适用简易计税方法计税，但一经选择，36个月内不得变更。

第十九条 小规模纳税人发生应税行为适用简易计税方法计税。

第二十条 境外单位或者个人在境内发生应税行为，在境内未设有经营机构的，扣缴义务人按照下列公式计算应扣缴税额：

应扣缴税额 = 购买方支付的价款 ÷（1 + 税率）× 税率

第二节 一般计税方法

第二十一条 一般计税方法的应纳税额，是指当期销项税额抵扣当期进项税额后的余额。应纳税额计算公式：

应纳税额 = 当期销项税额 - 当期进项税额

当期销项税额小于当期进项税额不足抵扣时，其不足部分可以结转下期继续抵扣。

第二十二条 销项税额，是指纳税人发生应税行为按照销售额和增值税税率计算并收取的增值税额。销项税额计算公式：

销项税额 = 销售额 × 税率

第二十三条 一般计税方法的销售额不包括销项税额，纳税人采用销售额和销项税额合并定价方法的，按照下列公式计算销售额：

销售额 = 含税销售额 ÷（1 + 税率）

第二十四条 进项税额，是指纳税人购进货物、加工修理修配劳务、服务、无形资产或者不动产，支付或者负担的增值税额。

第二十五条 下列进项税额准予从销项税额中抵扣：

（一）从销售方取得的增值税专用发票（含税控机动车销售统一发票，下同）上注明的增值税额。

（二）从海关取得的海关进口增值税专用缴款书上注明的增值税额。

（三）购进农产品，除取得增值税专用发票或者海关进口增值税专用缴款书外，按照农产品收购发票或者销售发票上注明的农产品买价和13%的扣除率计算的进项税额。计算公式为：

进项税额 = 买价 × 扣除率

买价，是指纳税人购进农产品在农产品收购发票或者销售发票上注明的价款和按照规定缴纳的烟叶税。

购进农产品，按照《农产品增值税进项税额核定扣除试点实施办法》抵扣进项税额的除外。

（四）从境外单位或者个人购进服务、无形资产或者不动产，自税务机关或者扣缴义务人取得的解缴税款的完税凭证上注明的增值税额。

第二十六条　纳税人取得的增值税扣税凭证不符合法律、行政法规或者国家税务总局有关规定的，其进项税额不得从销项税额中抵扣。

增值税扣税凭证，是指增值税专用发票、海关进口增值税专用缴款书、农产品收购发票、农产品销售发票和完税凭证。

纳税人凭完税凭证抵扣进项税额的，应当具备书面合同、付款证明和境外单位的对账单或者发票。资料不全的，其进项税额不得从销项税额中抵扣。

第二十七条　下列项目的进项税额不得从销项税额中抵扣：

（一）用于简易计税方法计税项目、免征增值税项目、集体福利或者个人消费的购进货物、加工修理修配劳务、服务、无形资产和不动产。其中涉及的固定资产、无形资产、不动产，仅指专用于上述项目的固定资产、无形资产（不包括其他权益性无形资产）、不动产。

纳税人的交际应酬消费属于个人消费。

（二）非正常损失的购进货物，以及相关的加工修理修配劳务和交通运输服务。

（三）非正常损失的在产品、产成品所耗用的购进货物（不包括固定资产）、加工修理修配劳务和交通运输服务。

（四）非正常损失的不动产，以及该不动产所耗用的购进货物、设计服务和建筑服务。

（五）非正常损失的不动产在建工程所耗用的购进货物、设计服务和建筑服务。

纳税人新建、改建、扩建、修缮、装饰不动产，均属于不动产在建工程。

（六）购进的旅客运输服务、贷款服务、餐饮服务、居民日常服务和娱乐服务。

（七）财政部和国家税务总局规定的其他情形。

本条第（四）项、第（五）项所称货物，是指构成不动产实体的材料和设备，包括建筑装饰材料和给排水、采暖、卫生、通风、照明、通讯、煤气、消防、中央空调、电梯、电气、智能化楼宇设备及配套设施。

第二十八条 不动产、无形资产的具体范围，按照本办法所附的《销售服务、无形资产或者不动产注释》执行。

固定资产，是指使用期限超过 12 个月的机器、机械、运输工具以及其他与生产经营有关的设备、工具、器具等有形动产。

非正常损失，是指因管理不善造成货物被盗、丢失、霉烂变质，以及因违反法律法规造成货物或者不动产被依法没收、销毁、拆除的情形。

第二十九条 适用一般计税方法的纳税人，兼营简易计税方法计税项目、免征增值税项目而无法划分不得抵扣的进项税额，按照下列公式计算不得抵扣的进项税额：

不得抵扣的进项税额 = 当期无法划分的全部进项税额 ×（当期简易计税方法计税项目销售额 + 免征增值税项目销售额）÷ 当期全部销售额

主管税务机关可以按照上述公式依据年度数据对不得抵扣的进项税额进行清算。

第三十条 已抵扣进项税额的购进货物（不含固定资产）、劳务、服务，发生本办法第二十七条规定情形（简易计税方法计税项目、免征增值税项目除外）的，应当将该进项税额从当期进项税额中扣减；无法确定该进项税额的，按照当期实际成本计算应扣减的进项税额。

第三十一条 已抵扣进项税额的固定资产、无形资产或者不动产，发生本办法第二十七条规定情形的，按照下列公式计算不得抵扣的进项税额：

不得抵扣的进项税额 = 固定资产、无形资产或者不动产净值 × 适用税率

固定资产、无形资产或者不动产净值，是指纳税人根据财务会计制度计提折旧或摊销后的余额。

第三十二条　纳税人适用一般计税方法计税的，因销售折让、中止或者退回而退还给购买方的增值税额，应当从当期的销项税额中扣减；因销售折让、中止或者退回而收回的增值税额，应当从当期的进项税额中扣减。

第三十三条　有下列情形之一者，应当按照销售额和增值税税率计算应纳税额，不得抵扣进项税额，也不得使用增值税专用发票：

（一）一般纳税人会计核算不健全，或者不能够提供准确税务资料的。

（二）应当办理一般纳税人资格登记而未办理的。

第三节　简易计税方法

第三十四条　简易计税方法的应纳税额，是指按照销售额和增值税征收率计算的增值税额，不得抵扣进项税额。应纳税额计算公式：

应纳税额 = 销售额 × 征收率

第三十五条　简易计税方法的销售额不包括其应纳税额，纳税人采用销售额和应纳税额合并定价方法的，按照下列公式计算销售额：

销售额 = 含税销售额 ÷（1 + 征收率）

第三十六条　纳税人适用简易计税方法计税的，因销售折让、中止或者退回而退还给购买方的销售额，应当从当期销售额中扣减。扣减当期销售额后仍有余额造成多缴的税款，可以从以后的应纳税额中扣减。

第四节　销售额的确定

第三十七条　销售额，是指纳税人发生应税行为取得的全部价款和价外费用，财政部和国家税务总局另有规定的除外。

价外费用，是指价外收取的各种性质的收费，但不包括以下项目：

（一）代为收取并符合本办法第十条规定的政府性基金或者行政事业性收费。

（二）以委托方名义开具发票代委托方收取的款项。

第三十八条　销售额以人民币计算。

纳税人按照人民币以外的货币结算销售额的，应当折合成人民币计算，

折合率可以选择销售额发生的当天或者当月 1 日的人民币汇率中间价。纳税人应当在事先确定采用何种折合率，确定后 12 个月内不得变更。

第三十九条 纳税人兼营销售货物、劳务、服务、无形资产或者不动产，适用不同税率或者征收率的，应当分别核算适用不同税率或者征收率的销售额；未分别核算的，从高适用税率。

第四十条 一项销售行为如果既涉及服务又涉及货物，为混合销售。从事货物的生产、批发或者零售的单位和个体工商户的混合销售行为，按照销售货物缴纳增值税；其他单位和个体工商户的混合销售行为，按照销售服务缴纳增值税。

本条所称从事货物的生产、批发或者零售的单位和个体工商户，包括以从事货物的生产、批发或者零售为主，并兼营销售服务的单位和个体工商户在内。

第四十一条 纳税人兼营免税、减税项目的，应当分别核算免税、减税项目的销售额；未分别核算的，不得免税、减税。

第四十二条 纳税人发生应税行为，开具增值税专用发票后，发生开票有误或者销售折让、中止、退回等情形的，应当按照国家税务总局的规定开具红字增值税专用发票；未按照规定开具红字增值税专用发票的，不得按照本办法第三十二条和第三十六条的规定扣减销项税额或者销售额。

第四十三条 纳税人发生应税行为，将价款和折扣额在同一张发票上分别注明的，以折扣后的价款为销售额；未在同一张发票上分别注明的，以价款为销售额，不得扣减折扣额。

第四十四条 纳税人发生应税行为价格明显偏低或者偏高且不具有合理商业目的的，或者发生本办法第十四条所列行为而无销售额的，主管税务机关有权按照下列顺序确定销售额：

（一）按照纳税人最近时期销售同类服务、无形资产或者不动产的平均价格确定。

（二）按照其他纳税人最近时期销售同类服务、无形资产或者不动产的平均价格确定。

（三）按照组成计税价格确定。组成计税价格的公式为：

组成计税价格 = 成本 ×（1 + 成本利润率）

成本利润率由国家税务总局确定。

不具有合理商业目的，是指以谋取税收利益为主要目的，通过人为安排，减少、免除、推迟缴纳增值税税款，或者增加退还增值税税款。

第五章　纳税义务、扣缴义务发生时间和纳税地点

第四十五条　增值税纳税义务、扣缴义务发生时间为：

（一）纳税人发生应税行为并收讫销售款项或者取得索取销售款项凭据的当天；先开具发票的，为开具发票的当天。

收讫销售款项，是指纳税人销售服务、无形资产、不动产过程中或者完成后收到款项。

取得索取销售款项凭据的当天，是指书面合同确定的付款日期；未签订书面合同或者书面合同未确定付款日期的，为服务、无形资产转让完成的当天或者不动产权属变更的当天。

（二）纳税人提供建筑服务、租赁服务采取预收款方式的，其纳税义务发生时间为收到预收款的当天。

（三）纳税人从事金融商品转让的，为金融商品所有权转移的当天。

（四）纳税人发生本办法第十四条规定情形的，其纳税义务发生时间为服务、无形资产转让完成的当天或者不动产权属变更的当天。

（五）增值税扣缴义务发生时间为纳税人增值税纳税义务发生的当天。

第四十六条　增值税纳税地点为：

（一）固定业户应当向其机构所在地或者居住地主管税务机关申报纳税。总机构和分支机构不在同一县（市）的，应当分别向各自所在地的主管税务机关申报纳税；经财政部和国家税务总局或者其授权的财政和税务机关批准，可以由总机构汇总向总机构所在地的主管税务机关申报纳税。

（二）非固定业户应当向应税行为发生地主管税务机关申报纳税；未申报纳税的，由其机构所在地或者居住地主管税务机关补征税款。

（三）其他个人提供建筑服务，销售或者租赁不动产，转让自然资源使用权，应向建筑服务发生地、不动产所在地、自然资源所在地主管税务机关申

报纳税。

（四）扣缴义务人应当向其机构所在地或者居住地主管税务机关申报缴纳扣缴的税款。

第四十七条 增值税的纳税期限分别为1日、3日、5日、10日、15日、1个月或者1个季度。纳税人的具体纳税期限，由主管税务机关根据纳税人应纳税额的大小分别核定。以1个季度为纳税期限的规定适用于小规模纳税人、银行、财务公司、信托投资公司、信用社，以及财政部和国家税务总局规定的其他纳税人。不能按照固定期限纳税的，可以按次纳税。

纳税人以1个月或者1个季度为1个纳税期的，自期满之日起15日内申报纳税；以1日、3日、5日、10日或者15日为1个纳税期的，自期满之日起5日内预缴税款，于次月1日起15日内申报纳税并结清上月应纳税款。

扣缴义务人解缴税款的期限，按照前两款规定执行。

第六章 税收减免的处理

第四十八条 纳税人发生应税行为适用免税、减税规定的，可以放弃免税、减税，依照本办法的规定缴纳增值税。放弃免税、减税后，36个月内不得再申请免税、减税。

纳税人发生应税行为同时适用免税和零税率规定的，纳税人可以选择适用免税或者零税率。

第四十九条 个人发生应税行为的销售额未达到增值税起征点的，免征增值税；达到起征点的，全额计算缴纳增值税。

增值税起征点不适用于登记为一般纳税人的个体工商户。

第五十条 增值税起征点幅度如下：

（一）按期纳税的，为月销售额5000－20000元（含本数）。

（二）按次纳税的，为每次（日）销售额300－500元（含本数）。

起征点的调整由财政部和国家税务总局规定。省、自治区、直辖市财政厅（局）和国家税务局应当在规定的幅度内，根据实际情况确定本地区适用的起征点，并报财政部和国家税务总局备案。

对增值税小规模纳税人中月销售额未达到2万元的企业或非企业性单位，

免征增值税。2017 年 12 月 31 日前，对月销售额 2 万元（含本数）至 3 万元的增值税小规模纳税人，免征增值税。

第七章　征收管理

第五十一条　营业税改征的增值税，由国家税务局负责征收。纳税人销售取得的不动产和其他个人出租不动产的增值税，国家税务局暂委托地方税务局代为征收。

第五十二条　纳税人发生适用零税率的应税行为，应当按期向主管税务机关申报办理退（免）税，具体办法由财政部和国家税务总局制定。

第五十三条　纳税人发生应税行为，应当向索取增值税专用发票的购买方开具增值税专用发票，并在增值税专用发票上分别注明销售额和销项税额。

属于下列情形之一的，不得开具增值税专用发票：

（一）向消费者个人销售服务、无形资产或者不动产。

（二）适用免征增值税规定的应税行为。

第五十四条　小规模纳税人发生应税行为，购买方索取增值税专用发票的，可以向主管税务机关申请代开。

第五十五条　纳税人增值税的征收管理，按照本办法和《中华人民共和国税收征收管理法》及现行增值税征收管理有关规定执行。

附　销售服务、无形资产、不动产注释

一、销售服务

销售服务，是指提供交通运输服务、邮政服务、电信服务、建筑服务、金融服务、现代服务、生活服务。

……

（五）金融服务。

金融服务，是指经营金融保险的业务活动。包括贷款服务、直接收费金

融服务、保险服务和金融商品转让。

1. 贷款服务。

贷款，是指将资金贷与他人使用而取得利息收入的业务活动。

各种占用、拆借资金取得的收入，包括金融商品持有期间（含到期）利息（保本收益、报酬、资金占用费、补偿金等）收入、信用卡透支利息收入、买入返售金融商品利息收入、融资融券收取的利息收入，以及融资性售后回租、押汇、罚息、票据贴现、转贷等业务取得的利息及利息性质的收入，按照贷款服务缴纳增值税。

融资性售后回租，是指承租方以融资为目的，将资产出售给从事融资性售后回租业务的企业后，从事融资性售后回租业务的企业将该资产出租给承租方的业务活动。

以货币资金投资收取的固定利润或者保底利润，按照贷款服务缴纳增值税。

……

4. 金融商品转让。

金融商品转让，是指转让外汇、有价证券、非货物期货和其他金融商品所有权的业务活动。

其他金融商品转让包括基金、信托、理财产品等各类资产管理产品和各种金融衍生品的转让。

（六）现代服务。

现代服务，是指围绕制造业、文化产业、现代物流产业等提供技术性、知识性服务的业务活动。包括研发和技术服务、信息技术服务、文化创意服务、物流辅助服务、租赁服务、鉴证咨询服务、广播影视服务、商务辅助服务和其他现代服务。

……

5. 租赁服务。

租赁服务，包括融资租赁服务和经营租赁服务。

（1）融资租赁服务，是指具有融资性质和所有权转移特点的租赁活动。即出租人根据承租人所要求的规格、型号、性能等条件购入有形动产或者不动产租赁给承租人，合同期内租赁物所有权属于出租人，承租人只拥有使用权，合同期满付清租金后，承租人有权按照残值购入租赁物，以拥有其所有权。不论出租人是否将租赁物销售给承租人，均属于融资租赁。

按照标的物的不同，融资租赁服务可分为有形动产融资租赁服务和不动产融资租赁服务。

融资性售后回租不按照本税目缴纳增值税。

（2）经营租赁服务，是指在约定时间内将有形动产或者不动产转让他人使用且租赁物所有权不变更的业务活动。

按照标的物的不同，经营租赁服务可分为有形动产经营租赁服务和不动产经营租赁服务。

将建筑物、构筑物等不动产或者飞机、车辆等有形动产的广告位出租给其他单位或者个人用于发布广告，按照经营租赁服务缴纳增值税。

车辆停放服务、道路通行服务（包括过路费、过桥费、过闸费等）等按照不动产经营租赁服务缴纳增值税。

水路运输的光租业务、航空运输的干租业务，属于经营租赁。

光租业务，是指运输企业将船舶在约定的时间内出租给他人使用，不配备操作人员，不承担运输过程中发生的各项费用，只收取固定租赁费的业务活动。

干租业务，是指航空运输企业将飞机在约定的时间内出租给他人使用，不配备机组人员，不承担运输过程中发生的各项费用，只收取固定租赁费的业务活动。

……

2、销售无形资产

……

三、销售不动产

……

附件 2

营业税改征增值税试点有关事项的规定

（节 选）

一、营改增试点期间，试点纳税人［指按照《营业税改征增值税试点实施办法》（以下称《试点实施办法》）缴纳增值税的纳税人］有关政策

……

（三）销售额。

1. 贷款服务，以提供贷款服务取得的全部利息及利息性质的收入为销售额。

2. 直接收费金融服务，以提供直接收费金融服务收取的手续费、佣金、酬金、管理费、服务费、经手费、开户费、过户费、结算费、转托管费等各类费用为销售额。

3. 金融商品转让，按照卖出价扣除买入价后的余额为销售额。

转让金融商品出现的正负差，按盈亏相抵后的余额为销售额。若相抵后出现负差，可结转下一纳税期与下期转让金融商品销售额相抵，但年末时仍出现负差的，不得转入下一个会计年度。

金融商品的买入价，可以选择按照加权平均法或者移动加权平均法进行核算，选择后 36 个月内不得变更。

金融商品转让，不得开具增值税专用发票。

4. 经纪代理服务，以取得的全部价款和价外费用，扣除向委托方收取并代为支付的政府性基金或者行政事业性收费后的余额为销售额。向委托方收取的政府性基金或者行政事业性收费，不得开具增值税专用发票。

5. 融资租赁和融资性售后回租业务。

（1）经人民银行、银监会或者商务部批准从事融资租赁业务的试点纳税人，提供融资租赁服务，以取得的全部价款和价外费用，扣除支付的借款利

息（包括外汇借款和人民币借款利息）、发行债券利息和车辆购置税后的余额为销售额。

（2）经人民银行、银监会或者商务部批准从事融资租赁业务的试点纳税人，提供融资性售后回租服务，以取得的全部价款和价外费用（不含本金），扣除对外支付的借款利息（包括外汇借款和人民币借款利息）、发行债券利息后的余额作为销售额。

（3）试点纳税人根据2016年4月30日前签订的有形动产融资性售后回租合同，在合同到期前提供的有形动产融资性售后回租服务，可继续按照有形动产融资租赁服务缴纳增值税。

继续按照有形动产融资租赁服务缴纳增值税的试点纳税人，经人民银行、银监会或者商务部批准从事融资租赁业务的，根据2016年4月30日前签订的有形动产融资性售后回租合同，在合同到期前提供的有形动产融资性售后回租服务，可以选择以下方法之一计算销售额：

①以向承租方收取的全部价款和价外费用，扣除向承租方收取的价款本金，以及对外支付的借款利息（包括外汇借款和人民币借款利息）、发行债券利息后的余额为销售额。

纳税人提供有形动产融资性售后回租服务，计算当期销售额时可以扣除的价款本金，为书面合同约定的当期应当收取的本金。无书面合同或者书面合同没有约定的，为当期实际收取的本金。

试点纳税人提供有形动产融资性售后回租服务，向承租方收取的有形动产价款本金，不得开具增值税专用发票，可以开具普通发票。

②以向承租方收取的全部价款和价外费用，扣除支付的借款利息（包括外汇借款和人民币借款利息）、发行债券利息后的余额为销售额。

（4）经商务部授权的省级商务主管部门和国家经济技术开发区批准的从事融资租赁业务的试点纳税人，2016年5月1日后实收资本达到1.7亿元的，从达到标准的当月起按照上述第（1）、（2）、（3）点规定执行；2016年5月1日后实收资本未达到1.7亿元但注册资本达到1.7亿元的，在2016年7月31日前仍可按照上述第（1）、（2）、（3）点规定执行，2016年8月1日后开展的融资租赁业务和融资性售后回租业务不得按照上述第（1）、（2）、（3）

点规定执行。

……

（四）进项税额。

1. 适用一般计税方法的试点纳税人，2016 年 5 月 1 日后取得并在会计制度上按固定资产核算的不动产或者2016 年5 月 1 日后取得的不动产在建工程，其进项税额应自取得之日起分 2 年从销项税额中抵扣，第一年抵扣比例为60%，第二年抵扣比例为 40%。

取得不动产，包括以直接购买、接受捐赠、接受投资入股、自建以及抵债等各种形式取得不动产，不包括房地产开发企业自行开发的房地产项目。

融资租入的不动产以及在施工现场修建的临时建筑物、构筑物，其进项税额不适用上述分 2 年抵扣的规定。

2. 按照《试点实施办法》第二十七条第（一）项规定不得抵扣且未抵扣进项税额的固定资产、无形资产、不动产，发生用途改变，用于允许抵扣进项税额的应税项目，可在用途改变的次月按照下列公式计算可以抵扣的进项税额：

可以抵扣的进项税额 = 固定资产、无形资产、不动产净值/（1 + 适用税率）×适用税率

上述可以抵扣的进项税额应取得合法有效的增值税扣税凭证。

3. 纳税人接受贷款服务向贷款方支付的与该笔贷款直接相关的投融资顾问费、手续费、咨询费等费用，其进项税额不得从销项税额中抵扣。

（五）一般纳税人资格登记。

《试点实施办法》第三条规定的年应税销售额标准为 500 万元（含本数）。财政部和国家税务总局可以对年应税销售额标准进行调整。

……

（十二）纳税地点。

属于固定业户的试点纳税人，总分支机构不在同一县（市），但在同一省（自治区、直辖市、计划单列市）范围内的，经省（自治区、直辖市、计划单列市）财政厅（局）和国家税务局批准，可以由总机构汇总向总机构所在地的主管税务机关申报缴纳增值税。

（十三）试点前发生的业务。

1. 试点纳税人发生应税行为，按照国家有关营业税政策规定差额征收营业税的，因取得的全部价款和价外费用不足以抵减允许扣除项目金额，截至纳入营改增试点之日前尚未扣除的部分，不得在计算试点纳税人增值税应税销售额时抵减，应当向原主管地税机关申请退还营业税。

2. 试点纳税人发生应税行为，在纳入营改增试点之日前已缴纳营业税，营改增试点后因发生退款减除营业额的，应当向原主管地税机关申请退还已缴纳的营业税。

3. 试点纳税人纳入营改增试点之日前发生的应税行为，因税收检查等原因需要补缴税款的，应按照营业税政策规定补缴营业税。

……

二、原增值税纳税人［指按照《中华人民共和国增值税暂行条例》（国务院令第 538 号）（以下称《增值税暂行条例》）缴纳增值税的纳税人］有关政策

（一）进项税额。

1. 原增值税一般纳税人购进服务、无形资产或者不动产，取得的增值税专用发票上注明的增值税额为进项税额，准予从销项税额中抵扣。

2016 年 5 月 1 日后取得并在会计制度上按固定资产核算的不动产或者 2016 年 5 月 1 日后取得的不动产在建工程，其进项税额应自取得之日起分 2 年从销项税额中抵扣，第一年抵扣比例为 60%，第二年抵扣比例为 40%。

融资租入的不动产以及在施工现场修建的临时建筑物、构筑物，其进项税额不适用上述分 2 年抵扣的规定。

……

附件 3

营业税改征增值税试点过渡政策的规定

（节 选）

一、下列项目免征增值税

……

（二十）被撤销金融机构以货物、不动产、无形资产、有价证券、票据等财产清偿债务。

被撤销金融机构，是指经人民银行、银监会依法决定撤销的金融机构及其分设于各地的分支机构，包括被依法撤销的商业银行、信托投资公司、财务公司、金融租赁公司、城市信用社和农村信用社。除另有规定外，被撤销金融机构所属、附属企业，不享受被撤销金融机构增值税免税政策。

……

（二十三）金融同业往来利息收入。

1. 金融机构与人民银行所发生的资金往来业务。包括人民银行对一般金融机构贷款，以及人民银行对商业银行的再贴现等。

2. 银行联行往来业务。同一银行系统内部不同行、处之间所发生的资金账务往来业务。

3. 金融机构间的资金往来业务。是指经人民银行批准，进入全国银行间同业拆借市场的金融机构之间通过全国统一的同业拆借网络进行的短期（一年以下含一年）无担保资金融通行为。

4. 金融机构之间开展的转贴现业务。

金融机构是指：

（1）银行：包括人民银行、商业银行、政策性银行。

（2）信用合作社。

（3）证券公司。

（4）金融租赁公司、证券基金管理公司、财务公司、信托投资公司、证券投资基金。

（5）保险公司。

（6）其他经人民银行、银监会、证监会、保监会批准成立且经营金融保险业务的机构等。

……

二、增值税即征即退

……

（二）经人民银行、银监会或者商务部批准从事融资租赁业务的试点纳税人中的一般纳税人，提供有形动产融资租赁服务和有形动产融资性售后回租服务，对其增值税实际税负超过3%的部分实行增值税即征即退政策。商务部授权的省级商务主管部门和国家经济技术开发区批准的从事融资租赁业务和融资性售后回租业务的试点纳税人中的一般纳税人，2016年5月1日后实收资本达到1.7亿元的，从达到标准的当月起按照上述规定执行；2016年5月1日后实收资本未达到1.7亿元但注册资本达到1.7亿元的，在2016年7月31日前仍可按照上述规定执行，2016年8月1日后开展的有形动产融资租赁业务和有形动产融资性售后回租业务不得按照上述规定执行。

（三）本规定所称增值税实际税负，是指纳税人当期提供应税服务实际缴纳的增值税额占纳税人当期提供应税服务取得的全部价款和价外费用的比例。

三、扣减增值税规定

……

四、金融企业发放贷款后，自结息日起90天内发生的应收未收利息按现行规定缴纳增值税，自结息日起90天后发生的应收未收利息暂不缴纳增值税，待实际收到利息时按规定缴纳增值税。

……

五、个人将购买不足2年的住房对外销售的，按照5%的征收率全额缴纳增值税；个人将购买2年以上（含2年）的住房对外销售的，免征增值税。上述政策适用于北京市、上海市、广州市和深圳市之外的地区。

……

六、上述增值税优惠政策除已规定期限的项目和第五条政策外，其他均在营改增试点期间执行。如果试点纳税人在纳入营改增试点之日前已经按照有关政策规定享受了营业税税收优惠，在剩余税收优惠政策期限内，按照本规定享受有关增值税优惠。

附件 4

跨境应税行为适用增值税零税率和免税政策的规定

一、中华人民共和国境内（以下称境内）的单位和个人销售的下列服务和无形资产，适用增值税零税率：

（一）国际运输服务。

国际运输服务，是指：

1. 在境内载运旅客或者货物出境。

2. 在境外载运旅客或者货物入境。

3. 在境外载运旅客或者货物。

（二）航天运输服务。

（三）向境外单位提供的完全在境外消费的下列服务：

1. 研发服务。

2. 合同能源管理服务。

3. 设计服务。

4. 广播影视节目（作品）的制作和发行服务。

5. 软件服务。

6. 电路设计及测试服务。

7. 信息系统服务。

8. 业务流程管理服务。

9. 离岸服务外包业务。

离岸服务外包业务，包括信息技术外包服务（ITO）、技术性业务流程外包服务（BPO）、技术性知识流程外包服务（KPO），其所涉及的具体业务活动，按照《销售服务、无形资产、不动产注释》相对应的业务活动执行。

10. 转让技术。

（四）财政部和国家税务总局规定的其他服务。

二、境内的单位和个人销售的下列服务和无形资产免征增值税，但财政部和国家税务总局规定适用增值税零税率的除外：

（一）下列服务：

1. 工程项目在境外的建筑服务。

2. 工程项目在境外的工程监理服务。

3. 工程、矿产资源在境外的工程勘察勘探服务。

4. 会议展览地点在境外的会议展览服务。

5. 存储地点在境外的仓储服务。

6. 标的物在境外使用的有形动产租赁服务。

7. 在境外提供的广播影视节目（作品）的播映服务。

8. 在境外提供的文化体育服务、教育医疗服务、旅游服务。

（二）为出口货物提供的邮政服务、收派服务、保险服务。

为出口货物提供的保险服务，包括出口货物保险和出口信用保险。

（三）向境外单位提供的完全在境外消费的下列服务和无形资产：

1. 电信服务。

2. 知识产权服务。

3. 物流辅助服务（仓储服务、收派服务除外）。

4. 鉴证咨询服务。

5. 专业技术服务。

6. 商务辅助服务。

7. 广告投放地在境外的广告服务。

8. 无形资产。

（四）以无运输工具承运方式提供的国际运输服务。

（五）为境外单位之间的货币资金融通及其他金融业务提供的直接收费金融服务，且该服务与境内的货物、无形资产和不动产无关。

（六）财政部和国家税务总局规定的其他服务。

三、按照国家有关规定应取得相关资质的国际运输服务项目，纳税人取得相关资质的，适用增值税零税率政策，未取得的，适用增值税免税政策。

境内的单位或个人提供程租服务，如果租赁的交通工具用于国际运输服务和港澳台运输服务，由出租方按规定申请适用增值税零税率。

境内的单位和个人向境内单位或个人提供期租、湿租服务，如果承租方利用租赁的交通工具向其他单位或个人提供国际运输服务和港澳台运输服务，由承租方适用增值税零税率。境内的单位或个人向境外单位或个人提供期租、湿租服务，由出租方适用增值税零税率。

境内单位和个人以无运输工具承运方式提供的国际运输服务，由境内实际承运人适用增值税零税率；无运输工具承运业务的经营者适用增值税免税政策。

四、境内的单位和个人提供适用增值税零税率的服务或者无形资产，如果属于适用简易计税方法的，实行免征增值税办法。如果属于适用增值税一般计税方法的，生产企业实行免抵退税办法，外贸企业外购服务或者无形资产出口实行免退税办法，外贸企业直接将服务或自行研发的无形资产出口，视同生产企业连同其出口货物统一实行免抵退税办法。

服务和无形资产的退税率为其按照《试点实施办法》第十五条第（一）至（三）项规定适用的增值税税率。实行退（免）税办法的服务和无形资产，如果主管税务机关认定出口价格偏高的，有权按照核定的出口价格计算退（免）税，核定的出口价格低于外贸企业购进价格的，低于部分对应的进项税额不予退税，转入成本。

五、境内的单位和个人销售适用增值税零税率的服务或无形资产的，可以放弃适用增值税零税率，选择免税或按规定缴纳增值税。放弃适用增值税零税率后，36 个月内不得再申请适用增值税零税率。

六、境内的单位和个人销售适用增值税零税率的服务或无形资产，按月向主管退税的税务机关申报办理增值税退（免）税手续。具体管理办法由国家税务总局商财政部另行制定。

七、本规定所称完全在境外消费，是指：

（一）服务的实际接受方在境外，且与境内的货物和不动产无关。

（二）无形资产完全在境外使用，且与境内的货物和不动产无关。

（三）财政部和国家税务总局规定的其他情形。

八、境内单位和个人发生的与香港、澳门、台湾有关的应税行为，除本文另有规定外，参照上述规定执行。

九、2016 年 4 月 30 日前签订的合同，符合《财政部 国家税务总局关于将铁路运输和邮政业纳入营业税改征增值税试点的通知》（财税〔2013〕106 号）附件 4 和《财政部 国家税务总局关于影视等出口服务适用增值税零税率政策的通知》（财税〔2015〕118 号）规定的零税率或者免税政策条件的，在合同到期前可以继续享受零税率或者免税政策。

关于调整增值税税率的通知

（财税〔2018〕32 号）

各省、自治区、直辖市、计划单列市财政厅（局）、国家税务局、地方税务局，新疆生产建设兵团财政局：

为完善增值税制度，现将调整增值税税率有关政策通知如下：

一、纳税人发生增值税应税销售行为或者进口货物，原适用 17% 和 11% 税率的，税率分别调整为 16%、10%。

二、纳税人购进农产品，原适用 11% 扣除率的，扣除率调整为 10%。

三、纳税人购进用于生产销售或委托加工 16% 税率货物的农产品，按照 12% 的扣除率计算进项税额。

四、原适用 17% 税率且出口退税率为 17% 的出口货物，出口退税率调整至 16%。原适用 11% 税率且出口退税率为 11% 的出口货物、跨境应税行为，出口退税率调整至 10%。

五、外贸企业 2018 年 7 月 31 日前出口的第四条所涉货物、销售的第四条所涉跨境应税行为，购进时已按调整前税率征收增值税的，执行调整前的出口退税率；购进时已按调整后税率征收增值税的，执行调整后的出口退税率。生产企业 2018 年 7 月 31 日前出口的第四条所涉货物、销售的第四条所涉跨境应税行为，执行调整前的出口退税率。

调整出口货物退税率的执行时间及出口货物的时间，以出口货物报关单上注明的出口日期为准，调整跨境应税行为退税率的执行时间及销售跨境应税行为的时间，以出口发票的开具日期为准。

六、本通知自 2018 年 5 月 1 日起执行。此前有关规定与本通知规定的增值税税率、扣除率、出口退税率不一致的，以本通知为准。

七、各地要高度重视增值税税率调整工作，做好实施前的各项准备以及实施过程中的监测分析、宣传解释等工作，确保增值税税率调整工作平稳、有序推进。如遇问题，请及时上报财政部和税务总局。

财政部 税务总局

2018 年 4 月 4 日

财政部 税务总局 海关总署
关于深化增值税改革有关政策的公告

（财政部 税务总局 海关总署公告〔2019〕39 号）

为贯彻落实党中央、国务院决策部署，推进增值税实质性减税，现将 2019 年增值税改革有关事项公告如下：

一、增值税一般纳税人（以下称纳税人）发生增值税应税销售行为或者进口货物，原适用 16% 税率的，税率调整为 13%；原适用 10% 税率的，税率调整为 9%。

二、纳税人购进农产品，原适用 10% 扣除率的，扣除率调整为 9%。纳税人购进用于生产或者委托加工 13% 税率货物的农产品，按照 10% 的扣除率计算进项税额。

三、原适用 16% 税率且出口退税率为 16% 的出口货物劳务，出口退税率调整为 13%；原适用 10% 税率且出口退税率为 10% 的出口货物、跨境应税行为，出口退税率调整为 9%。

2019 年 6 月 30 日前（含 2019 年 4 月 1 日前），纳税人出口前款所涉货物劳务、发生前款所涉跨境应税行为，适用增值税免退税办法的，购进时已按调整前税率征收增值税的，执行调整前的出口退税率，购进时已按调整后税率征收增值税的，执行调整后的出口退税率；适用增值税免抵退税办法的，执行调整前的出口退税率，在计算免抵退税时，适用税率低于出口退税率的，适用税率与出口退税率之差视为零参与免抵退税计算。

出口退税率的执行时间及出口货物劳务、发生跨境应税行为的时间，按照以下规定执行：报关出口的货物劳务（保税区及经保税区出口除外），以海关出口报关单上注明的出口日期为准；非报关出口的货物劳务、跨境应税行为，以出口发票或普通发票的开具时间为准；保税区及经保税区出口的货物，以货物离境时海关出具的出境货物备案清单上注明的出口日期为准。

四、适用13%税率的境外旅客购物离境退税物品，退税率为11%；适用9%税率的境外旅客购物离境退税物品，退税率为8%。

2019年6月30日前，按调整前税率征收增值税的，执行调整前的退税率；按调整后税率征收增值税的，执行调整后的退税率。

退税率的执行时间，以退税物品增值税普通发票的开具日期为准。五、自2019年4月1日起，《营业税改征增值税试点有关事项的规定》（财税〔2016〕36号印发）第一条第（四）项第1点、第二条第（一）项第1点停止执行，纳税人取得不动产或者不动产在建工程的进项税额不再分2年抵扣。此前按照上述规定尚未抵扣完毕的待抵扣进项税额，可自2019年4月税款所属期起从销项税额中抵扣。

六、纳税人购进国内旅客运输服务，其进项税额允许从销项税额中抵扣。

（一）纳税人未取得增值税专用发票的，暂按照以下规定确定进项税额：

1. 取得增值税电子普通发票的，为发票上注明的税额；

2. 取得注明旅客身份信息的航空运输电子客票行程单的，为按照下列公式计算进项税额：

航空旅客运输进项税额 =（票价 + 燃油附加费）÷（1 +9%）×9%

3. 取得注明旅客身份信息的铁路车票的，为按照下列公式计算的进项税额：

铁路旅客运输进项税额 = 票面金额 ÷（1 +9%）×9%

4. 取得注明旅客身份信息的公路、水路等其他客票的，按照下列公式计算进项税额：

公路、水路等其他旅客运输进项税额 = 票面金额 ÷（1 +3%）×3%

（二）《营业税改征增值税试点实施办法》（财税〔2016〕36号印发）第二十七条第（六）项和《营业税改征增值税试点有关事项的规定》（财税〔2016〕36号印发）第二条第（一）项第5点中“购进的旅客运输服务、贷款服务、餐饮服务、居民日常服务和娱乐服务”修改为“购进的贷款服务、餐饮服务、居民日常服务和娱乐服务”。

七、自2019年4月1日至2021年12月31日，允许生产、生活性服务业纳税人按照当期可抵扣进项税额加计10%，抵减应纳税额（以下称加计抵减政策）。

（一）本公告所称生产、生活性服务业纳税人，是指提供邮政服务、电信服务、现代服务、生活服务（以下称四项服务）取得的销售额占全部销售额的比重超过50%的纳税人。四项服务的具体范围按照《销售服务、无形资产、不动产注释》（财税〔2016〕36号印发）执行。

2019年3月31日前设立的纳税人，自2018年4月至2019年3月期间的销售额（经营期不满12个月的，按照实际经营期的销售额）符合上述规定条件的，自2019年4月1日起适用加计抵减政策。

2019年4月1日后设立的纳税人，自设立之日起3个月的销售额符合上述规定条件的，自登记为一般纳税人之日起适用加计抵减政策。

纳税人确定适用加计抵减政策后，当年内不再调整，以后年度是否适用，根据上年度销售额计算确定。

纳税人可计提但未计提的加计抵减额，可在确定适用加计抵减政策当期一并计提。

（二）纳税人应按照当期可抵扣进项税额的10%计提当期加计抵减额。按照现行规定不得从销项税额中抵扣的进项税额，不得计提加计抵减额；已计提加计抵减额的进项税额，按规定作进项税额转出的，应在进项税额转出当期，相应调减加计抵减额。计算公式如下：

当期计提加计抵减额 = 当期可抵扣进项税额 × 10%

当期可抵减加计抵减额 = 上期末加计抵减额余额 + 当期计提加计抵减额 − 当期调减加计抵减额

（三）纳税人应按照现行规定计算一般计税方法下的应纳税额（以下称抵减前的应纳税额）后，区分以下情形加计抵减：

1. 抵减前的应纳税额等于零的，当期可抵减加计抵减额全部结转下期抵减；

2. 抵减前的应纳税额大于零，且大于当期可抵减加计抵减额的，当期可抵减加计抵减额全额从抵减前的应纳税额中抵减；

3. 抵减前的应纳税额大于零，且小于或等于当期可抵减加计抵减额的，以当期可抵减加计抵减额抵减应纳税额至零。未抵减完的当期可抵减加计抵减额，结转下期继续抵减。

（四）纳税人出口货物劳务、发生跨境应税行为不适用加计抵减政策，其对应的进项税额不得计提加计抵减额。

纳税人兼营出口货物劳务、发生跨境应税行为且无法划分不得计提加计抵减额的进项税额，按照以下公式计算：

不得计提加计抵减额的进项税额 = 当期无法划分的全部进项税额 × 当期出口货物劳务和发生跨境应税行为的销售额 ÷ 当期全部销售额

（五）纳税人应单独核算加计抵减额的计提、抵减、调减、结余等变动情况。骗取适用加计抵减政策或虚增加计抵减额的，按照《中华人民共和国税收征收管理法》等有关规定处理。

（六）加计抵减政策执行到期后，纳税人不再计提加计抵减额，结余的加计抵减额停止抵减。

八、自 2019 年 4 月 1 日起，试行增值税期末留抵税额退税制度。

（一）同时符合以下条件的纳税人，可以向主管税务机关申请退还增量留抵税额：

1. 自 2019 年 4 月税款所属期起，连续六个月（按季纳税的，连续两个季度）增量留抵税额均大于零，且第六个月增量留抵税额不低于 50 万元；

2. 纳税信用等级为 A 级或者 B 级；

3. 申请退税前 36 个月未发生骗取留抵退税、出口退税或虚开增值税专用发票情形的；

4. 申请退税前 36 个月未因偷税被税务机关处罚两次及以上的；

5. 自 2019 年 4 月 1 日起未享受即征即退、先征后返（退）政策的。

（二）本公告所称增量留抵税额，是指与 2019 年 3 月底相比新增加的期末留抵税额。

（三）纳税人当期允许退还的增量留抵税额，按照以下公式计算：

允许退还的增量留抵税额 = 增量留抵税额 × 进项构成比例 ×60%

进项构成比例，为 2019 年 4 月至申请退税前一税款所属期内已抵扣的增值税专用发票（含税控机动车销售统一发票）、海关进口增值税专用缴款书、解缴税款完税凭证注明的增值税额占同期全部已抵扣进项税额的比重。

（四）纳税人应在增值税纳税申报期内，向主管税务机关申请退还留抵税额。

（五）纳税人出口货物劳务、发生跨境应税行为，适用免抵退税办法的，办理免抵退税后，仍符合本公告规定条件的，可以申请退还留抵税额；适用免退税办法的，相关进项税额不得用于退还留抵税额。

（六）纳税人取得退还的留抵税额后，应相应调减当期留抵税额。按照本条规定再次满足退税条件的，可以继续向主管税务机关申请退还留抵税额，但本条第（一）项第1点规定的连续期间，不得重复计算。

（七）以虚增进项、虚假申报或其他欺骗手段，骗取留抵退税款的，由税务机关追缴其骗取的退税款，并按照《中华人民共和国税收征收管理法》等有关规定处理。

（八）退还的增量留抵税额中央、地方分担机制另行通知。

九、本公告自2019年4月1日起执行。

特此公告。

财政部

税务总局

海关总署

2019年3月20日

参考文献

[1]财政部:《企业会计准则》,立信会计出版社 2015 年版。

[2]《各行业五年来资产负债率》,豆丁网,http://www.docin.com/p-1431208484.html。

[3]黄磊:《中国融资租赁发展历程及对策分析》,豆丁网,http://www.docin.com/p-1037656861.html。

[4]李喆:《融资租赁公司经营:策与术》,中国发展出版社 2013 年版。

[5]《MBA 智库百科》,http://wiki.mbalib.com/wiki/%E9%A6%96%E9%A1%B5。

[6]《融资租赁公司 12 种主要业务模式》,中国财务总监网:http://www.chinacfo.net/cfo/mj.asp? id=A20146151859256836538。

[7]《融资租赁在企业融资中的优势》,融资租赁专业人才培训组委会网站:http://www.bjleasing.org/index.php? act=content&id=5337。

[8]史树林、乐沸涛:《融资租赁制度概论》,中信出版社 2012 年版。

[9]孙云峰:《我国金融与融资租赁公司的筹资渠道与方式》,豆丁网,http://www.docin.com/p-992730166.html。

[10]徐景怡:《国际融资租赁业的现状和发展》,豆丁网,http://www.docin.com/p-800036598.html。

[11]中国租赁联盟等发布:《2014 年中国融资租赁业发展报告》,中国金融新闻网,http://www.financialnews.com.cn/gs/rzzl/201502/t20150203_70301.html。

[12]中国租赁联盟等发布:《2015 年中国融资租赁业发展报告》,中国证券网,http://finance.ifeng.com/a/20160130/14199744_0.shtml。